AHRIMAN-Verlag
Unser Programm ist die
Wiederkehr des Verdrängten

Kerstin Steinbach

Denkverbot Geburtenkontrolle

Der Krieg gegen Adam Riese

oder:

Der blinde Fleck aller Gretas und Hänsels

Bibliographische Information der Deutschen Nationalbibliothek
Die Deutsche Nationalbibliothek verzeichnet diese Publikation in
der Deutschen Nationalbibliographie; detaillierte bibliographische
Daten sind im Internet über **http://dnb.d-nb.de** abrufbar.

Kerstin Steinbach

Denkverbot Geburtenkontrolle

Der Krieg gegen Adam Riese
oder:
Der blinde Fleck aller Gretas und Hänsels

AHRIMAN-Verlag GmbH
Postfach 6569, D-79041 Freiburg
Tel. 0761/502303, Fax 0761/502247

www.ahriman.com

Bestellungen per E-mail: ahriman@t-online.de oder
einfacher über den Warenkorb auf unserer Homepage.
(Bitte geben Sie bei E-mail-Bestellungen Ihre vollständige Postanschrift an.)

ISBN 978-3-89484-839-2

Gedruckt auf säurefreiem und alterungsbeständigem Papier.

Bestellungen an den Verlag werden innerhalb einer Woche bearbeitet.
Nichtantwort beweist NATO-Postzensur.
(In diesem Falle Bestellung per Einschreiben wiederholen – Lektion für
fdGO- und Zufallsgläubige, ein Nachhilfeunterricht in Staatsbürgerkunde.)

Inhaltsverzeichnis

Anhang

Stets weiter drängen uns, als ihre Herde,
Stets weiter, weiter, die verfluchten Weißen

Nikolaus Lenau (Der Indianerzug)

»Meine Stimme kriegt die Partei, die gegen Wiederbewaffnung und für Geburtenbeschränkung ist!«. –
»Also keine?«. – »Also keine«.

Arno Schmidt (Die Umsiedler)

… es ist zunächst ein Problem der Zahl, der bloßen
Quantität. Die Anklage, die Stefan George vor einem halben Jahrhundert aussprach, enthält mehr als
dichterische Freiheit: »Schon eure Zahl ist Frevel!«
Das Verbrechen ist das einer Gesellschaft, in der die
zunehmende Bevölkerung den Kampf ums Dasein
angesichts seiner möglichen Linderung verschärft.

Herbert Marcuse (Der eindimensionale Mensch)

Einleitung

Es gibt Zusammenhänge, die tatsächlich schwer zu verstehen sind, deren Argumentationsstränge und Beweisführungen ein gerüttelt Maß Konzentration und geistige Anstrengung erfordern. Dahingehend kann ich vorab die Leser der vorliegenden Schrift völlig beruhigen: die Sachfragen sind einfach, sehr einfach, wirklich kinderleicht zu verstehen – ihre Darlegung bringt die Leute allerdings genau deshalb regelmäßig auf die Palme, wahlweise benehmen sich ansonsten normal intelligente Menschen auch gern wie Mondkälber, sogar massenhaft. Etwa so, wie die Massen des Mittelalters reagiert haben dürften auf die öffentliche Benennung der Tatsache – erstmals systematisch und verbindlich geleistet vom mutigen Friedrich von Spee –, daß Hexen mit fairen Prozeßmitteln einfach nicht nachweisbar sind, es sie also nicht gibt, an die zu glauben sich die Menschen infolge drohsamer Dauerbehämmerung von den Kanzeln aber täglich in erdrückender Mehrheit hineinsteigerten. Dummstellerei und Aggression sind auch beim Tabuthema Geburtenkontrolle also nicht dem Gegenstand als solchem, sondern dem enormen Druck geschuldet, der mittels Denkverboten und Angst, Verdrehungen und Irrationalismen auf der nüchternen Betrachtung und Rechnung lastet: »Was ist das unter so viele?« Das soll jedenfalls ohne Hirnverrenkung schon der antirömisch-projüdische Widerstandskämpfer Jesus, den Paulus zum Religionsstifter ummodelte, bei seiner Brotverteilungsaktion erkannt haben, als er des Mißverhältnisses von Bedürftigen und Broten gewahr wurde, weshalb er weitere Brote herbeiwunderte (Johannes 6,1–15). Nun gibt es bekanntlich keine Wunder, aber zum Rechnen muß man auch weder ein (posthumer) Gott noch ein Prophet sein.

Wirklich einfach: Schon Vorschulkinder begreifen, daß mit der Zahl der eingeladenen Gäste das Geburtstagskuchenstück kleiner wird, das jeder einzelne bekommt, jedenfalls dann, wenn Muttern partout nur einen backt. Sollte Vatern mit dem Recht des Hausherrn die halbe Torte vorab allein verschlingen, werden die restlichen Stücke natürlich noch kleiner; falls es aber gelingt, ihn daran zu hindern, indem man ihn zum Rasenmähen schickt, mit der Sportschau ablenkt oder ihn bei der Tagesschau schnarchen läßt, etwas größer, aber mit oder ohne gierigen Vater werden nun einmal mit jedem weiteren Gast die Kuchenstücke unweigerlich kleiner und kleiner und kleiner. Da nun kein vorgeblich Allmächtiger

Vater – selbst wenn sich alle derart Angehimmelten zu diesem Zweck zusammentäten – die Mutter Erde wundersam vervielfältigen oder aufblasen kann, sowenig
wie einen fertigen Kuchen, und auch kein Vater Staat dieser Welt – selbst wenn
sich alle Staats-Väter zu diesem Zweck zusammentäten – eine Massenemigration
ins Weltall herbeiwundern kann (auf der Venus würden die Kuchenstücke und
wir selbst verdampfen, auf dem Mars zu Eis erstarren), bleibt klugen Kindern
nur, die Zahl der Geburtstagsgäste den Bedürfnissen der Mägen anzupassen, und
klugen Erwachsenen, die Zahl der Erdenmenschen den Ressourcen der Erde. (Im
Gegensatz zu nicht geladenen Geburtstagsgästen können Eizellen und Spermien
ja nicht mal traurig sein, wenn sie sich dank Empfängnisverhütung nicht verei-
nen; das Schicksal ereilt sie ohnehin trilliardenfach.)

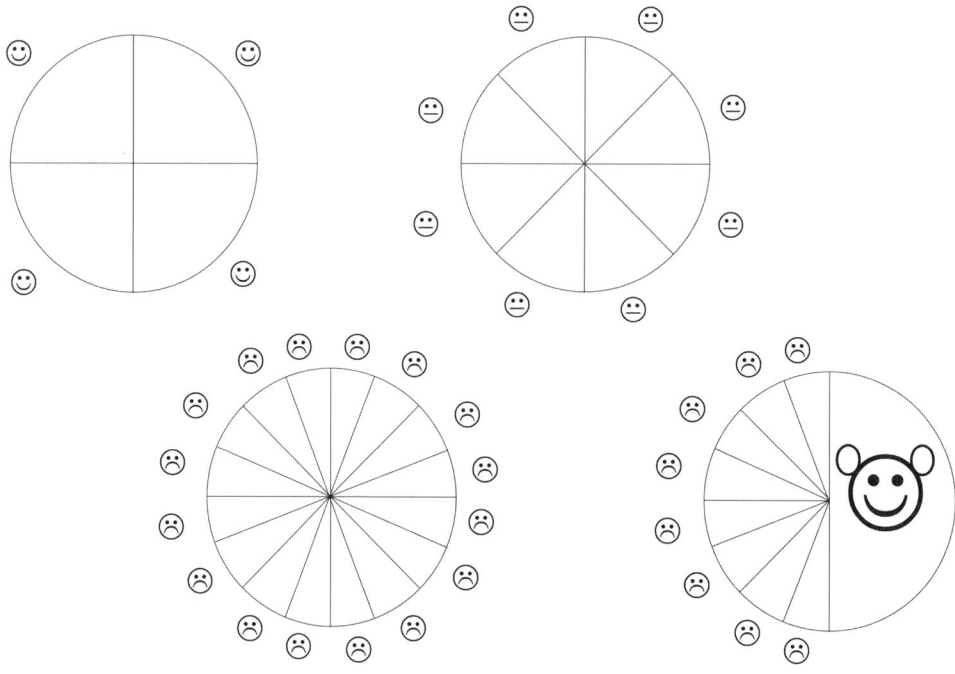

Wirklich einfach…

Mit Adam Riese lautet diese mathematische Binsenweisheit:

> Dividend (Ressourcen der Erde) durch Divisor (Zahl der Menschen)
> ist gleich Quotient (Lebensstandard).

Auf das weltweite BIP (2019 waren es rund 85 000 Mrd. Dollar pro Jahr) und die Menschenzahl (etwa 7,7 Mrd.) angewandt, kommen wir derzeit auf etwa 900 Dollar monatlich pro Kopf, die allerdings ja nicht allein zum Verbrauch zur Verfügung stehen, sondern großteils erst einmal für den Erhalt von Produktionsanlagen, Verkehrsnetzen usw. verwendet werden müssen. Rechnet man den gierigen Vater in Form der reichsten 85 Menschen auf der Erde ein – Multimilliardäre, denen zusammen etwa soviel vom weltweiten Reichtum gehört wie der knappen Hälfte der Menschheit, nämlich 3,5 Mrd. des ärmeren Teils derselben –, dann schrumpft dieser ohnehin geringe Betrag noch weiter, der für ein menschenwürdiges Leben freilich auch ohne diese Maden im Speck einfach viel, viel (!) zu klein ist. Jedenfalls bleibt Adam Riese gültig, unabhängig davon, ob es wärmer oder kälter wird, ob sich das Klima menschengemacht oder nicht menschengemacht ändert oder nicht ändert.

Nun wird uns heute allen Ernstes erzählt, die neue Heilige Greta könne CO_2 sehen, aber neben dem vorgeblich bööösen CO_2, d.h. der Ernährungsbasis aller Vielzeller und der meisten Einzeller, und dem Klima gibt es bekanntlich auch eine Umwelt, und die kann **jeder** sehen: zugeknallt mit Menschen und Menschengemachtem, seien es Häuser, Fabriken, grüne oder gelbe Felder; auch Forste zum Abholzen sind nichts anderes als ökologisch verarmte Nicht-Natur, die der Natur – definitionsgemäß die nicht oder nur vernachlässigbar gering durch menschlichen Eingriff geformte und beeinflußte Umwelt – genommen wird. Und wo gibt es diese Natur denn überhaupt noch? Unsere europäischen Wälder z.B. verdienen die Bezeichnung nur noch sehr begrenzt, wir sehen es an den zur Wildregulierung notwendigen Jägern, die früher heimische Wölfe, Bären und Luchse ersetzen müssen. Und ist es nicht wirklich auffällig, daß die Hänsels und Gretas selbst das Wort »Natur« kaum jemals in den Mund nehmen, wohl weil sie gar nicht mehr wissen oder wissen wollen, was das ist? So dürften die wenigsten heutigen Jugendlichen in ihrer sie prägenden Kindheit ganz normal und ohne schlechtes Gewissen Froschlaich oder Ringelnattern untersucht, Feuersalamander auch nur gesehen oder Kernbeißer beobachtet, Hirschkäfer oder Schmetterlinge präpariert, Adonisröschen oder Kuhschellen herbarisiert haben, was zuvor problemlos möglich war und *niemals* zum Artensterben führte; das besorgte erst die gruselig anschwellende Menschenlawine – weltweit. Was man uns heute als »Natur« vorlügt, ist meist eingezäunt und mit Verbotsschildern versehen, und selbst Zootieren soll, nachdem ihr natürlicher Lebensraum vernichtet ist, ihre inzwischen oft letzte Zufluchtsstätte (»vom Aussterben bedroht«, »gefährdet« steht ja inzwischen an fast allen Gehegen) unter verlogenem Tierschutzetikett genommen werden – was man nicht kennt, vermißt man nicht, wenn es dann endgültig verschwindet. Übrigbleiben soll der Streichelzoo mit Hausziegen, und gegen die Schlachtung von Haustieren, die ja wiederum menschliche Zuchtergebnisse

für den Menschenbedarf gegen die Natur sind, stehen dann auf einmal die gleichen vorgeblichen »Tierschützer« parat, perfekt durchorganisiert und weltweit
mit vorgefertigten Einheitsmasken. So proklamiert *Anonymous for the Voiceless* die
»Ausweitung des Empathiehorizontes auf alle Lebewesen«, in Wahrheit natürlich nur, um uns den Fleischverzehr einmal mehr madig zu machen, denn um
Empathie für Wildtiere und -pflanzen, denen der Garaus gemacht wurde und
wird, weil die allein in den letzten 50 Jahren verdoppelte Weltbevölkerung ihre
Lebensräume fraß, geht es ihnen nie. Wo ist z.B. die Empathie mit diesen letzten
in Sri Lanka frei lebenden Dickhäutern, die von den dortigen Bauern angezündet wurden, weil sie deren Felder und Gärten verwüsten – aber wo sollen die
Elefanten denn hin, wenn *überall* Felder und Gärten und Menschen sind?

Bauern in Sri Lanka zünden die letzten wilden Elefanten an.

Auch Rettungsmaßnahmen für letzte Tier- oder Pflanzen-Mohikaner bleiben – bei
sicherlich häufiger subjektiver Ehrlichkeit etwaiger Retter – ohne Bevölkerungsreduktion ein Tropfen auf den sprichwörtlichen heißen Stein. So wurde verkündet,
daß dem jüngst verstorbenen letzten Bullen der nördlichen Unterart des afrikanischen Breitmaulnashorns mit Namen Sudan genetisches Material entnommen und
nach künstlicher Befruchtung einem Weibchen der südlichen Rasse eingepflanzt
werden soll, um so den Weg zur langwierigen Rückzüchtung zu ermöglichen. Aber
wäre es nicht sinnvoller gewesen, ihren Lebensraum nicht erst zu rauben und sie
nicht auszurotten? (Die Jagd, die hier ausnahmsweise auch eine Nebenrolle gespielt
hat, ist sonst völlig nachrangig, beim Aussterben der allermeisten Arten spielt sie
überhaupt keine Rolle.) Und wo sollen die neuen, rückgezüchteten Nashörner selbst
im Erfolgsfall denn hin, wenn der Lebensraum geraubt bleibt? So erfreulich die

Auswilderungserfolge der letzten Waldrappe aus Zoos sein mögen – man fliegt mit eigens dafür gebauten Kleinflugzeugen, in denen die menschlichen Ziehmütter der Waldrappe als Ersatz-Leittiere sitzen, über die Alpen, damit die jungen Rappe ihre Flugroute wieder lernen; ein paar Dutzend haben es inzwischen sogar geschafft, in winzigen abgezirkelten Winkelchen »wild« zu überleben –, aber ohne Ausweitung ihrer Winkelchen, also Rückzug der Menschenflut von dort, was soll aus ihnen werden? Was aus fleischfressenden Moorpflanzen wie Sonnentau und Fettkraut ohne Moore? In Irland, einst *das* Land der Moore, sind inzwischen jedenfalls 98 % derselben gestochen und verbrannt wie hierzulande Holz; auch dieser Lebensraum bleibt unwiederbringlich zerstört. Beispiele der unter der Menschenflut ausgestorbenen und aussterbenden Tier- und Pflanzenarten gibt es traurigerweise in Hülle und Fülle, nach offiziellen Angaben werden jährlich bis etwa 58 000 Arten ebenso unwiederbringlich ausgelöscht (das Artensterben schreitet demnach 10- bis 100fach schneller voran als in den letzten 10 Millionen Jahren); deren Vernichtung wird durch die Überbevölkerung jedenfalls genauso erzwungen wie die Senkung des Lebensstandards der breiten Masse der Menschen.

Die vorliegende Streitschrift stellt eine hoffentlich instruktive Auswahl von Texten zum Thema zusammen, die in den letzten Jahrzehnten, in denen wir leider weitgehend einsame Rufer in der Wüste waren, in den KETZERBRIEFEN und als Flugblätter des Bundes gegen Anpassung veröffentlicht wurden. Sie belegen unsere Kontinuität, wobei einzelne inhaltliche Überschneidungen der jeweils als in sich geschlossen konzipierten Texte zum einen unvermeidlich sind, andererseits vielleicht das Dummstellen bei der kinderleichten Rechnung erschweren. Diese sozusagen historischen Aufsätze werden ergänzt durch aktuelle (wobei in ersteren ausführlich dargelegte Aspekte dann nur noch mal soweit berührt werden, wie es der Zusammenhang erfordert), die vor dem Hintergrund der in jüngerer Zeit entfachten, von den USA ausgehend international staatlich verordneten Klimahysterie hoffentlich Interesse verdienen. Es geht dabei nicht in erster Linie darum, die meines Erachtens weitgehend schlüssigen Einwände gegen den behaupteten menschengemachten Klimawandel zu systematisieren – das haben im deutschsprachigen Raum Wissenschaftler wie der sachlich zuständige Lehrbuchautor (!) Prof. Horst-Joachim Lüdecke bereits weitgehend geleistet, mit aller honorigen Fachkompetenz –, sondern darum, die **Unlogik** der Propaganda vorzuführen. Daß es keinem Hänsel und keiner Greta ernsthaft um den behaupteten menschengemachten Klimawandel geht – mögen sie sich staatsgestützt bis -verordnet noch so sehr in ihn hineinsteigern –, ist unzweifelhaft aus der Tatsache zu ersehen, daß die *Zahl* der Menschen, die das vorgeblich böööse CO_2 produzieren (auch wenn dieses produzierte ohnehin nur minimale 3 % des natürlichen CO_2-Kreislaufes ausmacht), niemals zur Disposition steht; mehr Menschen produzieren aber nun mal mehr CO_2, weniger produzieren weniger. Wir werden diesen blinden Fleck der Hänsels und Gretas ins Zentrum rücken, den allerdings viele der von diesen als »Klima-Leugner« Diffamierten leider genauso teilen.

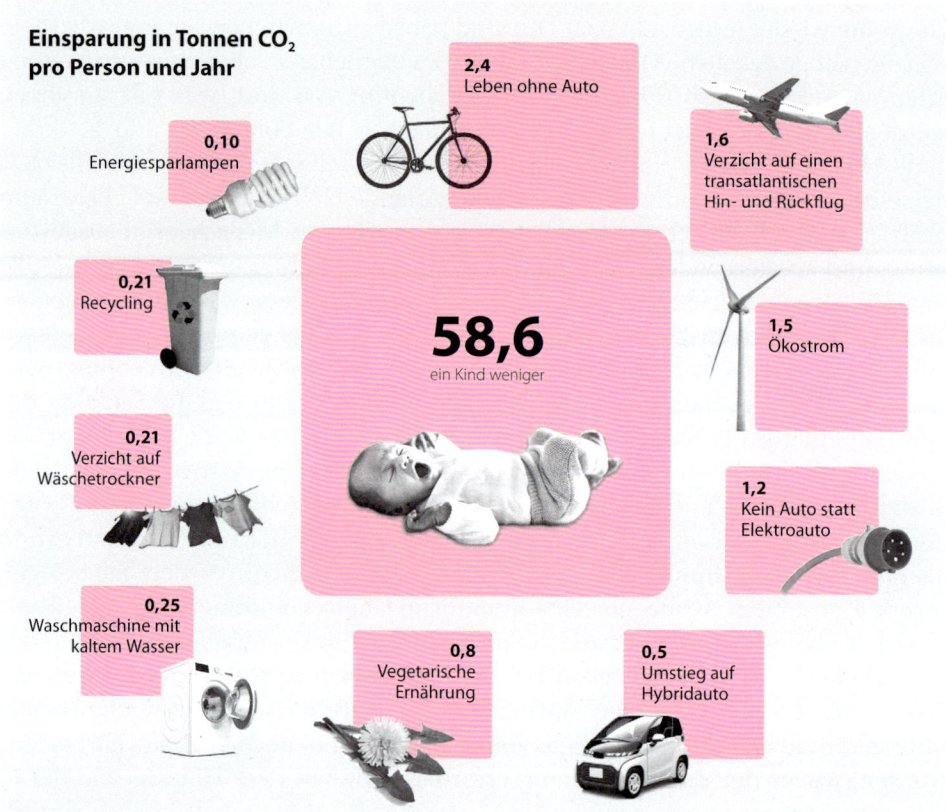

Einsparung in Tonnen CO$_2$ pro Person und Jahr

2,4
Leben ohne Auto

0,10
Energiesparlampen

1,6
Verzicht auf einen transatlantischen Hin- und Rückflug

0,21
Recycling

58,6
ein Kind weniger

1,5
Ökostrom

0,21
Verzicht auf Wäschetrockner

1,2
Kein Auto statt Elektroauto

0,25
Waschmaschine mit kaltem Wasser

0,8
Vegetarische Ernährung

0,5
Umstieg auf Hybridauto

Diese Schrift ist ein Plädoyer für die Natur, deren ungestörte Anschauung und systematische Erfassung den Weg zu Wissenschaft und Freiheit eröffnet – Wissenschaft kann ohne *Anschauung* der *Wirklichkeit*, also nicht bloßer Modelle, nicht gedeihen, wissenschaftliches Denken in Kinderköpfen keine Basis finden –, und ein Plädoyer für ein menschliches Leben in Würde und Wohlstand statt in Armut und Verzicht, das ohne Geburtenkontrolle und Bevölkerungsreduktion aber nicht zu haben ist.

Ich danke allen Helfern, die daran mitgewirkt haben, daß dieses Buch in diesen düsteren Zeiten erscheinen kann, insbesondere C. Müller, P. Lohmann, S. Kämpfer, A. Zadak und M. Roth.

Kerstin Steinbach

Rechenübungen – einfach für Schüler, die nicht dauernd die Schule schwänzen

EIN MENSCH BENÖTIGT AM TAG, in Abhängigkeit von Größe, Geschlecht, Alter, Gewicht und körperlicher Aktivität, Nahrungsmittel eines Energiegehalts von rund 2000 bis 4000 kcal, das sind umgerechnet 2,32 bis 4,64 kWh; nehmen wir der Einfachheit halber einen mittleren Energiebedarf von 2580 kcal = 3 kWh. Bekommt er diese Energie nicht, stirbt er nach Abbau seiner Reserven. Bekommt er sie, dann wird die in den organischen Bindungen der Nahrung gespeicherte Energie durch Stoffwechsel-Verbrennungsprozesse freigesetzt; damit kann er seine Muskeln bewegen, die Organe können arbeiten, hoffentlich auch das Gehirn, und übrig bleibt dabei bekanntlich H_2O und CO_2. Sollte letzteres also tatsächlich sehr energieaufwendig einen Klima-Gott erzürnen, wäre hier ein erstes Klima-Unser-Gebet fällig, atmet doch die derzeitige Menschheit mit ihren knapp 8 Milliarden Lungen allein schon doppelt soviel CO_2 aus, wie der gesamte Autoverkehr der Welt CO_2 ausstößt. (Außerdem pupst jeder Mensch noch durchschnittlich 15mal am Tag, insgesamt 600 Milliliter Gas pro Person und Tag, das Stickstoff, CO_2, Methan, Schwefelwasserstoff u.a. enthält. Wir kommen also bei knapp 8 Milliarden Menschen auf rund 1800 Milliarden Liter Pupse pro Jahr – was dazu wohl Greta sagt – oder nur pupst?)

Aber, Spaß beiseite, machen wir uns zuerst einmal einige Grundlagen klar: Der Energiebedarf von Tieren und primitiven *Homininen*, die als Jäger und Sammler ihr Dasein fristeten, ist mit der durch die Nahrung zugeführten Energie etwa identisch. Die 2580 kcal = 3 kWh entnimmt der Natur-Mensch direkt den erlegten Tieren und gesammelten Pflanzen, ebenso die einfachen Werkzeuge, auch Felle für Kleidung oder Unterschlupf. Kann der Jäger nach erfolgreicher Jagd am Abend hocherfreut 2 kg vom Filet eines Auerochsen verspeisen, so hat er seinen Tagesbedarf gedeckt, verspeist er dessen Bauchspeck, genügen etwa 500 g. Bleiben die Tiere aus, und er muß als Sammler derweil mit Waldfrüchten auskommen, dann benötigt er im Falle von Blaubeeren etwa 5 kg am Tag (wegen des spezifischen Bedarfs bevorzugt die Gattung *Homo* bekanntlich einen proteinhaltigen Mix). Schon mit Entdeckung des Feuers vor rund 500 000 Jahren kam allerdings zusätzlicher Energiebedarf auf: beim Verbrennen von nur einem Kilogramm Holz zu CO_2 wird eine Energiemenge von insgesamt rund 4 kWh freigesetzt, also mehr als unser 3-kWh-Jäger am Tag an Nahrung verstoffwechselt.

Während das Feuer prasselte, wurde das Fleisch haltbarer und schmackhafter und ließ sich auch leichter kauen – sollte der glückliche Feuerentdecker, der *Homo erectus*, deshalb posthum ein Klima-Unser beten? Zweifellos hat der sich gemütlich am Hordenfeuer Wärmende für sein Wohlbefinden andere Lebewesen liquidiert bzw. ihnen Lebensraum genommen – die verheizten Bäume, die an ihnen lebenden Insekten, Pflanzen, Pilze usw. Da es aber insgesamt nur wenige und herumwandernde Menschen blieben, konnten alle anderen ausreichend nachwachsen. In längerfristig stabilen Ökosystemen, in denen die *Homininen* als Jäger und Sammler in den letzten 2 Millionen Jahren meist lebten, sind die artspezifischen Individuenzahlen im Mittel konstant; jedes Elternpaar besetzt genau zwei Planstellen, und mehr stehen normalerweise – im natürlichen Gleichgewicht – auch für ihre Nachkommen nicht zur Verfügung, denn genau darin besteht besagtes Gleichgewicht als Ergebnis inner- wie zwischenartlicher Konkurrenz (die Wissenschaft von dieser Konkurrenz auf dem Hintergrund der abiotischen Gegebenheiten ist nichts anderes als die vielbeschworene Ökologie, was man wissen sollte). Überschüssige Nachkommen gehen leer aus bzw. sterben, sie stellen nur die etwaige Reserve, falls doch mal die Gelegenheit günstig wird, auf Kosten anderer eine Planstelle zu ergattern. Die meisten Tiere und auch wir Menschen folgen dabei dem Sexualtrieb und bleiben (wir Menschen jedenfalls bis zur Entdeckung der Verhütungsmittel) Sklaven ihrer »egoistischen Gene«, denen ihre eigene Verbreitung wichtiger ist (natürlich metaphorisch) als das Wohl ihrer Träger, mit dem Ergebnis, daß es im Naturzustand **immer** einen Überschuß, also **zu viele** Anwärter auf begrenzte Ressourcen gibt, um die deshalb sowohl infraspezifisch als auch zwischen den Arten eben dauernd gestritten wird[1], und die Natur dabei den Tod der zu vielen erzwingt.

Gelingt es einem Jäger-Sammler-Stamm, den Nachbarstamm zu liquidieren, kann ersterer sich auf Kosten des zweiten ausbreiten; an der Menschenzahl ändert sich soweit nichts. Kann eine Art, z.B. wieder der Mensch, anderen Arten den Lebensraum *dauerhaft* wegnehmen, dann vergrößert sich die Zahl der ihr Angehörenden auf Kosten der dort zuvor lebenden und nun liquidierten Pflanzen und Tiere, wobei sich auf dieser Grundlage im Naturzustand wieder ein Gleichgewicht herausbildet. Gegen Ende der letzten Eiszeit hatten es die inzwischen schon sehr effektiv jagenden Cro-Magnon-Menschen in unseren Breiten bereits geschafft, die Mammutpopulation ordentlich zu dezimieren, aber trotzdem blieb auch in dieser Endzeit der Jäger und Sammler deren Zahl noch gering und innerhalb der umweltbedingten Schwankungen etwa konstant. »Im Einklang mit der Natur« lag dabei die mittlere Lebenserwartung

---

[1] Der Krieg ist nach einem seit Heraklit, der es schuf, oft zitierten Sprichwort der »Vater aller Dinge«, aber wir Menschen können über diesen naturwüchsigen Zustand mittels Planung hinauswachsen; dann muß er es in einer menschenwürdigen Gesellschaft nicht mehr sein.

um 35 Jahre bei allerdings sehr hoher Kinder- und Säuglingssterblichkeit; lange Stillzeiten, die mit eingeschränkter Fruchtbarkeit einhergehen, limitierten die menschlichen Kinderzahlen[2], auch Kindesaussetzungen waren in Mangelsituationen durchaus üblich[3].

Doch mit dem Neolithikum stieg *Homo sapiens* aus dem Naturzustand aus und in die Produktion ein, d.h. in die gezielte und systematische Herstellung von Gebrauchsgütern. Die Zahl der Bevölkerung (vor 11 000 Jahren waren es weltweit etwa 3 Millionen) und deren Lebensweise wird seitdem immer weniger durch die jeweilige Ökologie bestimmt, sondern zunehmend durch den erreichten Stand der Produktivkräfte, der sich an der pro Zeiteinheit herstellbaren Gütermenge gleicher Qualität bemißt (das ist die Bedeutung des Wortes Produktivität). Mit der Effektivierung des Ackerbaus durch Bewässerungstechnik, Nutzung des Rades, verbesserte Pflüge, durch die Viehzucht sowie das Tonbrennen und vor allem auch die Entwicklung der Metallurgie stieg der Bedarf an Fläche und Brennmaterial stetig an, und zwar sowohl absolut wegen der größer werdenden Menschenzahl, die auf dieser Grundlage durchgebracht werden konnte, als auch pro Kopf, d.h. der Lebensstandard stieg, zumindest tendenziell. Dafür konnte man dann seit der Bronzezeit routiniert Metalle bis zum Schmelzpunkt erhitzen (wofür viele, viele Bäume verbrannt wurden) und mit den neuen Waffen den Nachbarstämmen das Territorium streitig machen. Auch verschönten mancherlei Annehmlichkeiten wie Tontöpfe, Metallfibeln und Schmuck das Leben, und seit Göbekli Tepe und Çatalhöyük wurde es in den freilich noch primitiven Häusern namentlich im Winter wiederum gemütlicher als am alten Hordenfeuer. – Zeit für ein Klima-Unser? – Der Flächenbedarf und der an Roh- und Brennstoffen zu Lasten der dafür schrumpfenden Natur erhöhte sich jedenfalls mit jedem zivilisatorischen Schritt weiter. So schafften es bereits die alten Griechen, die einst bewaldeten griechischen Inseln komplett abzuholzen, nachdem schon ihre Vorläufer von den dortigen Zwergelefanten nur die Schädel übriggelassen und durch diese den Ausgangspunkt für die Zyklopenlegende geschaffen hatten, und auch die Osterinsulaner schlugen ihre Inseln kahl und wunderten sich dann, daß der Baustoff für ihre Schiffe fortan fehlte und sie auf ihrer Insel festsaßen, was dort allerdings das Ende ihrer soweit erreichten Zivilisation bedeutete. (Dasselbe passierte später den ersten Isländern.)

---

[2]   Diese Limitierung ist Selektionsergebnis: von zu vielen Kindern kommen *absolut* weniger durch. Der gleiche Selektionsvorteil limitiert auch die durchschnittliche Eierzahl aller Vogelarten usw.

[3]   Die Isländer praktizierten diese bis zur Ankunft der Missionare um 1000 u.Z.

Schauen wir vor diesem Hintergrund auf die Bevölkerungsentwicklung der Menschheit:

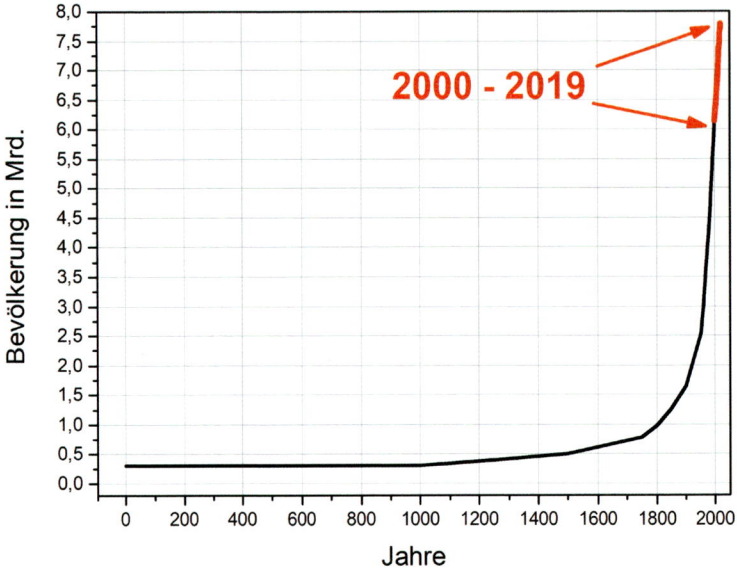

Bevölkerungsentwicklung seit Beginn der Zeitrechnung

Die Produktivitätssteigerung ermöglichte, daß um die Zeitenwende bereits etwa 250 Millionen Menschen auf der Erde lebten, das heißt ernährt werden konnten, wofür die zivilisierten Regionen verantwortlich zeichneten (bei den in weiten Teilen der Welt noch lebenden »Wilden« blieb es beim mehr oder weniger natürlichen Gleichgewicht). Im Zuge der Expansionen der Römer und auch der zu diesem Zeitpunkt vergleichbar zivilisierten Chinesen wurden weitere Regionen dem höheren Stand der Produktivkräfte angeglichen, wobei kriegsbedingte Bevölkerungsdezimierungen stets in Windeseile ausgeglichen wurden; auch die primitiven, nicht sehr zuverlässigen Verhütungspraktiken, die schon von den alten Ägyptern, Griechen und Römern überliefert sind und vor allem von Bessergestellten benutzt wurden (auch Abtreibungen waren mit Einschränkungen möglich), dürften sich nicht wesentlich auf die Bevölkerungszahl ausgewirkt haben.

Nach dem Untergang des Weströmischen Reiches kam es in der zweiten Hälfte des ersten Jahrtausends dort unter den einflutenden, frisch christianisierten Barbaren zu einem drastischen Rückgang der Produktivität – die Kenntnis der Steinbauweise ging weitgehend verloren, auch die der zuvor selbstverständlichen Kanalisation, ebenso die breite Alphabetisierung, und auch die Metallurgie brach ein. Den dadurch bedingten Bevölkerungsrückgang in den Kerngebieten des einstigen Reiches – die Informationen darüber sind dünn – bildet die Kurve deshalb nicht ab, weil er durch Produktivitäts- und damit Zivilisationszuwachs in anderen Regionen ausgeglichen wurde, denken wir wieder an das aufblühende China der Tang-Zeit (7. bis 9. Jahrhundert), auch an die Omajadenreiche im arabischen Raum bis zur spanischen Halbinsel (7. bis 11. Jahrhundert).

Der Bevölkerungszuwachs in der ersten Hälfte des zweiten Jahrtausends spiegelt das nahende Ende unseres finsteren Mittelalters und den in dieser Zeit wieder zunehmenden Stand der Produktivkräfte in Europa wider, das mit seiner rasanten Entwicklung der Städte und des Handwerks bald auch im Weltmaßstab eine führende Position gewann. Die Bodenbearbeitung konnte weiter verbessert werden (durch Erfindung des Räderpfluges, der Dreifelderwirtschaft, neuer Zuggeschirre mit verbesserter Kraftübertragung für Ochsen und Pferde, auch des Hufeisens, was den Einsatz der Pferde intensivierte), und zur Renaissancezeit um 1500 ermöglichte die Ertragssteigerung der Landwirtschaft bereits die Ernährung von nun etwa 500 Millionen Erdenmenschen, wobei nicht nur wenige Feudalherren, sondern auch ein stattlicher Teil der Städtebürger sich eines wachsenden und durchaus schon ansehnlichen Komforts erfreuten; es wurde für sie »eine Lust zu leben«, wie das einer ihrer Wortführer und zugleich mutiger Retter der europäischen Judenheit ausdrückte.

Der entscheidende Sprung des Bevölkerungswachstums fällt mit der Industrialisierung der inzwischen kapitalistisch wirtschaftenden Länder zusammen. Mit diesem gewaltigen Produktivitätszuwachs lebten um 1800 erstmals eine Milliarde Menschen auf der Erde, nicht einmal 130 Jahre später war die zweite Milliarde erreicht, inzwischen sind wir bei knapp acht Milliarden. Mit der wissenschaftlich-technischen Entwicklung schoß der Bedarf an fossilen Energieträgern wie Kohle, später Erdöl und Erdgas steil in die Höhe, und wenn deren Verbrennung den heute neu erfundenen Klima-Gott besonders erzürnen sollte, hätte das Klima-Unser spätestens dann zum nie mehr endenden Rosenkranzgebet werden müssen: die Verbrennung von Steinkohle hat einen etwa doppelt so hohen Brennwert wie Holz pro Gewichtseinheit (rund 8 kWh pro kg), Benzol etwa dreimal soviel (rund 12 kWh pro kg), wobei Erdöl bekanntlich auch der Grundstoff für fast die gesamte chemische Industrie ist. Dafür bekamen wir Stahl, Industrie- und Landmaschinen, Schienen, Straßen, Autos, Flugzeuge, Elektrizität, Kunststoffe, Hochhäuser, medizinische Apparaturen, Medikamente, künstliche Herzklappen und tausenderlei heutige »Selbstverständlichkeiten« mehr.

Soweit im Zeitraffer die Entwicklung der menschlichen Gesellschaft. Aber kommen wir zur Veranschaulichung noch einmal auf unseren Nahrungsenergiebedarf von 3 kWh pro Tag zurück, über den wir inzwischen sehr (!) weit hinaus sind. Er entspricht der Energiemenge, mit der man eine gute alte 100-Watt-Gluhbirne

30 Stunden brennen lassen kann, oder mit einem guten alten 2000-Watt-Staubsauger 1,5 Stunden herumsaugen. Man könnte alternativ auch 150 Stunden am Laptop tippen, oder 21 Stunden glotzen, oder 3 Maschinen waschen, oder 6 Tage den Kühlschrank laufen lassen. Der Tages-Energiebedarf an Strom (einschließlich Warmwasseraufbereitung), der heute für einen Alleinstehenden in seiner meinetwegen 80 m² großen und mit den üblichen Elektrogeräten ausgestatteten Wohnung anfällt – ein bislang durchaus üblicher Lebensstandard, auch wenn die meisten von dieser Wohnfläche schon heute nur noch träumen können –, beläuft sich auf etwa 6 kWh.[4] (Dabei ist freilich nur der Gebrauchs-Energiebedarf der Geräte veranschlagt, nicht aber der für ihre Herstellung berücksichtigt.) So wäre aus unserem 3-kWh-Jäger ein 9-kWh-Mensch geworden. Aber dieser benötigt im Winter in unseren Breiten auch noch Heizenergie. Geht man einer Faustregel gemäß davon aus, daß zwei Drittel des gesamten Energieverbrauchs eines Privathaushaltes aufs Heizen entfallen, dann kämen wir auf den Tag gerechnet auf weitere 12 kWh und wären bei einem 21-kWh-Menschen. Und natürlich gehört zum guten Leben nicht nur ein angenehmer Wohnkomfort, sondern auch ein Auto für nette Ausflüge statt Bindung an die Scholle oder Wohnzelle; der Energiebedarf für eine einmal pro Woche unternommene 100 km-Spritztour beträgt etwa 42 kWh, so kämen wir auf weitere 6 kWh pro Tag und wären bei einem 27-kWh-Menschen angelangt. Aber auch Ferienflugreisen gehören zu einem guten Leben: Gönnen wir unserem Mustermenschen zwei davon im Jahr, z.B. in die USA Trumps und nach China, damit er sehen kann, wie es dort wirklich zugeht, statt blind der Wahrheitspresse glauben zu müssen, dann fallen auf den Tag gerechnet weitere etwa 25 kWh an (etwa 30 000 Flugkilometer, 30 kWh auf 100 km), und wir wären bei einem 52-kWh-Menschen. – Kurzum: Alles, was das Leben lebenswert macht, kostet Energie, da ist nichts zu machen, und wie gesehen, kommt eine ganze Menge zusammen, wobei selbst dieser vorgeführte Energiebedarf erst den **kleineren** Teil ausmacht, denn nur etwa ein Viertel des Energiebedarfs in Deutschland entfällt auf private Haushalte (und nur 17 % der CO_2-Emission).

Freilich kann nun ein Möchtegern-3-kWh-Jäger im Namen eines neu erfundenen Klima-Gottes auf all diese möglichen Annehmlichkeiten verzichten und in seinem *tiny house* im Dunkeln hocken, weder saugen noch glotzen, dafür stinken und auf Dreckwäsche schwören, auch seinen Computer, Kühlschrank und Herd entsorgen und derweil seinen täglichen Vegi-Burger von der Bude nebenan holen. Dann entspräche die auf diese Weise eingesparte Tages-Stromenergie dem

---

[4]   Zur Berechnung gibt es schon jahrzehntelang übliche Formeln, z.B.: Stromverbrauch pro Jahr = Anzahl der Personen x 200 kWh + Anzahl der Großelektrogeräte (wie Spül- und Waschmaschine, Kühlschrank, Fernseher, Staubsauger, Elektroherd, Kaffeemaschine, Computer etc.) x 200 kWh + Wohnfläche x 9 kWh.

Nahrungsenergiebedarf zweier weiterer 3-kWh-Jäger. Aber ist *das* ein Leben? Damit noch weitere dazukommen können, kann der Darbende natürlich auch noch versuchen, das *global warming* herzubeten und so auch noch die Heizenergie zu sparen. Aber ist *das* ein Leben? Wenn er in unseren Breiten allerdings nicht »klimaneutral« erfrieren will (oder als »Klima-Flüchtling« nach Afrika auswandern), dann sollten wenigstens reichlich Decken und Kleidung vorhanden sein, und da er schon lange keine selbst erjagten Tierfelle mehr trägt, muß er dann doch ein weiteres Klima-Unser aufsagen, denn deren Herstellung – man glaubt es kaum – erfordert Energie. Auch wenn er sich nur selten und mit kaltem Wasser wäscht, wird ein Klima-Unser fällig, denn er macht sich zu diesem Zweck ja längst nicht mehr zum nächsten Fluß oder Wasserfall auf, sondern dreht den Wasserhahn auf, zu dem das Wasser aber herangepumpt werden muß: mit Energie. Sollte unser Darbender zwecks Rationierung seines VegiMac diesen mit einem Messer zerteilen wollen, dann mag ihn das nächste Klima-Unser betrüben, aber zu dessen Herstellung wurde Metall mit Energie aus der Erde gefördert und bearbeitet. Und wenn er mit der Straßenbahn fährt, dann benötigt deren Betrieb Energie, auch deren Herstellung, ebenso die des Fahrrads – Klima-Unser!…

Aber auch der VegiMac fällt nicht vom Klima-Himmel – halten wir noch ein bißchen beim Rechnen durch, das heute so verboten ist, aber nötig, wenn man kein Knecht sein will: Ein fades Mahl in Gestalt eines 1-kg-Weißbrotes (2650 kcal) deckt den Nahrungsenergiebedarf für einen Tag, aber das Klima-Unser fürs Brotbacken und den Transport sollte dabei nicht vergessen werden. Für dieses eine Kilogramm Weißbrot wird heutzutage und hierzulande eine Weizen-Anbaufläche von 1 m² veranschlagt; pro Person und Jahr also 365 m². Setzen wir rund 83 Millionen in Deutschland lebende Menschen an, dann kommen wir bei Vegi-Weißbroternährung allein für's Weißbrot auf etwa 30 000 km² Weizen-Anbaufläche mit modernster, intensiver Bewirtschaftung; das wären etwa 9 % der Landesfläche.[5] Und für alles, was über dieses fade Mahl hinausgeht, wird der Flächenbedarf natürlich größer, namentlich bei Fleischernährung, denn ein Großteil der Futterpflanzenenergie wird ja im Laufe des Tierlebens, wie bei uns Menschen auch, in CO_2 und H_2O umgesetzt, geht also für unseren Fleischverzehr verloren und schafft die Existenzgrundlage aller Pflanzen. Freilich: man kann noch weitere Menschen ins Land stopfen, wenn diese nur Weißbrot essen. Aber ist *das* ein Leben? Mit der Menschenzahl wachsen jedenfalls die nötigen Landwirtschaftsflächen, geht unweigerlich Natur verloren; in Deutschland wird bereits 50 % der Fläche landwirtschaftlich genutzt (trotzdem importieren wir mehr landwirtschaftliche Produkte, als wir exportieren), und

---

5   Von der Landfläche der Erde (etwa 150 Mio. km²) werden momentan etwa 50 Mio. km² landwirtschaftlich genutzt, zu etwa 1/3 als Ackerland, zu 2/3 als Weideland. Wegen des Bevölkerungswachstums hat sich die Agrarfläche pro Person weltweit in den letzten 50 Jahren **halbiert**!

immerhin ist noch 30 % Wald ausgewiesen (allerdings handelt es sich hier um mehr oder minder forstwirtschaftlich genutzten, d.h. ziemlich künstlichen, eher Forst als Wald), aber auch den kostet es dann, und da die Naturzerstörung ohnehin schon sehr fortgeschritten ist, nimmt diese mit der Menschenzahl inzwischen nicht nur linear, sondern exponentiell zu. (Andererseits hat die Natur auch ein großes Regenerationspotential: Erhält man mindestens ein Viertel, besser natürlich die Hälfte der Biotope und haben diese soweit Verbindung miteinander, daß ökologische Schwankungen, die z.B. zum Aussterben von Arten in einem Biotop führen, durch Wiederbesiedlungen aus den Nachbarbiotopen ausgeglichen werden können, dann erholt dieser sich von derartigen, immer wieder auftretenden lokalen Ereignissen erstaunlich schnell. Sind aber die Biotope zu klein, die Abstände zu groß, schaffen beispielsweise die entsprechenden Insekten oder Pflanzensamen mittels Wind die Flugstrecke in den Nachbarbiotop nicht, dann bleiben die betroffenen Arten dort ausgestorben, der Biotop für sie verloren. Und in Deutschland wurden schon seit der Flurbereinigung in den 50er Jahren des letzten Jahrhunderts diese Biotop-Verbindungen weitgehend gekappt, da seitdem z.B. die zuvor nicht bewirtschafteten Ackergrenzstreifen beseitigt wurden, was u.a. vielen Schmetterlingen und Heckenbrütern sehr übel bekam.)

Natürlich stößt extensives Agrarwachstum weltweit an Grenzen, weil die Landfläche endlich ist und auch nicht alle Landflächen landwirtschaftlich nutzbar sind, etwa Wüsten und Dauerfrostgebiete. Und so ist seit der Jahrtausendwende die weltweite landwirtschaftliche Nutzfläche auch kaum noch gewachsen (nachdem sie von 1960 bis 2000 noch um 1/4 erweitert wurde). Intensiviert man dafür die landwirtschaftliche Produktion – die sogenannte Grüne Revolution (im Internet nachschauen, was das war!) – z.B. in den noch sehr primitiv wirtschaftenden Regionen Afrikas, um dort die Erträge zu erhöhen, dann steigt dabei unweigerlich der Energiebedarf. Denn der hohe Flächenertrag bei uns ist ja ausschließlich das Ergebnis des energieintensiven hohen Standes der Produktivkräfte, der Mechanisierung der Landwirtschaft, aber auch des breiten Einsatzes von Düngemitteln, der es bei uns vor allem ermöglichte, den Flächenertrag von Getreide seit 1960 noch mal gut zu verdoppeln.[6] Aber die dafür notwendigen Phosphate und Kalisalze müssen in Bergwerken abgebaut werden, und namentlich die Gewinnung von Stickstoff aus der Luft zwecks Düngemittelherstellung ist sehr energieintensiv. (Schüler, die nicht dauernd staatsverordnet die Schule schwänzen, haben vielleicht schon etwas vom Haber-Bosch-Verfahren gehört; zur Herstellung von einer Tonne Stickstoffdünger benötigt man zwei Tonnen Erdöl!) Auch das böööse CO_2 wird als Dünger eingesetzt – mit CO_2 angereicherte Luft

---

6   Der Ertrag von Weizen in Dezitonnen pro Hektar (dz/ha): Wildpflanze: 2-3; im 14./15. Jhd.: 5; im 16./17. Jhd.: 9; um 1800: 10; um 1900: 20; 1975: 46; 2007: 70.

steigert die Erträge in Gewächshäusern erheblich! –, und diesen CO_2-Dünger gewinnt man schon wieder durch Verbrennung von Propan bzw. Erdgas. Ein weiterer Grund für die Ertragssteigerung war neben dem Einsatz der Gentechnologie natürlich auch der der Schädlingsbekämpfungsmittel, doch ganz abgesehen davon, daß auch für deren Synthese Energie aufzuwenden ist, werden durch ihren großflächigen Einsatz natürlich auch sonstige Insekten dezimiert, damit den Singvögeln die Nahrung entzogen, damit den Raubvögeln ein Teil der ihren usw. usw., wodurch die Natur noch immer weiter zerstört wird (bekanntlich gehen insbesondere Düngemittel zudem ins Grundwasser, in Flüsse und Seen, was dort zum Algenblühen und zur gefürchteten Eutrophierung führt). Aber auch diese hohen Erträge durch Gentechnik und Düngung sind nicht unendlich steigerbar – in hochentwickelten Landwirtschaften dürften wir dem Maximum, das uns die Natur der Materie vorgibt, inzwischen sehr nahe sein. Und der sogenannte biologische Anbau, der auf Teile dieser Errungenschaften verzichtet, könnte, weltweit durchgesetzt, die heutigen Menschenmassen nicht einmal mit dem kümmerlichsten Vegi-Burger ernähren, sie müßten buchstäblich sterben wie die Fliegen.

Jedenfalls muß unser hierzulande noch so Darbender, während er in seinem kalten Winz-Zimmer seinen Vegi-Burger herunterwürgt, trotzdem viele, viele weitere Klima-Unser hersagen, und sie hören nicht auf, solange die Zahl der Menschen wächst; der sogenannte CO_2-Fußabdruck, der uns von den VegiMac-Fans zwecks Induktion schlechten Gewissens für Lebensfreude gern um die Ohren gehauen wird, spiegelt ja nichts anderes als die Summe aller Verbrennungsprozesse, bei denen CO_2 entsteht, letztlich also den Stand der Produktivkräfte, der Industrialisierung. Wenn die in den reicheren Ländern der Welt lebenden 3 Milliarden Menschen 80 % des weltweiten CO_2-Fußabdrucks zu verantworten haben, dann leben die anderen in mehr oder minder vorindustriellen Verhältnissen[7], aber deshalb leben diejenigen, denen hierzulande Verzicht angepriesen und ihre zunehmende Verelendung mit dem täglichen Klima-Unser gesundgebetet wird, ja keineswegs auf deren Kosten, wie es unermüdlich tönt. Oder haben Sie, lieber Leser, einen schwarzen Sklaven daheim oder ziehen Gewinnanteile aus einem afrikanischen Bergwerk? Vielmehr dürften Sie und ich in der Regel mindestens 8 Stunden am Tag hart genug arbeiten, und wir bekommen von dem von uns sauer Erwirtschafteten wahrlich genug geraubt. Statt unseren Lebensstandard zu reduzieren, sollten doch Drittwelt-Länder den ihren

---

[7] Natürlich ist der CO_2-Ausstoß bei gleichem Industrialisierungsgrad abhängig von der Menschenzahl eines Landes. Weltweiter Spitzenreiter China verzeichnet knapp 30 % des weltweiten CO_2-Ausstoßes, hat aber auch 1,4 Mrd. Einwohner; Deutschland verzeichnet gut 2-3 % bei 83 Mio. (im Pro-Kopf-Ausstoß liegen wir knapp vor China). Länder, die auf Wasserkraft zur Energiegewinnung setzen können oder auf Kernkraft, haben bei gleicher Industrialisierung natürlich geringere Emissionen.

erhöhen können und dem unseren angleichen (eine Milliarde Menschen lebt derzeit noch ohne Elektrizität), aber die dafür notwendige Energie muß dann auch noch herbei, denn je mehr Menschen ein gutes Leben haben sollen – und das soll doch **allen** Menschen zugestanden sein –, desto höher ist nun einmal der Bedarf, und desto größer damit der CO_2-Fußabdruck.

Auch wenn dieser dem Klima entgegen allem Getön wahrscheinlich gar nichts ausmacht, das **Ende der Natur** bliebe besiegelt. Und es bliebe ohne Bevölkerungsreduktion selbst dann besiegelt, wenn alle notwendige Energie komplett in Atomkraftwerken gewonnen würde (wobei bekanntlich kein CO_2 entsteht), weil die wimmelnden Menschenmassen sie auch mit ihren Siedlungen und Feldern zwecks Ernährung kleinkriegen. Erst recht natürlich, wenn mittels Windkraft, Solaranlagen und Energie-Pflanzen das nahende Ende der fossilen Brennstoffe abgefangen werden soll und auch dafür noch weitere riesige Flächen benötigt werden (der derzeitige Stromverbrauch Deutschlands, komplett mittels Photovoltaik gedeckt, hätte einen Flächenbedarf von etwa 7000 km², was mehr als der doppelten Fläche des Saarlandes bzw. etwa 2 % der Gesamtfläche Deutschlands entspräche, wobei zu beachten ist, daß Strom derzeit nur 20 % des Energiebedarfs ausmacht. Nehmen wir theoretisch an, dieser Gesamtbedarf würde zu 100 % aus Solarstrom gedeckt, dann wären wir also sogar bei 10 % der deutschen Fläche. Auch Windräder haben einen riesigen Flächenbedarf, er ist 300mal so groß wie bei konventionellen Kraftwerken, 600mal so groß wie bei Kernkraftwerken). Schon jetzt sind weite Regionen mit Windrädern, Solarplatten, endlosen Raps- und Maisfeldern verschandelt, obwohl bislang erst 15 % Primärenergie darüber gewonnen wird. Wenn die anderen etwa 80 %, die momentan aus Gas, Kohle und Öl, und die weiteren 6 %, die aus Kernenergie gewonnen werden, auch noch auf diese Weise bereitgestellt werden sollen – was ja die uns gerade aufgezwungene sauteure sogenannte »Energiewende« vorsieht [8] –, dann braucht es wenig Phantasie, sich vorzustellen, wie das Land dann aussieht, was dann von den Wäldern übrigbleibt, von Vögeln, Insekten: praktisch NICHTS. Auch dann NICHTS, wenn wir alle propagandakonform dem VegiMac-Fan beim Darben nacheifern. An der Bevölkerungsreduktion führt also für den rechnenden Schüler kein Weg vorbei, wenn das Ziel ein reiches Leben für alle mit Natur statt in Armut ohne diese sein soll.

---

[8] Insgesamt führt die Verknappung der Rohstoffe, die mit immer größerem Aufwand gefördert werden müssen, und die Umstellung auf sogenannte »alternative« Energiegewinnung natürlich zum Rückgang der Produktivität (drastisch nach dem endgültigen Verbrauch der fossilen Brennstoffe); für die Herstellung der Güter ist dann insgesamt ein höherer Zeitaufwand nötig, was sie wiederum entsprechend teurer macht.

Wer Antibiotika sagt, muß auch Antibabypille sagen (dürfen)!

DIE WISSENSCHAFTLICH-TECHNISCHE ENTWICKLUNG in den letzten etwa 200 Jahren brachte uns auch sensationelle medizinische Errungenschaften. Die Verbesserung der Hygienestandards, die Entwicklung der Anästhesie und damit Operationstechniken, die Zahnmedizin, die Schutzimpfungen, die Antibiotika, die Blutdrucksenker stellen nur einige Glanzlichter dieser menschenfreundlichen Entdeckungen dar, die zu einer erfreulichen Verbesserung der Lebensqualität bei gleichzeitiger Verlängerung der Lebenserwartung führten. Betrug diese um 1800 weltweit 30–35 Jahre, wobei jeder zweite Mensch das Erwachsenenalter nicht erreichte, verzeichneten wir in Deutschland um 1900 bereits 46–52 Jahre, inzwischen liegen wir bei 79–84 Jahren. Im Weltdurchschnitt beträgt die Lebenserwartung heute 71 Jahre, wobei die afrikanischen Schlußlichter z.T. noch unter, großteils aber auch über 60 Jahren liegen. Soweit konnten also auch sehr rückständige Länder ihre Lage verbessern, z.T. sicher auch dank Entwicklungshilfe der industrialisierten. Gleichzeitig kam es weltweit vor allem durch den breiten Einsatz von Impfstoffen und Antibiotika zu einer drastischen Senkung der Kinder- und Säuglingssterblichkeit. Geht man davon aus, daß im Naturzustand, also ohne Medizin, nur eines von knapp vier Neugeborenen die Geschlechtsreife erreicht (den Tod der »zu vielen« erzwingt die Natur), dann haben wir dank Medizin inzwischen »viel zu viele«, denn heute erreichen hierzulande über 99 % der Kinder die Geschlechtsreife; in den Ländern Afrikas finden wir eine Kindersterblichkeit um 10 %. Diese Entwicklung der lebensverbessernden Medizin liegt der explosionsartigen Bevölkerungsentwicklung zugrunde, die dem Leser beim Betrachten der Grafik unseres Titelbildes ins Auge springt. Wenn also durch die Medizin die Natur an dieser Stelle nicht mehr so verheerend wirkt, was ja fraglos eine große Menschheitsleistung darstellt, dann ist die logisch unausweichliche Konsequenz, um das exponentielle Anschwellen der Menschenlawine zu verhindern, eben die Schwangerschaftsverhütung.

Doch infolge der gleichen Entwicklung der Medizin, die natürlich ihrerseits der Industrialisierung mit ihrem vergrößerten CO_2-Fußabdruck folgt, gibt es inzwischen gottlob ja auch die Antibabypille als sichere und einfache Verhütungsmethode, mit der die Frau ihr von der Natur aufgezwungenes Dasein als Gebärmaschine endlich und glücklich beenden kann.

Oder muß? – schnell schlagen hier die Wogen hoch, sofort tönt es »Zwaaang!« oder gar »die Menschenrechte!«...

Nun lesen wir in den originalen, durch die Französische Revolution proklamierten Menschenrechten von Meinungsfreiheit, Religionsfreiheit, Folterverbot, aber von einem Recht auf möglichst viele Kinder, aufs Wimmeln lesen wir nichts. Außerdem: wenn es ein »Grundbedürfnis« nach möglichst vielen Kindern gäbe, warum dreht man dann künstlich unablässig an dieser Schraube, warum lobt man in allen Ländern, in denen die Fertilitätsraten mit dem steigenden Lebensstandard *ganz von selbst* und zwanglos unter die Erhaltungsrate von 2,1 Kindern pro Frau sinken, unentwegt Bockprämien und Mutterkreuze aus? Wenn die Menschen wirklich nichts Besseres als Kinder und Familien»glück« wünschten, müßte man sie dann mit tausenderlei Ködern und nie nachlassendem Druck zu diesem »Glück« nötigen, müßte man ihnen dieses »Glück« unablässig schönreden und künstlich schmackhaft machen wie das berüchtigte sauer' Bier? Der vielbeschworene, ach soo dringende, soo verzehrende Kinderwunsch ist jedenfalls keine biologische Gegebenheit, sehr wohl aber bei vielen Tieren der Sexualtrieb. So steigt der Nashornbulle auf die Nashornkuh, und es gefällt beiden, aber sie haben natürlich keine Ahnung und schon gar keinen Wunsch, daß dabei am Ende nach vielen Monaten ein niedliches kleines Nashorn herauskommt; beim Menschen war es die längste Zeit nicht anders.[9] Die Nachkommen sind ohne Verhütung die stete Folge des Sexualtriebs, und daß Tiere oder eben auch Menschen mit diesen Nachkommen sehr oft tatsächlich schlechter leben als ohne sie, ist ihren »egoistischen Genen«, die die Abläufe des Sexualtriebverhaltens kodieren, egal.

Seit nun die Menschen in historischer Zeit dem Zusammenhang zwischen Sexualakt und Nachkommensentstehung auf die Spur gekommen sind (in der Bibel kündet die Geschichte des Onan davon), versuchen sie denn auch regelmäßig, letzterer einen Riegel vorzuschieben, wegen der die längste Zeit unsicheren Empfängnisverhütungsmittel freilich mit vielen Fehlschlägen. Aber dabei hatten sie stets den Druck und Zwang aller Propagandainstitutionen der gesellschaftlichen Vorteilsnehmer gegen sich, namentlich natürlich der Kirchen: »Seid fruchtbar und mehret Euch«, war die Parole mindestens aller erfolgreichen Großreligionen. Bereits der heilige Augustinus verteufelte die Empfängnisverhütung, und mit dem heiligen Gregor (dem »Großen«, Papst an der Wende zum 7. Jahrhundert), der die Lust beim Koitus explizit verdammte und den Zweck desselben ausschließlich in

---

[9]   Sind die Nachkommen einmal in der Welt, kann es aus Gen-Sicht natürlich sinnvoll sein (natürlich wiederum metaphorisch), bei mindestens einem der Elterntiere ein fürsorgliches Aufzuchtverhalten zu programmieren, was sich bei Säugetieren als sogenannter »Mutterinstinkt« manifestiert und bei unserer Säugetierordnung auch über das Zuwendung heischende »Kindchenschema« vermittelt wird.

der Empfängnis sah, wurde jede Form der Empfängnisverhütung, einschließlich *coitus interruptus*, Oral- oder Analverkehr, zur strafbaren Sünde erklärt (oft sogar der Abtreibung gleichgestellt); die Bußbücher des christlichen Mittelalters legen davon beredtes Zeugnis ab. Das erste auf uns gekommene weltliche Gesetz, das explizit die Empfängnisverhütung verbot, war die *Lex Salica* der frisch christianisierten Franken, ebenfalls aus dem späten 6. Jahrhundert. Bis heute hält die katholische Kirche daran fest, daß der Sexualakt der Empfängnis zu dienen habe, und Protestanten und Mullahs stehen ihr beim Zündeln an der Uterusbombe in der Regel nicht nach. Mit derartiger Strafdrohung und Hirnwäsche wurden die Menschen die längste Zeit der Geschichte also *gezwungen, gegen ihren Willen* Kinder zu bekommen, und sie werden es weiter:

Derzeit wird die Zahl der ungewollten Schwangerschaften weltweit offiziell mit 89 bis 100 Millionen pro Jahr (!) angegeben, wobei gut die Hälfte abgetrieben werden; zum Vergleich: der jährliche Bevölkerungszuwachs beträgt derzeit etwa 83 Millionen Menschen. Für Afrika werden 21 Millionen ungewollte Schwangerschaften pro Jahr allein bei 15- bis 19jährigen angegeben, aber der Präsident Tansanias, Magufuli, posaunte jüngst massenwirksam an seine Landsleute heraus: »Befreit eure Eierstöcke«, womit er nicht etwa zur Verhütung, sondern zum Nachlegen aufforderte, da ihm mißfällt, daß die Frauen des Landes »nur« noch 5 statt früher 9 Kinder bekommen. Er bezeichnet sie deshalb ausdrücklich als »faul«, will jede Werbung für Geburtenkontrolle verbieten und die staatlichen Mittel für Familienplanung streichen, derweil er die altbekannte Milchmädchenrechnung aufmacht: je mehr Menschen ein Staat hat, desto stärker seine Wirtschaft (– na, dann kann Tansania ja bald mal Entwicklungshilfe an uns leisten!). Und das ist keine Ausnahme, die Hälfe aller Frauen in Afrika verhüten nicht, *obwohl* sie dies wollen, 220 Millionen Frauen in allen Entwicklungsländern würden verhüten, bekommen aber die Mittel nicht. Zwar proklamierte die Ende 2019 stattgehabte Weltbevölkerungskonferenz in Nairobi feierlich (jawoll!) das Recht aller Menschen auf Zugang zu Verhütungsmitteln (ausdrücklich verneint wird allerdings das Recht auf Abtreibung). Aber haben Sie in unserer Wahrheitspresse, die ansonsten jedem kleinsten Pups der heiligen Greta hinterherschnüffelt, davon überhaupt einmal gelesen, abgesehen vielleicht von der beiläufigen und abwinkenden Bemerkung, daß diese Forderung schon auf der Vorgängerkonferenz in Kairo vor nunmehr 25 Jahren genauso erhoben wurde und also immer noch nicht durchgesetzt worden ist (BZ unter der Überschrift »Jeden Tag 230 000 Menschen mehr«[10]). Außerdem sind Worte und Proklamationen eben Schall und Rauch und Papiere geduldig, denn vergleichen Sie das mal mit der Frequenz der Klimakonferenzen und der zügigen Umsetzung

---

[10] Badische Zeitung, 15.11.2019.

beispielsweise der CO_2-Steuern! Und Rauchverbote, Flugverbote, Autoverbote, Fleischverbote, ja selbst Denkverbote flutschen problemlos, und kein Mensch ereifert sich hier über »Zwang«. Wo ein Wille ist, ist eben auch ein Weg, wo keiner ist, wird es schwiiierig.[11]

Exemplarisch dazu folgende zeitgleiche Zeitungsmeldung:

„An der Rolle der Frau entscheidet sich die Zukunft"

BZ-INTERVIEW mit Renate Bähr von der Deutschen Stiftung Weltbevölkerung zu den wichtigsten Erkenntnissen der Konferenz in Nairobi

Rund 11 000 Teilnehmer aus 165 Ländern sind zu der dreitägigen Weltbevölkerungskonferenz in Nairobi gekommen. Eine von ihnen war Renate Bähr, Geschäftsführerin der Deutschen Stiftung Weltbevölkerung. Sie sagt im Gespräch mit Joshua Kocher, dass es auf den Podien fast gar nicht um die steigende Weltbevölkerung ging – sondern um Aufklärung und Frauenrechte.

BZ: Frau Bähr, die CO_2-Emissionen eines durchschnittlichen Menschen sollen laut Studien aus den USA 20-mal so hoch sein, wie die möglichen Einsparungen durch einen bewussteren Lebensstil. Sollten gegen den Klimawandel also Geburten begrenzt werden?
Bähr: Zwangsmaßnahmen wie in China sind sicher nicht die Lösung – vor allem, weil sie gegen die Menschenrechte verstoßen. Außerdem zeigt sich, dass diese Politik langfristig scheitert. Sie hat zwar kurzzeitig das Bevölkerungswachstum

Renate Bähr FOTO: DIE PROJEKTOREN

gebremst, aber letztlich sind die Nachteile größer. Die Ein-Kind-Politik hatte Auswirkungen auf die Alters- und die Geschlechterstruktur, es gibt heute in China viel mehr Ältere und mehr Jungs als Mädchen. Deshalb ist unser Ansatz: Stärkt die

Frauen, gebt ihnen die Möglichkeiten, entscheiden zu können, ob sie Kinder haben möchten oder nicht. Man darf nicht stehen bleiben und nur Bedrohungsszenarien malen.
BZ: Lässt sich so die komplexe, glo[...] Entwicklung stoppen?
Bähr: Ich bin enttäuscht, d[...] noch imm[...]

Badische Zeitung,
15.11.2019

Immerhin erfahren wir am Rande, daß mit einem »bewußteren Lebensstil« – das ins Stammbuch aller Verzichtsapologeten und Vegi-Burger-Fans – nur ein Zwanzigstel aller Verbrennungen zu CO_2 des durchschnittlichen Menschen eingespart werden

---

[11] Die Schlußakte der »Internationalen Konferenz über Menschenrechte« von 1968 in Teheran hielt fest: »Eltern haben das Grundrecht, frei und verantwortlich über Zahl und zeitlichen Abstand ihrer Kinder zu entscheiden«, was auf der Weltbevölkerungskonferenz in Bukarest 1974 ausdrücklich bekräftigt wurde. Freilich ist diese Formulierung mehrdeutig, aber sie impliziert immerhin den Zugang zu Verhütungsmitteln gegen den weltweiten Druck insbesondere der Religionen. In Bukarest waren es namentlich die katholischen Länder, die konstruktive Beschlüsse zur Durchsetzung dieser Absichtserklärung verhinderten. Idiotischerweise schlossen sich damals die Ostblockstaaten den Katholiken an und verstiegen sich sogar dazu, das Problem der Überbevölkerung als eine vom Westen in die Welt gesetzte Lüge abzutun; die Erde könne nämlich problemlos noch ein Vielfaches der damals 4 Mrd. Menschen tragen. Anläßlich der erwähnten Kairo-Konferenz 1994 machten sich vor allem die Feministen in Tateinheit mit dem Papst und den Mullahs dafür stark, daß den Worten keine Taten folgten, sie also Schall und Rauch blieben. Die seit 1954 alle 10 Jahre durchgeführten Bevölkerungskonferenzen – lassen wir einmal ihre weitgehende Folgenlosigkeit bezüglich des verkündeten Rechts auf Schwangerschaftsverhütung beiseite – wurden nach Kairo dann ausgesetzt bis 2019; mit dem Niedergang des Ostblocks wurde es also noch mal ruhiger zum Thema.

könnte. (Da die Menschheit ohnehin nur für 3 % des CO_2-Kreislaufes der Erde verantwortlich ist, andererseits das gesamte CO_2 höchstens für 20 % des sogenannten Treibhauseffektes, könnte der Einfluß auf diesen, der durch Verzicht und Darben auch nur theoretisch überhaupt erreichbar wäre, also höchstens 0,03 % betragen; das liegt jenseits jedes meßbaren Einflusses auf das Klima, das deutlich breiteren natürlichen Schwankungen unterworfen ist.) Wer nach dieser interessanten Mitteilung über besagte Studie »Geburtenkontrolle!« ausrufen möchte, dem wird das Wort flugs aus dem Mund genommen und der naheliegende Gedanke mit den typischen, monoton-drohenden Mantras abgewürgt: »Zwang«, »Menschenrechte«, »gescheitert«. Worin die »größeren Nachteile« bestehen sollen, bleibt dabei das Geheimnis der interviewten Dame, einer Frau Bähr, die für derartige Unlogik und einschüchternde Plattheiten immerhin Mathematik, Soziologie und Politikwissenschaften studiert haben soll und sich damit offensichtlich als langjährige Geschäftsführerin einer Deutschen Stiftung Weltbevölkerung (was es alles gibt…) qualifiziert hat. Denn immerhin hat sich das BIP pro Kopf und damit der durchschnittliche Lebensstandard in China seit der Jahrtausendwende verzehnfacht und zwar *wegen* der Geburtenkontrolle, die dort zunächst tatsächlich mittels staatlicher Ein-Kind-Politik durchgesetzt wurde (mehr dazu unten, S. 82ff.), genauso wie dort und hierzulande die Schulpflicht zum Segen der Kinder staatlich erzwungen wurde, von Krankenversicherungspflicht und Rentenversicherungspflicht zum Segen der Kranken und Rentner ganz zu schweigen (jedenfalls bevor deren Kassen geplündert wurden). Und die Altersstruktur einer Bevölkerung ändert sich nun einmal immer, wenn die Geburtenziffern sinken; das wäre bei »gestärkten« Afrikanerinnen nicht anders als heute schon bei den recht selbstbewußten Chinesinnen, die munter und sichtbar zwanglos und zahlreich (sie sind also nicht am Aussterben) die Welt bereisen (oder bereisten, bis durch die derzeitige Coronahysterie jede Reisetätigkeit weltweit lahmgelegt wurde).

In allen fortgeschrittenen Ländern geht es im Zusammenhang mit der Forderung nach Bevölkerungsreduktion also sowieso nicht um »Zwang«, sondern um die *Beendigung* von Zwang, Druck und Nötigung zum Wimmeln. Denn wie jede historische Erfahrung zeigt, ist es ab einem gewissen, nicht einmal üppigen Wohlstand gar nicht nötig, Menschen zu weniger Kindern zu »zwingen«, sie wollen dies nämlich ganz von selbst und zwanglos, die Geburtenraten Europas seit der Besseren Zeit beweisen es. Aber auch die chinesischen bleiben nach der Beendigung der Ein-Kind-Politik anhaltend gering (2019 wurden wiederum 500 000 weniger Chinesen geboren als 2018, ein Rekordtief), weil es den Chinesen inzwischen leidlich gut geht, was man u.a. auch an ihrem Fleischkonsum sieht, der mit 50 kg pro Kopf und Jahr inzwischen dabei ist, das Schweizer Niveau zu überflügeln, das deutsche ist bereits überflügelt. Dazu paßt auch, daß die Schüler Chinas beim internationalen Pisa Vergleich 2019 gewonnen haben, denn die

Chinesen legen sehr großen Wert auf Bildung, was als Ausdruck der Hoffnung gelten kann, damit die Grundlage für ein gutes Leben herzustellen. Derweil steigen dort im übrigen auch die Scheidungsraten, was wiederum für persönliches Freiheitsstreben aufgrund ökonomischer Unabhängigkeit spricht, und immer mehr Chinesen heiraten später oder gar nicht.

Unter Wohlstandsbedingungen »muß« also gesellschaftlicher Druck angewendet werden, damit die Menschen (mehr) Kinder bekommen, und den übt man mit gigantischen Mutterkreuz- und Bockprämien-Programmen aus. Sie werden in Ländern, in denen die klassischen Religionen ihre Schäfchen verloren haben, unter feministischer Diktion aufgebläht und aufgebläht und aufgebläht. Denken wir allein an die auch staatliche – die also von zwangseingezogenen Steuern bezahlt wird – Gebärpropaganda in Form von dauernd hyperglücklich grinsenden Papis und dickbäuchigen Mamis, die uns von unzähligen Plakatwänden und aus allen Medien entgegenspringt. Kein Mensch, insbesondere kein glücklich Kinderloser, wird je gefragt, ob er dafür bezahlen *will*, und erst recht nicht, ob er die Unsummen Steuern berappen *will*, die zugunsten von Familien und Kindern umverteilt werden – 100 Milliarden Euro pro Jahr gibt der deutsche Staat direkt über Zuschüsse oder indirekt über Steuervorteile zur Förderung von Mutterschaft und Familie aus (unser Bundeshaushalt beträgt 360 Milliarden Euro), in Frankreich zahlen Familien ab 3 Kindern sogar praktisch überhaupt keine direkten Steuern. Aber dafür zahlen natürlich die anderen, deren Zahlungen werden erzwungen, und die gleichen, die sich z. B. bezüglich Chinas gar nicht einkriegen, finden das völlig in Ordnung und vor allem nie genug.

Derweil wird die Autorin Verena Brunschweiger für ihr (freilich durchwachsenes, aber das ist nicht der Punkt) Buch »Kinderfrei statt kinderlos« angegiftet – das Widerlichste in diesem Zusammenhang kam aus der Sponti-Ecke, aus der ein gewisser Felix Feistel wie ein leibhaftiger Mullah oder Papst gegen ihren »neoliberalen Egoismus« wetterte und ihr Buch als eine »brodelnde Pfütze« und ein »Manifest der Egomanie« angiftete.[12] Und derweil wird die Gießener Ärztin Kristina Hänel vor Gericht gezerrt, weil ihre Website, die über den Ablauf beim Schwangerschaftsabbruch informiert, »Werbung« für diesen mache; ein durchsichtiger Vorwand also, auch die Schlinge des § 218 noch weiter zuzuziehen. Statt sauberer Fristenlösung, wie sie in der ach so diktatorischen DDR und selbst im katholischen Polen der Ostblockzeit selbstverständlich war, ist hierzulande Abtreibung nach wie vor »grundsätzlich rechtswidrig« und nur gnadenhalber straflos, und allein die Formulierungen der § 218 und § 219 stinken nach Weihrauch. Wiederum unter fadenscheinigem Vorwand droht einer Pro-Familia-Einrichtung im Saarland gleichzeitig der Entzug der Zulassung zur

---

12   www.rubikon.news/artikel/sundenbock-kind

sogenannten Schwangerschaftskonfliktberatung (die aber laut § 218 verpflichtend zur »Indikation« ist), denn Abtreibung würde, so die Drahtzieher aus offensichtlich klassisch rechter Ecke – diesmal ist sie echt –, »die traditionelle Familie zerstören sowie christliche Werte, Sitte und Moral aus dem deutschen Volk verbannen«.[13] Wo bleibt der Aufschrei dagegen? Wo das zwanglose Recht auf Selbstbestimmung?

Wie wäre es dagegen mit dem ganz zwanglosen Verursacherprinzip, das doch auch sehr gerecht wäre: Für das erste Kind (bzw. ein Zwillingspaar) sollen Kindergarten, Schule und Studium durchaus umsonst sein. Aber, wer in der so schrecklich zugewimmelten Welt unbedingt noch mehr als ein Kind haben will, der muß dafür dann bitte auch selbst vollumfänglich zahlen, so wie jeder Mensch ansonsten auch für »seine Bedürfnisse« nicht andere zur Kasse bitten kann. Oder würden Sie, lieber Leser (oder natürlich auch Leserin, wer hätte das gedacht), auf die Idee kommen, für Ihr Bedürfnis nach Büchern staatliches Büchergeld oder zusätzlichen Leseurlaub zu beanspruchen? Aber Kindergeld und Elternzeit?[14] Kinder zu haben, ist jedenfalls keine »Leistung«, die vergütet werden muß (jedes sogar hirnlose Tier kann das), und jeder Pyromane, der seinem – warum auch immer drängenden – Zündelwunsch nachgibt, muß auch selbstverständlich für den Schaden aufkommen.

Schon ein Bruchteil der heute zwecks Geburtensteigerung ausgegebenen Summen würde im übrigen genügen, um z.B. die Antibabypille kostenlos abzugeben (und den HIV-Hometest gleich mit), einschließlich sachlicher Information und Werbung statt dauerndem Madigmachens, wie wir es seit dem staatsgetragenen Aufstieg der Schwarzerei seit Jahrzehnten ertragen müssen.[15]

---

[13] www.patriotpetition.org/2019/11/20/abtreibungsorganisation-pro-familia-saarland-sofort-die-zulassung-als-schwangerschaftskonfliktberatungsstelle-aberkennen/

[14] Neben staatlichen Zuschüssen aus dem Steuersack loben inzwischen auch Konzerne bezahlte Elternzeiten aus, so hat der Schweizer Pharmakonzern Novartis 2019 18 Wochen bezahlten Vaterschaftsurlaub eingeführt – einmal mehr Beleg dafür, daß an die Stelle einstiger ökonomischer Konkurrenz zunehmend monopolistische Befehlswirtschaft getreten ist, denn unter Markt- bzw. Konkurrenzbedingungen könnte sich kein Unternehmen derartiges erlauben, sowenig wie die ausufernden, unproduktiven und Arbeitszeit raubenden und persönlich entwürdigenden Psychoseminare, zu denen die Angestellten immer öfter gezwungen werden.

[15] Zum Kinderwunsch, der zwar keine biologische Grundlage hat, aber mitunter geradezu hysterisch ins Feld geführt wird, habe ich mich an anderer Stelle geäußert (»Rückblick auf den Feminismus«, Kap. 6). Hier in Kürze: Er ist unter gesellschaftlichem Druck Anpassungsausweis und (unbewußt) eine Buße für verbotene sexuelle Wünsche und Aktivitäten. Kinder schränken die sexuelle Experimentierfreude auch objektiv ein, da sie sehr vereinnahmend sind, und sie dienen persönlich verarmten Erwachsenen oft als Lückenbüßer für fehlende eigene Ansprüche, leider oft auch dazu, eigenen Frust straflos an Schwächeren abzulassen. Jedenfalls ist ein abwechslungsreiches, befriedigendes Sexualleben, ergänzt freilich durch ein geistiges Leben, dem vielbeschworenen Kinderwunsch gegenläufig. Interessierten sei bezüglich des Kinderwunsches insbesondere bei Frauen der instruktive Aufsatz von Sigmund Freud zum Thema anempfohlen: »Über Triebumsetzungen, insbesondere der Analerotik«, in: GW X, S. 402–410.

Bessere Zeit (Pardon, 9.9.1968)

Nach Schwarzers Sieg (Focus 50/2019):

Wir haben abgesetzt

Die zweite sexuelle Revolution: Vor allem junge Frauen fürchten **Nebenwirkungen der Antibabypille** wie Thrombosen oder Depressionen. Oft vertrauen sie lieber natürlichen Methoden, unterstützt von Apps. Eine sichere Wahl?

heit schaden könnten. Seit Kurzem müssen Beipackzettel der Antibabypille auch vor psychischen Erkrankungen und vor einem Suizidrisiko warnen. Im Herbst 2016 zeigte

Pauline J., 28: Vor vier Jahren bin ich von der Pille auf die Kupferspirale umgestiegen. **Nie wieder möchte ich Hormone nehmen:** Durch sie bekam ich Wassereinlagerungen, schmerzende Beine und war sehr unausgeglichen."

Lisa Hartmann, 29: „Die Hormone hatten mich betäubt, das weiß ich heute, weil ich alles viel intensiver fühle. **Ich bin wieder ich selbst.** Anfang des Jahres ließ ich mir die Kupferspirale einsetzen – nach zwölf Jahren mit der Pille."

Liz G., 28: „In meiner vierjährigen Pillenzeit musste ich **oft grundlos weinen** und fühlte mich antriebslos. Als ich die Hormone absetzte, merkte ich erstmals, **wie gut es mir gehen kann.** Seit drei Jahren nutze ich die Kupferkette."

Nach jahrzehntelanger Unterdrückung jetzt endlich in der Apotheke erhältlich

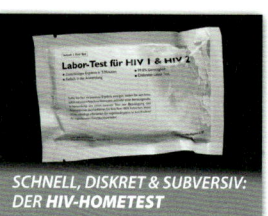

SCHNELL, DISKRET & SUBVERSIV: DER **HIV-HOMETEST**

Zur »Pille«: Ein **geringer** Prozentsatz der Frauen verträgt sie aus verschiedenen Gründen tatsächlich nicht; *dann* setzt man sie eben ab und schaut nach sicheren Alternativen, die es gibt! (Die sogenannte »natürliche Verhütung« ist dagegen nicht [!] sicher – Stichwort Pearl-Index. Außerdem ist man dauernd damit beschäftigt. Die inzwischen wieder gepuschten Kupferspiralen verstärken die Monatsblutung und gehen oft mit stärkeren Schmerzen während der Periode einher; diesen Nachteil für Gesundheit und Lebensqualität haben die modernen Hormonspiralen nicht.) Seltene ernste Komplikationen wie Thrombose und Embolie treten unter der Pille in aller Regel nur bei vorhandener genetischer Gerinnungsneigung auf; gehört man zu diesen Prädisponierten, muß man ebenfalls nach einer Alternative schauen, und um das festzustellen, genügt eine einfache Blutabnahme. Dieser Bluttest wird allerdings weder angemessen propagiert noch von den Krankenkassen generell bezahlt; er kostet gerade einmal 200 Euro, ein Bruchteil der Kosten der von den Kassen durchaus bezahlten künstlichen Befruchtung. Man läßt die Pillenfrauen also ins Messer laufen, und wenn dann bei einer von Tausenden eine Thrombose auftritt, stürzt sich die Wahrheitspresse drauf und hetzt ein weiteres Mal gegen die Pille.

Auch freiwillige (!) Sterilisationen und freiwillige (!) Hysterektomien auf Krankenkassenkosten wären Teil dieses menschenfreundlichen Programms, statt sie, wie derzeit üblich, zwanghaft mit immer enger gefaßten Indikationen praktisch unmöglich zu machen, als ob man Lebens- und Genußwillen »indizieren« müßte. Man stelle sich statt der aufdringlichen Dickbauch-Werbung einfach mal solche für Sterilisationen und Hysterektomien vor: »Damit die Angst nie wieder den Spaß verdirbt!«, oder »Schluß mit der Bluterei – Lust ohne Last!« Auch Plakate mit jeweils glücklicher Ein-Kind-Familie wären eine Idee und könnten die Dickbäuche ersetzen: »Wir sind drei – so leben wir besser!«, oder: »Wir sind drei – so haben alle mehr!« So ähnlich lauteten ja die die Ein-Kind-Politik begleitenden chinesischen Plakate, aber das soll ja »Diktatur« sein, die Dickbäuche dagegen »Freiheit«? Im übrigen wurden solche Kampagnen nicht nur in China durchgeführt, sondern ähnliche auch in anderen Ländern ohne explizite staatliche Ein-Kind-Politik, z.B. in Indien unter Indira und Sanjay Gandhi. Der Erfolg stellte sich stets schnell und meßbar ein, z.B. verdreifachten sich innerhalb eines Jahres, von 1976 auf 1977, die durchgeführten Sterilisationen in Indien – entgegen aller anderslautenden Propaganda ganz freiwillig. Oder in Mexiko: Dort wurden Ende der 1970er Jahre gezielt Unterhaltungsfilme gedreht und per TV weit verbreitet, in denen die weiblichen Helden selbstverständlich Kontrazeptiva benutzten, was immer wieder unaufdringlich einflochten wurde, und am Ende einer Serie sahen die Zuschauer regelmäßig Anzeigen für Familienplanungs-Kliniken. In unmittelbarer Folge solcher Filme suchten eine halbe Million Menschen mehr diese Kliniken auf, der Kontrazeptiva-Verkauf stieg in einem Jahr um 23 %. In Jamaika fielen infolge solcher gezielter längerer Medienkampagnen zwischen 1985 und 1989 die Geburtenraten von 3,3 auf 2,9, in Kenia, wo eine analoge Serie 1987 startete, sanken in deren Folge die Fertilitätsraten binnen kurzem von 6,3 auf 4,4 Kinder pro Frau (Fortsetzungskampagnen in Kenia haben die Rate dann weiter gedrückt, gleichzeitig stieg die Lebenserwartung auf inzwischen 62-65 Jahre). Eine retrospektive Untersuchung brasilianischer Fernsehfilme von den 1970er bis 1990er Jahren zeigte, daß darin 72 % der weiblichen Hauptrollen keine Kinder, weitere 21 % nur ein Kind hatten; die Kinderzahl sank in dieser Zeit von etwa 5 pro Frau auf 1,8. Natürlich sind diese Maßnahmen nur eine Flankierung – aber immerhin eine sehr sinnvolle –, die Hauptsache läuft immer und unzweifelhaft über den Lebensstandard, den Bildungsgrad und den staatlichen Willen, die Religionen in die Schranken zu weisen. Aber man sieht, daß es auch in armen Ländern gar nicht so schwer ist, auf vielen Wegen zwanglos zum Ziel zu kommen, vorausgesetzt allerdings, man *will*![16] Und sogar Mullahs können, wenn sie wollen, wie wir im Iran

---

[16] Zu anderen Zwecken wird an gleicher Stelle doch auch dauernd »gedreht«: Ist Ihnen z.B. aufgefallen, daß in neueren Kinofilmen nicht mehr geraucht wird? Hier geht es freilich *gegen* die Selbstbestimmung, denn ein Raucher schadet im Zweifelsfall nur sich selbst.

sehen, wo die Fertilitätsrate inzwischen auf 1,7 Kinder pro Frau gesunken ist (siehe unten, S. 128ff.). Nun braucht man derartige Kampagnen in Wohlstandsländern, wie gesagt, eigentlich nicht, aber um die Aufmerksamkeit auf die Erhaltung der Natur zu lenken und Rechnen zu üben, könnten sie auch dort nicht schaden. Zum Beispiel könnte man doch die oben phantasierte Plakatserie ergänzen: »Wir sind drei – für die Umwelt!«, oder »Wir sind drei – damit auch Ihr leben könnt!«, und dabei zeigen die lachende Mama, der Papa und das eine Kind mal auf abgebilde-te Nashörner, Elefanten, Waldrappe, mal auf Sonnentau, Fettkraut… Das wäre doch nicht mehr »Zwang« als die heutige Dickbauch-Propaganda, diente aber im Gegensatz zu dieser einem sehr guten Zweck – es wird doch auch immer so viel vom Wohl der Kinder gequatscht, aber deren Zukunft in einer von Menschen zugewimmelten Welt ist wahrlich nicht beneidenswert!

Verrücktheiten beim Thema Geburtenkontrolle – oder: Wer steckt wirklich hinter der Gebärpropaganda?

D AS THEMA GEBURTENKONTROLLE war und ist aus Gründen, die hier hoffentlich klarer werden, stets mindestens ein Stiefkind unserer Staatsmedien. Allerdings mußte man es im Hinblick auf die vernunftgeneigtere Stimmung breiter Schichten des Volkes in und unmittelbar nach der Besseren Zeit (1965-75) wenigstens am Rande ab und zu doch anschneiden, damit der Glaube an die vorgeblich »unabhängige« und »objektive« Presse gewahrt blieb, mit der man doch so gerne angab, während die stets streng gerunzelte Stirn gen Ostblock wies.[17] Hetze war damals, als die Erdbevölkerung mit ihren 4 Milliarden (1974) etwa die Hälfte (!) der heutigen betrug, jedenfalls noch nicht opportun. So fanden sich z.B. im STERN und SPIEGEL folgende Artikel:

mehrung der farbigen Völker. Unter dem Eindruck der Bevölkerungslawine beginnt die Menschheit die Grenzen der Erde und die Gefahr ihrer Überfüllung zu erkennen. Der biblische Auftrag „Seid fruchtbar und mehret euch" ist ausgeführt.

Demnach muß alles, was die Geburtenquote senkt, der Menschheit willkommen sein — um so willkommener, je weniger der einzelne Mensch im zeugungsfähigen Alter das Gefühl hat, unter Zwang zu handeln. Die sexuelle Aufklärung und Enthemmung bietet die Chance „Weniger Kinder durch mehr Vergnügen". Eine angenehmere Form der Geburtenkontrolle ist schwer denkbar.

Daß sich dieser Effekt im graphischen Bild krasser zeigt als im Alltag, hat vornehmlich zwei Gründe: Zum einen bedeutet Nachwuchsmangel in vielen gesellschaftlichen Bereichen nicht schieres Vakuum, Raum ohne junges Volk, sondern eher Abbau strapaziöser Überfüllung und damit soziale Entlastung.

Die Gefahren der Sexualität sind harmlos geworden

Nach zuverlässigen Schätzungen haben im vergangenen Sommer etwa fünfeinhalb Millionen Deutsche nackt gebadet. Das ist eine halbe Million mehr als 1966. Akademiker gaben nackte Grillpartys in den Dünen auf Sylt; zu Tausenden flogen andere in das neue Nudisten-Paradies Korsika, um unter süd-

Die intimen Bekenntnisse des Weltstars Charlotte Rampling: **Ich brauche drei Männer, um glücklich zu sein**

wiesen:

1. Das Fehlen von Lustgefühlen beim Zeugungsakt, ihre Geringschätzung oder gar Verteufelung tun der Gebärfreudigkeit nachweislich keinen Abbruch. Im Gegenteil: Die strengsten Katholiken, die grimmigsten Puritaner führten im Durchschnitt die kinderreichsten Ehen. Das vom Pfarrer gegängelte, verklemmte, unaufgeklärt dahinlebende Ehepaar ist die wirksamste Fortpflanzungsstätte.

2. Wo immer das Geschlechtsleben als Lustquelle betrachtet und demgemäß verfeinert wurde, sank die Zahl der Kinder. Fast ausnahmslos haben die Reichen weniger Kinder als die Armen, die Städter weniger als die Bauern, die Künstler weniger als die Beamten und Protestanten weniger als Katholiken. So ist es — aber woran liegt es?

STERN, SPIEGEL in der Besseren Zeit (1965–1975)

---

[17]   Im Ostblock wurde – leider in den Spuren von Marx und auch Engels, deren Argumentation gegen Malthus an entscheidender Stelle mangelhaft blieb (siehe unten, S. 176ff.) – das Thema in der Öffentlichkeit gar nicht diskutiert, gerade wie im Wolkenkuckucksheim. Das blieb im restlichen Ostblock sogar noch so, als 1980 in China die Ein-Kind-Politik eingeführt wurde.

Aufsehen und breite Diskussionen erregte damals auch der 1973 gedrehte Kinofilm »Soylent Green«, in dem das Zukunftsszenario einer überbevölkerten Welt eindrücklich und gruselig ausgemalt wird: wimmelnde Elendsmassen, deren Leben nichts zählt, vegetieren dicht gedrängt auf den Straßen, ein Protagonist tritt zwecks funzliger Beleuchtung seiner Kleinstwohnung in die Pedale eines zu diesem Zweck eingebauten Standfahrrads, in den letzten Fleischerläden wird das rare, kostbare Gut hinter Gittern versteckt, dessen schwindelerregende Preise nur wenige Reiche bezahlen können, die als Freizeitprivileg dann ein paar klägliche und eingezäunte Bäumchen bestaunen. Der Haken am Filmplot – die Elendsmassen werden mit riesigen Bulldozern zusammengekehrt und anschließend umgebracht, dann aus den Leichen Chips (eben das *soylent green*) hergestellt, die zur steten Ernährung der dafür weiter nachlegenden Menschenmassen in der Art eines *perpetuum mobile* dienen –, leicht erkennbarer Unsinn, diente wohl auch damals dazu, ein spinnertes Element in die vernünftige Überlegung und Rechung zu tragen[18], trotzdem würde dieser Film heute so nicht mehr gedreht.

Aber es gab immer wieder auch prominente und hochachtbare und -geachtete Einzelpersonen, die sich nicht um die immer drängendere Frage der Überbevölkerung und der sich daraus ergebenden Notwendigkeit der Geburtenkontrolle drückten, sondern sie unmißverständlich und deutlich beim Namen nannten – das später genau deshalb aufkommende Faschismusgeschrei wäre damals einfach undenkbar gewesen.

So zeichnete der verdienstvolle Direktor des Frankfurter Zoos und aus seinen Fernsehsendungen äußerst beliebte Professor Grzimek seine Postkarten regelmäßig mit den Worten: *Ceterum censeo progeniem hominum esse deminuendam.*

Keineswegs führte dies etwa zur Absetzung seiner großartigen Sendungen aus dem staatlichen Fernsehprogramm – es bleibt der finsteren Jetztzeit und

---

[18] Der etwa zeitgleiche Film »Die Erde stirbt – Geburten verboten« transportierte dagegen ausschließlich Propaganda und strotzt vor Unlogik: In der übervölkerten Welt gehen ausnahmslos gepflegte und gar nicht elende Menschen mit Atemmasken im Dauer-Smog in einer zubetonierten Hochhausstadt einher, essen Tubenpaste als Nahrungsersatz, können nur noch in Museen ausgestopfte Tiere sehen. Aber ihr eigentliches Unglück soll darin bestehen, daß die herrschende böse Weltregierung ausdrücklich wegen der Überbevölkerung bei Todesstrafe allen Menschen für 30 Jahre untersagt hat, Kinder zu bekommen, weshalb diese in endlosen Schlangen anstehen, um programmierte, sprechende, große Kinderpuppen als Ersatz zu erhalten. Das »Helden«-Paar setzt sich über das Verbot hinweg, entkommt zusammen mit dem heimlich im Keller entbundenen Säugling der Todesstrafe, indem es mit einem Schlauchboot die Kanalisation entlang bis ins offene Meer paddelt und dann zu einer Insel, die unbewohnt, sandig und ohne jede Vegetation und außerdem laut Warnschildern nuklear verseucht ist. – Der Gedanke der Geburtenkontrolle wird hier also mit Gewalt verlötet und der »Kinderwunsch«, der sich gerade in der damaligen Besseren Zeit ganz zwanglos in Luft auflöste, in regelrecht blöder Weise verklärt.

»Ein Platz für Tiere«, ARD 1971

Grzimeks Stempel

der »jungen Welt« als Hauspostille der Pseudo-Linken vorbehalten, ihn heute posthum wegen dieser eindeutigen Stellungnahme zur Geburtenkontrolle in die Nazi-Ecke zu stellen[19], obwohl Hitler und Franco von dieser extrem wenig hielten.

Und der populäre Aldous Huxley, dessen Bücher im Volk damals großen Widerhall fanden, trat bereits in den 50er Jahren des letzten Jahrhunderts als Rufer in der Wüste auf und schrieb: »Zwei Wege stehen zur Wahl. Hungersnot, Pestilenz und Krieg ist der eine, Geburtenbeschränkung der andere.«[20] Auch der 1992 verstorbene, damals ebenfalls bekannte und engagierte Autor Isaac Asimov sei in diesem Zusammenhang in Erinnerung gebracht: »Demokratie kann Überbevölkerung nicht überleben. Die Menschenwürde kann sie nicht überleben. Bequemlichkeit und Anstand können sie nicht überleben. Wenn Sie mehr und mehr Menschen in die Welt setzen, sinkt der Wert des Lebens nicht nur, er verschwindet. Es ist dann egal, ob jemand stirbt. Je mehr Menschen da sind, desto weniger zählt der einzelne.«[21]

Auch ein durchaus staatsnaher Professor wie Heinz Haber produzierte populärwissenschaftliche Fernsehsendungen zum Thema und veröffentlichte 1975 das vielgelesene Buch »Stirbt unser blauer Planet? – Die Naturgeschichte unserer übervölkerten Erde«, in dem er schreibt: »Als Karl Marx sein Kommunistisches Manifest verfaßte, hatte er noch das ›kleine‹ Problem der Ausbeutung des Proletariats durch die kapitalistischen Machthaber im Auge. Wenn heute eine zu steil

---

[19] Junge Welt, 7.1.2020.

[20] Aldous Huxley, Wiedersehen mit der Schönen Neuen Welt, Piper-Verlag, München 1960, S. 120.

[21] Interview mit Isaac Asimov in der Fernsehsendung *Bill Moyers' World of Ideas*, 17.10.1988 (Public Broadcasting Service).

hochschießende Zahl von Menschen auf der Erde der Nahrung und den Gütern davonrennt, entsteht eine völlig andere Art an kommunistischer Idee: Das wenige, das übrigbleibt, muß nun gerecht verteilt werden. Das gibt Machthabern eine hinreißende Begründung, für diese Verteilung zu sorgen und die Menschheit unter das Joch der Knappheit zu zwingen. Die zunehmende Zahl der Menschen ist also das echte und letzte Grundübel.«[22] Lassen wir hier einmal auf sich beruhen, daß Kommunismus im Sinne von Marx, Engels und Lenin gerade nicht die Verteilung des Mangels, sondern die Verteilung des Reichtums (das größte Glück des größten Prozentsatzes) anstrebt, auch, daß der gigantische Monopolbesitz der »vierhundert Familien« durchaus ungerecht und ein letztes Übel bleibt, so traf Haber doch insoweit den Nagel auf den Kopf, als ohne Bevölkerungsreduktion in jedem Fall nur Mangel zu verteilen ist, jedenfalls für die erdrückende Masse der Menschen. – Und genau das streben die derzeitigen Machthaber ja an, die allerdings keineswegs »Kommunisten« sind, sondern Monopoleigner vom Schlage eines Soros, Rockefeller oder Pew, deren gigantischer Besitz derweil wächst und wächst und wächst (aber selbst wenn man auch deren Teil des Kuchens gerecht auf die Milliardenmassen verteilen würde, käme, wie wir gesehen haben, nur Elend dabei heraus).

Aber auch andere, eher Finsterlinge, die beim Volk Gehör finden wollten, mußten der damals insgesamt vernunftwilligeren Stimmung Rechnung tragen und das Thema mindestens berühren. So etwa ein Herbert Gruhl, zunächst CDUler und dann der Mann der ersten Stunde bei den Grünen, die Ende der 1970er gezielt *gegen* die Bunten Listen – Sammlungsbewegungen im Volk um die Achse Demokratie (gegen die Brandt´schen Berufsverbote) und Umweltschutz – aufgebaut wurden und im Gegensatz zu diesen von Anfang an das Wohlwollen der Medien hinter sich hatten (gerade so wie heute Greta). Der zitiert zustimmend in seinem Buch »Ein Planet wird geplündert« (1975): »Wenn wir nicht einen Rückfall in den Urzustand zulassen wollen, dann müssen wir der starken Senkung der Sterberaten eine ebenso starke Senkung der Geburtenziffern als Korrektiv entgegensetzen. Und das kann nur durch aktive Bevölkerungsplanung geschehen.«[23] Tja, aber dieses Buchpapier zeigte sich mal wieder sehr geduldig, denn niemals wurde in irgendeinem Programm der Grünen das Wort Geburtenkontrolle oder Bevölkerungsplanung auch nur erwähnt, genausowenig wie in irgendeiner Verlautbarung der ebenso staatsgetragenen Feministen, die im Gegenteil von ihrer Geburtsstunde Ende der 1960er an als Stoßtrupp und Wegbereiter der späteren Grünen gegen die Pille, Sterilisation und Hysterektomie wetterten. Die

---

22 Heinz Haber, Stirbt unser blauer Planet? – Die Naturgeschichte unserer übervölkerten Erde, Rowohlt Taschenbuch Verlag, Stuttgart 1973, S. 134f.

23 Herbert Gruhl, Ein Planet wird geplündert, Fischer-Verlag, Frankfurt 1975, S. 182.

Grünen predigten arbeitsteilig gegen den böösen Konsum und für Verzicht, der ohne Geburtenkontrolle der dabei dauernd beschworenen »Umwelt« freilich gar nichts nützte. Und bei der Ausweitung der Mutterkreuzprogramme zogen Feministen und Grüne, zum Teil personenidentisch, ohnehin an einem Strang. Aus dieser Ecke wurde dann auch sofort unser Aufkleber »Fünf Milliarden sind vier *zu viel* – Bevölkerungsreduktion ist der beste Umweltschutz«, den wir **1987**, als die 5. Milliarde Erdenmenschen erreicht war, bundesweit klebten (siehe unten, S. 80), als »faschistisch« verhetzt, was an Absurdität und Bösartigkeit schwer zu toppen ist, denn bekanntlich war Hitler der Vater der Mutterkreuze und verbot jede Werbung für Empfängnisverhütungsmittel.

Unlogik und Hetze nahmen in dem Maße zu, wie die vernunft- und genußwilligere Bessere Zeit unter dem sexualfeindlichen Gekreisch der Feministen und den Verzichtspredigten der Grünen begraben wurde, parallel zur immer weiter explodierenden Weltbevölkerung. Ein Professor Grzimek ist jedenfalls heute weit und breit nicht in Sicht, und nur selten vernimmt man noch eine Stimme der Vernunft, meist freilich leise und nie ernsthaft beharrlich, so daß sie im Meer der gegenteiligen Propagandaflut untergehen. Z.B. veröffentlichte der im Zusammenhang mit dem Brexit (hoffentlich bleibt er nicht nur Theater) jetzt prominent gewordene Boris Johnson 2007, als er noch ein Nobody im englischen Unterhaus war, einen durchaus treffenden Artikel in »The Telegraph«,

Depending on how fast you read, the population of the planet is growing with every word that skitters beneath your eyeball. There are more than 211,000 people being added every day, and a population the size of Germany every year.

You can see it as you fly over Mexico City, a vast checkerboard of smog-bound, low-rise dwellings stretching from one horizon to the other; and when you look down on what we are doing to the planet, you have a horrifying vision of habitations multiplying and replicating like bacilli in a Petri dish.

It is time we had a grown-up discussion about the optimum quantity of human beings in this country and on this planet. Do we want the south-east of Britain, already the most densely populated major country in Europe, to resemble a giant suburbia?

This is a straightforward question of population, and the eventual size of the human race.

The Telegraph, 25.10.2007 (deutsche Übersetzung s. Anhang, Bildzitate)

doch bezeichnend bleibt, daß Johnson jetzt, wo er der Sache mit viel größerer Prominenz Nachdruck verleihen könnte, darauf nicht mehr zurückkommt.

Was uns derweil als Begleitmusik zur Gebärförderung jahrzehntelang immer wieder aufgetischt wurde, war neben der steten Verteufelung der modellhaften Ein-Kind-Politik Chinas das vorgeblich nahende Rentner-Gespenst: die wachsende Zahl der Rentner könne nämlich durch immer weniger Junge, die völlig zwanglos infolge der Besseren Zeit – Gott sei´s geklagt – zu verzeichnen waren, bald nicht mehr versorgt werden. Dabei wurden die Türen gleichzeitig für Abermillionen Einwanderer aufgesperrt, die allerdings nicht zur Rentnerversorgung, sondern zur Beseitigung der seinerzeitigen Vollbeschäftigung und dann steten Auffüllung des Arbeitslosenheeres dienten und damit natürlich zur Renten*senkung*. Da es an anderer Stelle darum ausführlicher geht (siehe unten, S. 106ff.), sei hier nur noch darauf verwiesen, daß auch nach der jüngsten Einschwemmung von Massen falscher Flüchtlinge – vorwiegend ja junge Männer – die Versorgung der Rentner keineswegs besser wird, im Gegenteil: Rentenalteranhebung und Rentenklau stehen auf dem Programm:

Bad News: Ihre Rente wird leider nicht weit reichen

Tages-Anzeiger, 29.11.2019

Ihre Rente, die Sie dereinst erhalten werden, ist nicht sicher. Das ist sicher.

Dem abgewatschten Volk wird im gleichen Artikel dann auch gleich zynisch die Lösung präsentiert: »Sparen Sie!« – super Idee, besonders in Zeiten von Negativzinsen und Dauerinflation. In allerjüngster Zeit ist es um das Rentner-Gespenst schon wieder etwas leiser geworden, die Hetze gegen China freilich nicht. Auch die bösartige und einschüchternde, mindestens assoziative Verknüpfung der Geburtenkontrolle mit Hitler, dem Vater der Mutterkreuze, wird immer wieder aufgeladen; man hat den Eindruck, einmal mehr seit der inszenierten Klimahysterie. Wer dieser Tage beispielsweise ins Kino geht, bekommt im Vorprogramm folgende Staatspropaganda zugemutet:

Ich habe auch eine Vision für die Zukunft: Geburtenkontrolle

Kinowerbung 2019

Die Sache ist propagandistisch perfekt gemacht: Man sieht hintereinander mehrere Kinder mit offensichtlich mäßiger geistiger oder körperlicher Behinderung. Diese Bilder werden dann jeweils unvermittelt kontrastiert mit (angeblich echten) teilweise häßlichen Facebook-Kommentaren (z.B. »Ich hasse Mongos«), aber auch mit dem oben abgebildeten, was die Geburtenkontrolle in assoziative Verbindung mit »Behindertenfeindlichkeit« und den Maßnahmen Hitlers gegen bestimmte Behinderte (Euthanasie) bringen soll. Aber die Forderung nach Geburtenkontrolle betrifft doch *überhaupt nicht* Behinderte (es geht auch nicht um deren »Zwangssterilisation«), vielmehr wendet sie sich gegen Mutterkreuzanaloga für ganz normale, unbehinderte Menschen, unabhängig von ihren Fähigkeiten, ihrer Hautfarbe, gar ihrer Religionszugehörigkeit. Aber die Herstellung der Verbindung Geburtenkontrolle/Hitler soll natürlich Angst auslösen und das nüchterne Rechnen einmal mehr ausbremsen.

Im übrigen herrscht, wenn nicht gerade Hetze transportiert wird, heute zum Thema allerdings meist Schweigen im Pressewald, und wenn es doch einmal berührt wird, dann kann man fast auf die abwiegelnden Zukunftsprognosen wetten, nach denen sich die Kurve der wachsenden Weltbevölkerung in Kürze dem Gipfelpunkt nähere und dann – wohl aufgrund göttlicher Gnade – umkehre; ich komme am Ende dieses Abschnittes darauf zurück.

Nun gibt es fraglos Rechenwillige, die das weder einleuchtend finden noch den gleichgeschalteten Medien aus der Hand fressen:

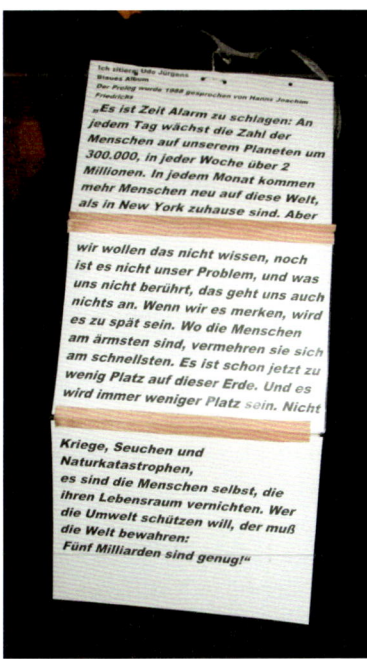

PEGIDA-Demonstranten 2019

Deren Zahl hat offensichtlich zugenommen, was zähneknirschend auch eingestanden wird, so sollen einer aktuellen deutschen Umfrage nach 38 % der

Bevölkerung der Ansicht sein, daß die Presse gemäß Staatsvorgaben und eben nicht »unabhängig« berichtet.[24] Das weist immerhin den Weg, daß das Volk den Glauben an die Presse als Nachrichten- statt in Wahrheit Propagandaquelle – das höchste Gut der Herrschenden – verlieren kann und sich nach anderen Informationsquellen umzusehen bereit ist. Um dem entgegenzuwirken, wird zum einen die Zensurgarotte namentlich im Internet unter der Überschrift »Hate-Speech« zugezogen, auf der anderen Seite aber gerade dort wirklich dummes, zum Teil regelrecht verrücktes Zeug lanciert, was der Abschreckung dient, allfällige Vorwände zur Verhetzung abgibt und dies offensichtlich auch soll. So stößt der Rechenwillige beim Thema auf den sogenannten »Unabomber«, der die Zerstörung der Technik und Rückkehr zur neolithischen Stufe propagiert, was auf echten Massenmord hinausliefe, weil dann der größte Teil der Menschheit schlicht verhungern müßte. Andere wollen *Homo sapiens* gar ganz ausrotten und hätten gern gleich eine menschenfreie Erde, *Deep Ecology* soll das sein. – Spinnen die? Die spinnen! – Wieder andere propagieren die Übernahme von Methoden aus der Schweinemast wie immunologische Sterilisations- und Kastrationsprogramme mittels Impfung (»Improvac«) zur Zwangssterilisation nach einem oder zwei Kindern, womit schon wieder die assoziative Brücke zu Hitlers Zwangssterilisationen und zu Gewaltmaßnahmen gelegt wird. Noch mal: es geht bei der Forderung nach Geburtenkontrolle *nicht* um Behinderte, und auch nicht um Zwang, sondern um das Gegenteil, nämlich die Aufhebung von Zwang und Druck zum und der Belohnungen fürs Nachlegen in einer überfüllten Welt. Und immer bleibt bei all diesen Abwegigkeiten der kinderleichte Gedanke tabu, daß **weniger** Menschen **mit** industriellem Lebensstandard auf einer schönen Erde **mit** Natur sehr gut leben könnten (für Kenner: es handelt sich um die Polarität des Widerstands).

Enttäuschend und demoralisierend wirken in diesem Kontext auch Verlautbarungen, die zunächst die Überbevölkerung und ihre Auswirkungen durchaus richtig benennen, dann aber das einfache Weiterdenken verweigern, wie beispielsweise die des bekannten Professors Edward Wilson, der in seinem Buch »Die Hälfte der Erde« völlig einleuchtend dafür plädiert, eben die Hälfte derselben der Natur zu überlassen, dann aber derart einknickt: »Aber mir scheint, daß man diese Entscheidung [nämlich die Zahl der Kinder zu verringern] den einzelnen überlassen muß, weil man sich am Rand faschistischer Ideen bewegen würde, wenn man sagen wollte, wie viele Kinder sie haben dürfen.«[25] Nun, werter Herr Professor, daß der Papst, die Mullahs und der böse Adolf vor allem

---

[24]   Badische Zeitung, 21.11.2019.

[25]   www.infosperber.ch/Artikel/Wirtschaft/Die-Bevolkerungsexposion-ist-Grundursache-der-Umweltprobleme

dafür sorgten und sorgen, daß die unter ihrer Fuchtel Stehenden möglichst *viele* Kinder haben müssen (!), das ist dann wohl der pure Antifaschismus? Und selbst bei sogenannten »Antinatalisten« oder »Gebärstreik«-Propagandisten, die aus Gründen des Umweltschutzes »*Stop making babies!*« fordern, also richtigerweise für Geburtenkontrolle als einzigen Weg echten Naturschutzes eintreten, bleibt meist mindestens im Raum stehen, daß es sich bei Kinderlosigkeit oder Ein-Kind-Familie um einen »Verzicht« handele, also etwas, was man sich vernünftigerweise notgedrungen »antun« sollte, aber eigentlich nicht wünscht; die Statistiken sprechen hier eine eindeutig andere Sprache.

Auch im Umfeld der »Neuen Rechten« werden zum Thema mehr als widersinnige und krude Thesen breitgetreten. Es sei darauf deshalb etwas genauer eingegangen, weil wir von dieser Seite bezüglich anderer Fragen, wie der Flutung Europas mit falschen Flüchtlingen und auch der sachlichen Argumentation gegen die staatlich geschürte Klimahysterie, ja durchaus vernünftige Gedanken vernehmen, die für sie einnehmen und Vertrauensvorschuß schaffen (manche Artikel in »Compact«, die inzwischen eine recht große Verbreitung hat, sind ja durchaus lesenswert). Aber der zentrale Punkt der Geburtenkontrolle ist dieser Neuen Rechten tatsächlich genauso des Teufels wie den Staatspropagandisten, gegen die sie sich ansonsten da und dort völlig zu Recht wendet: Mindestens für unsere Breiten wird das Problem der Überbevölkerung auch von dieser Seite nach dem Prinzip des Vogels Strauß nicht nur rundweg geleugnet, was angesichts endloser Staus, wuchernder Siedlungen, Naturzerstörung und Artensterben auch in Europa doch merkwürdig anmutet, bei einer Bevölkerungsdichte von 121 Einwohnern pro Quadratkilometer Landfläche ist der EU-Raum ja alles andere als leer.[26] Es wird sogar die Ausweitung von Mutterkreuzprogrammen gefordert, vom gleichen Staat, der diese schon seit Jahrzehnten sowieso auslobt und auswalzt, diesmal allerdings nur für Einheimische, die so der beschworenen »Umvolkung« entgegenwirken, ihrerseits also die Uterusbombe zünden und derweil das Loblied auf die »traditionelle«, wahlweise auch »christliche« Familie singen sollen.

Nun hat jahrhundertelang die weiße Rasse andere Kontinente zugesiedelt und Millionen Menschen anderer Rassen ausgerottet, denken wir an die Ureinwohner Amerikas und Australiens, so daß die aufgrund des größeren Wohlstands bei ihr zuerst zu verzeichnende spontane Geburtenkontrolle die Verhältnisse nur etwas zurückverschiebt. Aber es geht weder um eine rückwirkende Buße für

---

[26] Frankreich liegt etwa im EU-Durchschnitt, Deutschland verzeichnet 237 Ew/km², die Niederlande liegen mit 511 Ew/km² an der Spitze und damit höher als Indien mit 455 Ew/km². China hat im Vergleich 148 Ew/km², allerdings auch große Wüsten und sonstige unbewohnbare Gebiete. Der Iran kommt auf 50 Ew/km², die USA auf etwa 36 Ew/km², Kanada auf glückliche 4 Ew/km² und Australien auf 3 Ew/km².

Kolonialismus noch um rückwirkende Gerechtigkeit, denn ein Wettstreit an der Gebärfront – und das ist der entscheidende Punkt – führt ja zur Verelendung **aller**, unabhängig von der Hautfarbe. Auch den Initiatoren der Masseneinwanderung und Gebärförderung geht es letztlich keineswegs um die Bevorzugung anderer Rassen vor der »weißen« oder um eine des Islam – deren Vertreter bekommen nur so lange die Türen aufgehalten, Straffreiheit bei Kriminalität und sonstige Extrawürste auf Kosten der Hiesigen, bis diese Mohren ihre Schuldigkeit getan haben, nämlich die Wohlstandsregionen verelendet und auf Drittweltniveau gebracht sind und die Stimmung hier entsprechend versaut, was bekanntlich immer zur Geburtensteigerung führt. Dann aber ist Elend und Wimmeln für *alle* angesagt, was durch verstärkt nachlegende »Weiße«, wie sie die Neue Rechte fordert, nur noch beschleunigt würde. Umgekehrt aber könnten die Europäer Vorbildfunktion haben und mit dem Gedanken der Bevölkerungsreduktion sogar anstecken (und genau deshalb sollen sie rechtzeitig verelendet werden), und jedem aufgeklärten Menschen kann die rassische Zusammensetzung einer den Ressourcen der Erde angepaßten und entsprechend gesundgeschrumpften Menschheit sowieso herzlich egal sein. Insofern sind die Neuen Rechten an dieser Stelle mindestens nützliche Idioten der Verelendungsinitiatoren.

In dem gleichen Umfeld wird dann auch allen Ernstes behauptet, daß die »Klimabewegung« am Ende auf Gebärverbote hinauslaufe, wofür freilich nicht das winzigste Indiz spricht, denn allein das Wort Geburtenkontrolle meiden alle Hänsels und Gretas wie die Teufel das Weihwasser. Die »Eliten« der Welt (auch »Establishment« genannt, aber selten »globales Finanzkapital«, was viel treffender wäre), die im *Club of Rome* repräsentiert seien, würden gar die Weltbevölkerung auf 500 Millionen reduzieren wollen. Dieses vorgeblich geplante »größte Massaker an der Menschheit« beschwört ein gewisser Holger Strohm, leidlich prominent noch aus der Anfangszeit der deutschen Grünen als AKW-Gegner, und findet damit offene Ohren bei »Compact«. Und wundersamerweise finden sich für derart aberwitzige Thesen im Internet auch sofort Übersetzer und Videoproduzenten, man hört sie inzwischen z. B. leider auch bei Diskussionen in unserem Nachbarland von französischen »Gelbwesten« (die plötzlich ebenfalls den Namen Holger Strohm kennen). Nun dürfte die Größe der an die Ressourcen der Erde angepaßten Weltbevölkerung tatsächlich bei etwa 300 bis 500 Millionen liegen, aber wo, bitte schön, findet sich im Einflußbereich des *Club of Rome* ein einziges Land auf dieser Welt, in dem von staatlicher Seite *keine* Mutterkreuze ausgelobt und statt dessen eine wirklich nachhaltige Geburtenkontrolle betrieben würde? – China steht ja gerade nicht unter Befehl jener sogenannten »Eliten«, und die zaghaften Versuche anderer Länder in Richtung Geburtenkontrolle, die ich oben erwähnte, wurden immer angegiftet, einmal mehr nach dem Niedergang des Ostblocks, der auch das weitgehende

Ende der staatlichen Souveränität brachte, auf die man zuvor noch Rücksicht nehmen mußte. Gerade auch das menschenfreundliche, freiwillige (!) indische Sterilisationsprogramm, das kostenlose Gesundheitsleistungen beinhaltete (mitunter gab es noch ein Geschenkchen z.B. in Form eines kleinen Kofferradios – Musik ist immerhin erbaulicher als das Gelärm von Kinderscharen), wurde schon damals dauernd verhetzt und infolge des »Zwang«-Geschreis der sogenannten »Weltgemeinschaft« dann keineswegs ausgeweitet, sondern unter diesem Druck nach kurzer Zeit beendet. Auf welcher Seite standen da wohl besagte ominöse »Eliten«? Wenn diese mächtigen »Eliten« wirklich willens wären, ein solches »Massaker« zu begehen, dann müßten wir doch irgendwo irgend etwas davon gemerkt haben statt dauernd das Gegenteil. (So wird die UNO-Entwicklungshilfe für Familienplanung stetig zurückgefahren, betrug sie 1995 – freilich lächerliche – 723 Millionen Dollar, waren es 2009 nur noch knapp 340 Millionen.) Denn an den Früchten erkennt man den Baum, am Ergebnis – das sich gruselig an der Weltbevölkerungskurve zeigt – die Absicht; und der *Club of Rome*, der hier zum angeblichen Drahtzieher für das Gegenteil deliriert wird, wurde ja bereits in den 1970er Jahren gegründet, hätte also schon einige Jahrzehnte Zeit für die Umsetzung seiner »Massaker«-Pläne gehabt.

Zwar meldete sich besagter *Club* – das allein könnte wohl der fadendünne Aufhänger der aberwitzigen These sein – immer mal wieder mit Bevölkerungsprognosen zu Wort, benannte mitunter auch die globale Überbevölkerung (namentlich auch das im Zuge der Besseren Zeit, als das Volk rechenwilliger war), aber auch diese Worte sind seit Jahr und Tag nichts als Schall und Rauch, *nie* haben diese Statements ernsthafte, durchgreifende Maßnahmen gezeitigt, sehr im Gegensatz z.B. zu denen des Weltklimarates (IPCC), dessen nachweislich auf gefälschten Daten beruhenden Klimalügen flugs weltweit in Gesetzestexte gegossen werden. Jedenfalls sind schwerlich Belege für die »Massaker«-These zu finden, und so werden immer größere Absurditäten erfunden: absichtlich vergiftete Euroscheine sollen angeblich unfruchtbar machen, ebenso bestimmte Schutzimpfungen und zu diesem Zweck chemisch kontaminierte Kondensstreifen von Flugzeugen (sogenannte »Chemtrails«) usw., usw.

Jüngst hörten wir vom *Club of Rome* übrigens die gottvolle Forderung, allen 50jährigen kinderlosen Frauen als Prämie fürs Nichtgebären eine Summe von 70–80 000 Euro auszuzahlen. Ganz abgesehen davon, daß eine Umsetzung dieser vorgeblichen Forderung, sehr im Gegensatz zu der im gleichen Atemzug verlautbarten stereotypen nach Greta'schem Verzicht, ohnehin bis zum Sankt-Nimmerleins-Tag ausgesessen würde, ist sie gar nicht nötig, denn es reichte völlig, Mutterkreuze und Bockprämien einzustampfen und das Verursacherprinzip einzuhalten. Noch mal: Wer mehr als ein Kind hat, muß entsprechend selbst dafür zahlen man kann ja hochrechnen, wie hoch die Kosten für Krippe,

Schule, Ausbildung usw. sind. Genauso selbstverständlich, wie gesagt, zahlt jeder Musikliebhaber seine Konzertkarten und jeder Urlaubsbummler seine Urlaube, statt von anderen zu kassieren, die von ihrem »größten Glück« andere Vorstellungen haben oder sich hineinsteigern oder -drängen lassen.

Schaut man sich die illustre Runde der »Eliten« im *Club of Rome* an, dann handelt es sich auch nicht um wirkliche Machthaber, sondern eher um deren mitunter höherrangige, jedenfalls gehorsam-verläßliche Lakaien, denken wir beispielsweise an Figuren wie Michail Gorbatschow oder Joschka Fischer, auch an Hans Joachim Schellnhuber, der als deutscher Lautsprecher des menschengemachten Klimawandels gilt. Der deutsche Vizepräsident des *Club*, ein gewisser Frithjof Finkbeiner, ist übrigens Gründer der NGO *Plant-for-the Planet*, die bereits 2015, also schon einige Jahre vor dem Erscheinen Gretas, die Schüler-Klima-Streik-Idee lancierte und zu diesem Zweck im Internet Anträge für Schulbefreiung und Begründungstexte für Schulleitungen zum Herunterladen bereitstellte. Unterstützung kommt daneben von »honorigen« Mittelalterrelikten wie Felipe VI. von Spanien und Monacos Albert II., und dann fand sich schließlich auch ein Rockefeller unter den Gründern des *Club*, denn irgend jemand muß das Heft ja in der Hand halten. Natürlich ist nicht auszuschließen, daß einzelne Mitglieder der herrschenden Klasse – nennen wir die ominösen, unscharf so genannten »Eliten« doch beim Namen, auch »Machthaber« und »gesellschaftliche Vorteilsnehmer« wäre treffend – wirklich etwas gegen einen zugewimmelten Planeten haben und sich mit ihren Abermilliarden Dollars Besseres vorstellen können als weltweit eingezäunte, zooartige Nicht-Natur (wie im beschriebenen Film die eingezäunten Bäume – aus dem gleichen Grund wird sich auch die verdienstvolle Jane Goodall von *Plant-for-the-Planet* einspannen lassen haben), aber maßgeblich für die Direktiven der »vierhundert Familien« können sie nicht sein, sonst hätten wir längst eine den weltweiten »Klima«- oder »Rauchstopp«-Kampagnen vergleichbare Kampagne zur Geburtenkontrolle erlebt.

Um der Welt eine wie auch immer geartete Propaganda und deren Umsetzung aufzuzwingen, wie wir es bezüglich der Gebär- und Verzichtsförderung erleben, muß man jedenfalls die Mittel haben – Macht ist Kontrolle über die Verstärker, wie die Soziologielehrbücher treffend sagen, ganz und gar nicht das »Wissen« –, und billig ist es nicht, Heerscharen von Kopflangern in Medien, Schulen und Universitäten, natürlich auch die Lehrplanschreiber usw. derart zu »inspirieren«. *Wer* diese Macht aber hat, zeigt sich letztlich natürlich im Militäraufkommen, das ein Land finanzieren kann, heute insbesondere den Atomwaffenarsenalen einschließlich Interkontinentalraketen und Marschflugkörpern als wirksamstem Druck- und Erpressungsmittel. Die USA halten mit etwa 700 Milliarden Dollar jährlichem Militäretat dort einsam die Spitze, China und Rußland *zusammen* bringen weniger als die Hälfte davon auf (von der USA-hörigen NATO mit ihren noch mal 300 Milliarden Dollar Jahresetat ganz zu schweigen). Würde sich sonst eine (noch) Schweizer UBS unter fadenscheinigsten Vorwänden durch die US-Behörden um Milliardenbeträge plündern lassen, ein (noch) deutscher Bayer-Konzern, ein VW-Konzern? Diese inzwischen gigantischen Machtmittel beruhen ganz wie im antiken, ebenso verfahrenden Rom auf ererbtem und akkumulier-tem Besitz, der sich im Zuge der Monopolisierung in immer weniger Händen konzentriert, vornehmlich in denen der besagten »vierhundert Familien« in den USA (immer seltener werdende Schlauköpfe, die mit einer pfiffigen Idee und dem inzwischen riesigen Startkapital, das freilich zugeschossen werden muß, den kometenhaften Aufstieg schaffen, werden mitunter noch kooptiert). Und de-ren Besitz wächst durch Kapitalisierung. Das Wort löst bei braven Untertanen oft antrainierte Abwehrreflexe aus, aber man kann den beispielhaften Strohm´schen Bockmist, daß die derzeitigen Machthaber an der Geburtenkontrolle und Be-völkerungsreduktion ein Interesse hätten, nicht wirklich zurückweisen, wenn man sich diesen, in Wahrheit wieder einfachen Sachverhalt nicht klargemacht hat. Tatsächlich *können* die gesellschaftlichen Vorteilsnehmer, die Besitzer der Produktionsmittel, daran kein Interesse haben, denn damit würden sie an dem Ast sägen, auf dem sie sitzen: Dank ihres Besitzes an Produktionsmitteln können sie andere, die diese nicht besitzen, für sich arbeiten lassen, wobei deren Lohn **stets** geringer ist als der Wert der durch sie produzierten Güter; die Differenz ist der von Marx so benannte Mehrwert, den der Besitzer der Produktionsanlagen einsackt. Natürlich muß er von dem eingesackten Batzen noch den vorgeschos-senen Anteil für Maschinen und Rohstoffe etc. abziehen, aber was ihm dann bleibt, ist sein Profit (landläufig auch Gewinn genannt); genau um diesen Profit wurde der ursprüngliche Besitz also vermehrt und kann dann in der nächsten Runde wieder eingesetzt werden (dieser Prozeß heißt Kapitalisierung). Und die-se Profite sind inzwischen gigantisch. (Natürlich können sie nur realisiert wer-den, wenn die produzierten Güter auch abgesetzt werden; werden sie es nicht, hat der Besitzer der Produktionsmittel Löhne und Maschinen bezahlt und guckt in die Röhre, ist also pleite. Aber derartige Überproduktionskrisen gibt es seit fast 100 Jahren nicht mehr, der Staat greift den Kapitaleignern inzwischen regel-mäßig und rechtzeitig ausgleichend unter die Arme – Keynesianismus -, und wir leben längst im Stadium weitgehend monopolistischer Planwirtschaft [*business on demand*].) Eine »ökologisch« angemessene Reduktion der Menschenzahl kann deshalb nicht im Interesse der Kapitaleigner liegen, weil dann ihre Mehrwert-bzw. Profitsumme sinken würde; ein Produktionsmittelbesitzer, der jedem seiner 1000 Arbeiter einen bestimmten Mehrwertbetrag wegnimmt, hat 10mal soviel eingesackt wie einer, der nur 100 beschäftigt und den gleichen Betrag pro Arbeiter abschöpft. Hier stimmt also die Rechnung: je mehr Menschen, desto mehr notwendige Warenproduktion, desto mehr Profit. Natürlich kann die Mehrwert- bzw. Profitsumme auch dadurch erhöht werden, daß man die Löhne drückt. Um dies erzwingen zu können, müssen aber die Lohnarbeiter Schlange stehen, muß eine möglichst stabile arbeitslose Reservearmee vorhanden sein, die eben mit Gebärpropaganda und Mutterkreuzen hergestellt wird. Nun könnte man einwenden, daß die Kapitaleigner doch auch ein Interesse an einem möglichst breitgestreuten hohen Lebensstandard haben müßten, denn dann stiege ja der Bedarf an Konsumgütern, was die Profite erhöhen würde. Aber hier beißt sich die Katze in den Schwanz, denn ein hoher Lebensstandard läßt die Kinderzahlen zwanglos sinken (wir haben zum Leidwesen der gesellschaftlichen Vorteilsnehmer inzwischen in der Hälfte aller Länder der Welt Geburtenraten *unter* der Erhaltungsrate). Aber dann schmilzt auch die Lohndrückerreserve und sinken die Arbeitslosenzahlen, die Erpreßbarkeit läßt nach, die Löhne steigen, der Mehrwert bzw. die Mehrwertrate sinken. Und Menschen, denen es gut geht, die guter Stimmung sind, die sexuellen Spaß haben, sind zudem keine »guten« Knechte; sie stellen schnell unbequeme Fragen, z.B. die wirklich interessante, ob es Mehrwerträuber überhaupt geben muß oder die Produzierenden nicht besser daran täten, das Produzierte unter sich zu verteilen, viel eher jedenfalls, als ein bis aufs Blut ausgepreßter Malocher, der sich vor lauter Erschöpfung und Leid diese substantiellen Fragen einfach kaum noch stellen kann. Deshalb kann es aus Sicht der Räuber nie genug Menschen geben, wobei die den Konsum reduzierende Verzichterei, die mit der inszenierten Klimabewegung eine neue, drastische Stufe erreicht, durch die schiere Riesenzahl der Menschen ausgeglichen wird. Denn wenn sich beispielsweise die Wohnfläche pro Person (damit Teppich, Tapeten, Möbel…) halbiert bei gleichzeitiger Verdopplung der Personenzahl, bleibt bei halbem Lebensstandard der Opfer der Profit der Räuber gleich. Und elende Menschen bekommen mehr Kinder, so schließt sich der *circulus vitiosus* von Gebär- und Verzichtspropaganda – es ist wirklich so einfach!

Kommen wir an dieser Stelle noch einmal auf die Bevölkerungsprognosen zurück, die zur Abwiegelung hier und da in den Medien auftauchen. So titelte »Die Zeit« am 14.11.2019 »Mensch, wir werden weniger«, worunter es im Artikel dann heißt: »Eines der größten Ereignisse der Menschheitsgeschichte steht bevor, der Moment, in dem *Homo sapiens* seine größte Ausdehnung erreicht haben wird. Über Jahrtausende wurden die Menschen immer mehr und mehr. Bald werden sie weniger.« Völlig zeitgleich erschienen etwa in Frankreich völlig sinngleiche Artikel[27], was zumindest auf eine EU-weit koordinierte Vorgabe schließen läßt.

---

27   Le Monde diplomatique, Sonderheft *La bombe humaine* (Okt./Nov. 2019).

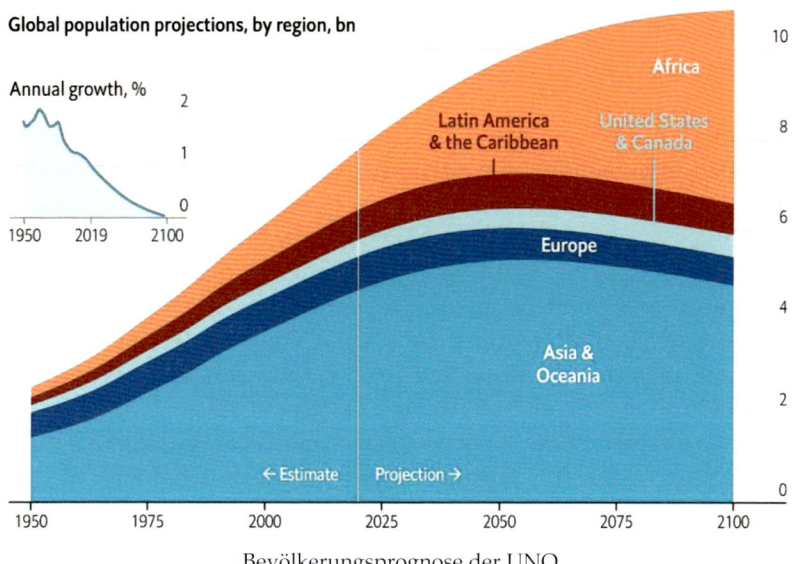

Bevölkerungsprognose der UNO

Das Prinzip bei derartigen Berechnungen und Prognosen ist immer dieses: Die in den letzten Jahrzehnten im Weltmaßstab beobachtbare Tendenz der stetig fallenden Fertilitätsraten – um 1950 lagen wir weltweit bei knapp 5 Kindern, 1990 bei etwa 3, heute bei 2,4 Kindern pro Frau – wird fortgeschrieben bis zur Erhaltungsrate von 2,1 Kindern pro Frau und darüber hinaus. Doch diese Tendenz trat ja unter den Bedingungen wachsenden Wohlstands und wachsender Lebensfreude bei gleichzeitig zugänglichen Verhütungsmitteln in zahlreichen Ländern der Welt ein und würde ohne gegenläufige Einwanderung nach einem Überhangeffekt durch frühere geburtenstarke Jahrgänge dann auch wirklich zur Bevölkerungsschrumpfung, damit zur potentiellen Erholung der Natur und zum gleichzeitigen Rückgang der notwendigen Gesamtproduktion für den gleichen Lebensstandard führen. Aber selbst wenn es sich im Weltmaßstab wie prognostiziert verhalten würde, wäre es wegen der bis zu diesem Zeitpunkt zunächst weiter wachsenden Erdbevölkerung für die Natur allemal zu spät, weshalb aktives Eingreifen mittels Geburtenkontrolle bzw. Unterlassen der Geburtenförderung schon lange ansteht – doch bekanntlich wird das Gegenteil forciert. Und die Prognosekurven sind zudem deshalb falsch, weil die Voraussetzungen, die zu dieser Entwicklung geführt haben, sich ändern und schon längst geändert haben. Daß im Weltmaßstab der Lebensstandard in den zurückliegenden Jahrzehnten zugenommen hatte mit dem bekannten Ergebnis der Senkung der Geburtenraten, war letztlich ja das Ergebnis der kämpfenden Arbeiterbewegung, die zunächst höhere Löhne erzwang und dann die Existenz der Sowjetunion und des

Ostblocks. In deren Windschatten konnten sich auch viele ehemalige Kolonien befreien, einen leidlich souveränen Entwicklungsweg einschlagen und Bildungs- und Wohlstandszuwachs erringen. Im Westblock selbst wurde insbesondere Westeuropa als das Schaufenster zum Osten ausstaffiert, aber auch in anderen Industrieländern mußte man dem Volk Zugeständnisse machen, damit die ärmeren Länder, davon geblendet, von sozialistischen Perspektiven Abstand nahmen und die Westvölker selbst so lange loyal zu ihren Regierungen blieben, bis der Ostblock endlich vernichtet war. Doch das ist er mittlerweile, und seitdem werden alle Errungenschaften zügig wieder demontiert. Unser Lebensstandard sinkt drastisch, Armut und Elend nehmen in vielen Regionen der Welt längst wieder zu. Gerade in den ärmeren Ländern, die in neokoloniale Abhängigkeit zurückgeworfen wurden, wachsen die Bevölkerungen rasant, was jeden Fortschritt sofort wieder auffrißt und den *circulus vitiosus* der Gebärerei in Gang hält. Ein Teil dieser Menschen wird derweil in die – noch – reicheren Länder geschleust, um hier die Verarmung voranzutreiben, was auch hierzulande bereits wieder zu steigenden Geburtenraten pro Frau geführt hat. (Diese spiegeln, wie die durchschnittliche Lebenserwartung auch, Lebensverhältnisse *rückwirkend* bis zum Jetztzeitpunkt wider, können also keine Prognosen für die Zukunft sein.) Momentan gibt es aus besseren Zeiten zwar noch einen wirksamen Nachhangeffekt in vielen Ländern, aber es ist nur eine Frage der Zeit, wann dieser bei weiter zunehmender Verelendung abstirbt, was namentlich durch die Klimahysterie noch beschleunigt wird. Und die wurde, wie später noch ausführlich dargestellt, tatsächlich von langer Hand geplant und umgesetzt.

Aber hätte »man« nicht einfach gelassen das Ende der Rohstoffreserven abwarten können – hier liegen den gesellschaftlichen Vorteilsnehmern sicherlich recht verläßliche Angaben und Prognosen vor –, denn der dann einsetzende drastische Produktivitätsrückgang führt ja ohnehin zur Verelendung, nur eben etwas später? Aber zum einen würde dann der Zusammenhang zwischen Bevölkerungszahl und Elend augenfällig, der durch die Klimahysterie dagegen verwischt wird. Zum anderen soll das geplünderte Volk frühzeitig ans Darben gewöhnt werden, damit es dann nicht doch noch renitent wird. Natürlich wird durch den erfundenen Klima-Gott auch der Gedanke der eiskalten Planung von seiten der Herrschenden aus dem Schußfeld genommen und dafür das schlechte Gewissen im Volk für eigenes Wohlleben angegeigt. Dann ist es selber schuld, nämlich an der (erfundenen) Klimamisere, nicht aber die eigentlichen Drahtzieher an der Verelendung. Zu schlechter Letzt geht es natürlich zentral auch darum, den Beispiel- und Vorbildeffekt, der von Regionen mit inzwischen langjährigen niedrigen Geburtenraten ausgehen kann, zu zerstören. Denn wenn der Lebensstandard und das Rentenniveau hoch, die Arbeitslosenzahlen tief und die Mieten bezahlbar sind – alles angenehme Folgen von Geburtenkontrolle –, dann bleibt die ansteckende Wirkung nicht aus, wie wir bei den Kindern der Gastarbeiter erlebt haben, die ihrerseits Geschmack am guten Leben fanden und deren Kinderzahlen sich schnell denen der Alteingesessenen anglichen. Um das zu verhindern, wird die Verelendung jetzt möglichst schnell herbeigebombt. Jedenfalls ist auf dieser Grundlage anstelle der verharmlosend-abwiegelnden Prognosen viel eher zu erwarten, daß die Geburtenraten einer immer mehr verelendeten, wimmelnden Erdbevölkerung wieder steigen. Da aber unsere Erde nicht aufblasbar ist und auch die allerspärlichsten Lebensgrundlagen für immer weiter wachsende Milliardenmassen nicht unendlich herbeizuwirtschaften sind, werden wir *dann*, aber *erst* dann, auch Töne in Richtung mäßiger Geburtenkontrolle vernehmen, die freilich das Massenelend bei vielleicht 11 bis 15 Milliarden Erdenmenschen nicht »gefährdet«. Irgendwelche »Experten« werden dann langatmig und gewichtig schwafeln, daß es jetzt langsam wirklich genug sei, und bewährte Mondkälber werden dann auf Befehl sogar einfache Gleichungen ausrechnen können.

Aber wäre es nicht klüger, damit anzufangen, **bevor** die letzte Natur zerstört, **bevor** Zoo- und Zirkustiere verboten sind, **bevor** Fleischessen Luxus wird und unter Anstiftung zur Tierquälerei fällt, **bevor** Ratten, Parasiten, Wanzen unsere Restfauna bilden, **bevor** überall anzutreffende Artgenossen jede Intimität und sexuellen Genuß verunmöglichen, **bevor** Stromausfall, Wasserrationierung, Vermüllung und Gestank gewohnter Alltag werden, **bevor** unmenschlicher Arbeitsstreß im Verbund mit minimaler Gesundheitsversorgung zu drastisch sinkender Lebenserwartung führt, kurzum: **bevor** *alle* Menschen – bis auf die wenigen gesellschaftlichen Vorteilsnehmer – so vegetieren wie heute schon Milliarden Menschen in den Elendsgebieten der Welt?

Klimahysterie statt Geburtenkontrolle – komischer »Kommunismus«, der von Multimilliardären finanziert wird

WIE GEZEIGT, haben die gesellschaftlichen Vorteilsnehmer stets ein substantielles Interesse an möglichst großen besitzlosen Elendsmassen, deren nicht arbeitsloser Teil brav die goldenen Eier für sie legt, wobei die zügige Verelendung der noch wohlhabenderen Teile der Welt, insbesondere Europas, deshalb schnell erfolgen soll, damit diese nicht länger als modellhaft und vorbildlich wahrgenommen werden können. Diesem Zweck dienen nicht nur die Kolonialverträge wie TTIP und CETA (vor welch ersterem uns Trump einstweilen noch bewahrt hat), diesem Zweck dient nicht nur die von langer Hand geplante Flutung Europas mit falschen Flüchtlingen, diesem Zweck dient auch die Gebärpropaganda und ebenso die entfachte Klimahysterie, die jetzt als Propagandawalze über uns rollt:

Erstklässler üben »Fridays-for-Future«-Demos in der Schule, und wehe, einer übt nicht mit! An deutschen und holländischen Schulen hielten diesen Winter erstmals und wegweisend »Warme-Pulli-Tage« Einzug: Heizungen werden runtergedreht, Abertausende Schüler sitzen in Mützen, Schals und dicker Kleidung im Unterricht, und wehe, einer findet das nicht »fun«! – Man stelle sich derlei in der ehemaligen DDR vor! Wie hätte es aus allen Medienrohren des ach so freien Westens getönt von »Diktatur!«, »Hirnwäsche!«, »Indoktrination!«? Derweil gibt in der Hauptstadt der grünen Bewegung die Wahrheitspresse unter der Überschrift »24 Fragen für ein erstes Date in Freiburg« cool daherkommende Tips, die die neuen Maßstäbe in die Hirne trommeln sollen: »Was tust Du in Deinem Alltag, um Plastikmüll zu vermeiden?« … »Wie trennst Du Deinen Müll?« … »Gehst Du mit mir zur nächsten Fridays-for-Future-Demo?« … »Du trägst doch hoffentlich (Fahrrad-)Helm?«[28] Und infolge einer solchen Dauerbehämmerung antwortet dann der 9jährige Sohn einer Bekannten auf die Frage nach seinen Weihnachtswünschen: »Ich möchte wieder Müll sammeln an der Dreisam, das macht Spaß und ist gut für die Umwelt.« Die Intensität dieser Behämmerung hat in jüngerer Zeit massiv zugenommen, wirklich neu ist sie aber nicht. Jede grüne Lehrerin fühlte sich hierzulande schon seit Jahrzehnten zum folgsamen Spülen von Joghurtbechern verpflichtet, die dann schön getrennt in die gelben

---

28 Badische Zeitung, 2.1.2020.

Säcke wandern, was allerdings unsere Wahrheitspresse keineswegs daran hindert – Orwell'sches Zwiedenk macht's möglich – das diktatorisch-bööse China ausdrücklich zu geißeln, *weil* dort derzeit die Mülltrennung eingeführt wird.[29] Was hier der Klima-Gott gebieterisch fordert, soll dort des Teufels sein, und was gestern des Teufels war, kann heute Gnade finden. Jahrzehntelang hieß es (freilich verlogen): »Rettet den Wald«, neuerdings erzählt man uns, daß Holz *der* Bau- und Werkstoff der Zukunft sei, daß Holzhäuser, Papiertüten, sogar Holzheizungen, die nun mal die Abholzung von Wäldern voraussetzen, den Weg in den Klima-Himmel bahnen. Aber was kümmert uns unser Geschwätz von gestern, nicht wahr? Und die »Waldretter« von gestern gucken heute mit strafendem Blick, wenn man nach einer Plastiktüte greift, und werden völlig fuchtig, wenn man dazu sagt: »So rette ich den Wald.« Mitunter verrenken sie dann ihr Hirn und erzählen aufgebracht, daß es sich nur um Holz aus angepflanzten Wäldern handele. Aber wo, bitte schön, kann man die denn anpflanzen? Doch nur dort, wo vorher der letzte Rest Natur bzw. Naturwald war.

Im Potpourri medialer Zumutungen treibt nicht nur die Unlogik immer neue Blüten, sie kommen auch immer drohsamer daher, namentlich seit die staatliche »Klimajugend« die Straßen bevölkert (die bei Personalmangel sogar Aufwandsentschädigungen auspreist; 50 Euro »Aufwandsentschädigung« bot der Verein NuKLA für die Teilnahme an einem Klimastreik am 29.11.2019, bis zu 450 Euro pro Woche bekommen die »Kämpfer« von *Extinction Rebellion* – wo auch dieses Geld wohl herkommt?). So tönte die »taz«, die einzige von Anfang an mit Steuergeldern finanzierte Tageszeitung Deutschlands, daß man Rentnern nicht nur den Führerschein, sondern auch das Wahlrecht aberkennen solle, denn deren Generation habe »den Planeten zugemüllt mit Kohlekraftwerken und Plastiktüten« (1.6.2019). Mit geübter feministischer Schlagseite stehen mal wieder besonders die Männer am Pranger, es wird von »CO_2-Männlichkeit«, von »weiblicher Klimabewegung« deliriert: »Wer den CO_2-Ausstoß bekämpft, greift folglich stets eine gewisse Form männlicher Identität an.«[30] Die deutsche »Fridays-for-Future«-Chefin, Luisa Neubauer, wettert an vorderster Front gegen »alte weiße Männer«, die der Klimajugend die Zukunft versauen. Warum »alte weiße Männer« hier größere Säue – vorausgesetzt freilich, sie wären welche – sein sollen als »alte weiße Frauen«, das wissen die Klima-Götter allein, und warum hier wie selbstverständlich kein »Sexismus-Rassismus«-Gekreisch entfesselt wird, bleibt auch deren höherem Ratschluß überlassen. Oh – aber würde jemand die nüchterne Feststellung wagen, daß »alte schwarze Frauen« und »alte schwarze Männer« in Afrika dafür gesorgt haben, daß sich die Bevölkerung dort in den

---

29   Berner Zeitung, 1.12.2019.

30   Süddeutsche Zeitung, 9.9.2019.

letzten etwa 30 Jahren verdoppelt hat (heute sind knapp die Hälfte aller Afrikaner unter 15 Jahre alt) und damit auch deren Bedarf an Energie und Tüten, *was* für ein derartiges Gekreisch würde dann anheben?! In der gleichen Zeit haben »alte weiße Männer« immerhin dazu beigetragen, die Zahl derer, die Bedarf an Energie und Tüten haben können, zu verringern, und »gelbe« haben dafür gesorgt, daß heute nicht noch eine Milliarde mehr Chinesen Bedarf an Energie und Tüten anmelden – doch deren segensreiche Ein-Kind-Politik entfesselt regelmäßig »Diktatur«-, wenn nicht sogar »Faschismus«-Gekreisch.

So dumm sich die selbsternannten »Klimakämpfer« sonst beim Rechnen stellen, es flutscht, wenn es um Verzicht und Schikane geht: die Ökobilanz eines Hundes im Jahr soll einer Autofahrt von 3700 km entsprechen, die einer Katze einer von 1400 km, und weil diese Bösewichte auch noch gern Fleisch fressen, solle man sie am besten verbieten, heißt es. Immer häufiger brennen derweil Autos oder sie werden besprüht, wie jüngst in Freiburg mit »CO_2«, wozu die örtliche »Badische Zeitung« den süffisanten Tip gab, den Schaden von 2000 Euro besser nicht der Versicherung zu melden, weil dann die Prämie erhöht werde. Aber *diese* Täter werden auch in Zeiten der Dauerüberwachung fast nie ergriffen, noch seltener bestraft und niemals zu Schadensersatz verurteilt (auch wenn es diesmal »Weiße« sind). Ein richtungweisender Freispruch erging im Januar 2020 in der Schweiz für die wegen Hausfriedensbruchs Angeklagten, die unangemeldet in Bankfilialen der Credit Suisse demonstriert hatten, wofür jeder andere selbstverständlich zu der von der Staatsanwaltschaft beantragten Strafe (22 000 Franken) verurteilt worden wäre; bereits am Tag des Freispruchs drangen weitere derart ermutigte »Klimaaktivisten« in die nächste Bankfiliale ein. Für die Täter wurde übrigens in Windeseile ein kostenlos arbeitendes Anwaltsteam aus dem Boden gestampft (jedenfalls für die Täter kostenlos, aber auch Anwälte wären ohne Honorar, das dann eben aus anderen Quellen fließt, bald pleite), das auf »rechtfertigenden Notstand« plädierte, was dann auch die wahrlich hanebüchene Urteilsbegründung für den Freispruch abgab. Drohung und Einschüchterung nehmen in dem Maße zu, wie das Volk zur Kasse »gebeten« wird, und diese Einschnitte werden substantiell. Die EU hat im November 2019 den »Klima- und Umweltnotstand« ausgerufen, und lügt mit diesem Etikett jeden kommenden Raubakt zur rettenden »Notfallmaßnahme« um; eine Billion (!) Euro sollen die Europäer für die Klimawende berappen, bis 2050 soll der Klimawandel sie 8 Billionen Dollar kosten, derweil soll laut UNO der Klimawandel als Fluchtgrund anerkannt werden (sogenannte »UN-Experten« prognostizieren 20 Millionen »Klimaflüchtlinge« pro Jahr) und wird das Wort Klimahysterie hier zum Unwort des Jahres 2019 erklärt.

Aber der vorgesehene Raub am Volk soll von diesem als »freiwilliger Verzicht« für eine »gute Sache« verinnerlicht werden, weshalb an die dräuend prophezeite

Klimakatastrophe keine Frischluft durch widersprechende Wissenschaftler kommen darf, die durch Sachkenntnis auch nur Zweifel an ihr wecken oder fördern könnten; man stellt sie deshalb als »Klima-Leugner« in die »rechte«, wenn nicht Faschismusecke, diffamiert sie auch als »Klima-Nazis« oder »Klima-Schädlinge« (bei den wirklichen Nazis waren das die »Volksschädlinge«, aber hier ist nie von Volksverhetzung die Rede), während ihre Veranstaltungen, die sachliche Argumente gegen den menschengemachten Klimawandel zum Thema haben, von Pogromisten bedroht und unter diesem Druck inzwischen oft sogar abgesagt werden. Natürlich spricht allein das zwingend gegen die Pogromisten und ihre Hintermänner und Schutzpatrone, denn wer die Argumente auf seiner Seite weiß, wird die faire Auseinandersetzung in aller Öffentlichkeit suchen statt verhindern. – Aber stellen Sie sich einmal die Propaganda *ohne* das den Raub begleitende Dogma vom menschengemachten Klimawandel vor: Essen Sie weniger (vor allem Fleisch), trinken Sie weniger (Alkohol), baden Sie nicht, duschen Sie selten, Urlaub in Balkonien ist allemal gut genug für Sie, arbeiten Sie mehr für weniger Geld, geben Sie von dem wenigen noch mehr ab, sterben Sie rechtzeitig vor der Rente, haben Sie am besten nichts vom Leben... Der Himmel vergelt's! All das käme allein wohl eher nicht so gut an, aber der neu erfundene Klima-Himmel macht jede Zumutung möglich, wofür Heerscharen von *Spin doctors* im Einsatz sind.

Gestatten wir uns einen kleinen allgemeinen Exkurs zu dieser täglichen Behämmerung und Hirnwäsche, die unablässig auf uns alle einprasselt, denn wer sie begreift, kann ihr sehr viel besser standhalten: Die *Spin doctors* können inzwischen auf eine gut 100jährige Tradition zurückblicken. 1914 beauftragte John D. Rockefeller, nachdem er seine streikenden Arbeiter hatte zusammenschießen lassen, einen gewissen Ivy Lee, eine maßgeschneiderte Version zur Rechtfertigung des Massakers zu erfinden, womit die zunächst aufkeimende Empörung auch tatsächlich erstickt werden konnte. Dessen Kollege, Edward Bernays, Berater der US-Regierung beim Eintritt in den ersten Weltkrieg, gilt als eigentlicher Urvater der *Spin doctors*, er legte in seinem Werk »Propaganda« die Grundzüge der »bewußte(n) und intelligente(n) Manipulation der Angewohnheiten und Meinungen der Massen« dar und war sehr stolz darauf, daß Goebbels, der als einer seiner gelehrigsten Schüler gelten kann, all seine Werke besaß und offensichtlich verstanden hatte: »Wenn eine Lüge groß und ungeheuerlich genug ist und ständig wiederholt wird, beginnen die Leute allmählich an sie zu glauben (...). Aber die Lüge kann nur so lange aufrechterhalten werden, wie es dem Staat gelingt, ihre politischen, wirtschaftlichen und militärischen Folgen vor dem Volk zu verbergen. Deshalb ist es absolut notwendig, daß der Staat seine ganze Macht einsetzt, um Andersdenkende zu unterdrücken. Die Wahrheit ist der tödlichste Feind der Lüge und – wenn sie verbreitet wird – des Staates.«[31] Auf diesen Pfaden wirken auch die heutigen Wahrheitsverdreher der »PR-Agenturen« wie etwa Hill & Knowlton, die Auftragserfinder der »Mutter aller Lügen« von den Brutkastenbabys, die angeblich durch Saddam Husseins Soldaten auf den Boden geklatscht worden seien. Mit der hinzuerfundenen Zeugen-Krankenschwester wurde das fernsehgerechte Heulen perfekt eingeübt, das weltweit ausgestrahlte Fanal für den Überfall auf den Irak, der am Ende mehrere Millionen Iraker das Leben kostete. Auch die als Kuwaiter verkleideten Statisten, die den Invasoren US-Fähnchen entgegenschwenkten, übten vor Ort, diesmal angeleitet vom PR-Konzern Rendon Group. Die Beispiele stellen natürlich nur die Spitze des selten ans Licht kommenden Lügen-Eisbergs dar, denken wir an die ebenso erfundenen irakischen Massenvernichtungswaffen, die serbischen Massenvergewaltigungen, die Viagra-Lüge beim Überfall auf Libyen usw., usw. (Viele PR-Agenturen sind inzwischen »spezialisiert«, Burson-Marsteller z.B. auf das sogenannte »Grassrooting«, die Erfindung von Bürgerprotesten, Edelmann auf »Greenwashing«, durch das also ein Öko-Image verschafft wird.) – Bemerkenswert dabei ist: **Wer einmal lügt, dem glaubt man wieder.** Im Vergleich zum eher plumpen Ostblock-Vorgehen setzen die *Spin doctors* auf sogenannte »Soft Power«, die das Ziel hat, beim Volk, das in Wahrheit Befehlen gehorcht, den Eindruck der *Freiwilligkeit* zu verankern, und beim Wiederkäuen von Propaganda den der »eigenen Meinung«: »Verlocken und Überzeugen ist billiger als militärische und wirtschaftliche Machtausübung. Deshalb muß das Mittel der ›Soft Power‹ ständig gepflegt und weiterentwikkelt werden«[32], bekennt der Erfinder dieses Wortes, Harvard-Professor und US-Regierungsberater Joseph Nye. Deshalb hält sich das Pentagon 27 000 PR-Mitarbeiter und arbeitet u.a. eng mit den Hollywood-Studios zusammen, denn namentlich die Medien, vor allem natürlich die Glotze, bieten wegen ihrer unmittelbaren Massenwirksamkeit hier ein breites Betätigungsfeld, von manipulierten Meinungsumfragen über durchgestylte Talkshows bis zu inszenierten Publikumsbeiträgen in sogenannten Diskussionen, bei denen das Volk »nur Fragen stellen« darf.

Geht es darum, einer Sache oder Bewegung Sympathien anzuschweißen, dann werden stereotype, positiv konnotierte Worthülsen hergebetet (im Fachjargon: Reframing): erfreulich, gemeinsam, Aufbruch, Wandel, Zukunft, Visionen, Wachstum, Chance, weltoffen, jung, fortschrittlich, modern… Soll Aversion verankert werden, heißt es dagegen monoton und penetrant: fanatisch, sektiererisch, rassistisch, faschistisch, rechtspopulistisch, rechtsextrem, Diktator, Unwahrheiten,

---

[31]   J. Goebbels, zit. nach Judith Barben, Spin doctors im Bundeshaus, Eikos Verlag, Baden, [2]2010, S. 28; ein sehr instruktives Buch, dem ich auch weitere Informationen dieses Exkurses verdanke.

[32]   ibid. S. 38.

Unterstellungen, Klima-Leugner... (Das ist der Grund, lieber Leser, warum Sie beispielsweise noch niemals in irgendeiner Zeitung gelesen haben: »PEGIDA ist eine spontane neue Bewegung von Bürgern, die sich erfreulicherweise um unsere Zukunft Gedanken machen. Diese Aufbruchsstimmung führte zu raschem Wachstum der Bewegung, und wir müssen sie als Chance begreifen, endlich aus alten Verkrustungen auszubrechen, neue schöpferische Wege der Bürgerkommunikation auf der Straße zu finden...«) Ein entscheidendes Mittel ist weiter die Suggestion künstlicher Mehrheiten, denn je größer der dadurch empfundene Druck der kompakten Masse – alle denken so, nur Du...! –, desto höher die Wahrscheinlichkeit, daß sich Schwankende dieser anschließen. (Genauso funktionierten auch Christianisierung und Islamisierung.) Auch diese Neigung, die eigene Wahrnehmung zugunsten der machtgestützten Masse aufzugeben, wurde in sogenannten Konformitätsexperimenten genau und aufwendig gemessen und erforscht.[33] Interessant ist allerdings, und auch das wurde getestet, daß ein *einziger* (im Experiment instruierter) Teilnehmer, der in der Reihe vor dem Probanden die richtige Antwort gibt, die Konformität drastisch absacken läßt, nämlich auf 6 %. Das heißt, *eine* Stimme der Wahrheit kann *viel* bewirken – wie im Märchen von »des Kaisers neuen Kleidern« –, und deshalb tut die Gegenseite in ihrem Sinne alles, damit diese Stimme nicht gehört werden kann.

Aber nun wieder zurück zur Sache selbst:

Inzwischen fordern die »Klimakämpfer« recht offen eine sogenannte »Eine-Welt-Regierung«, die zur vorgeblichen »Klimarettung« die Verelendungsprogramme weltweit diktieren und koordiniert umsetzen soll; offener kann man die Monopolherrschaft der »vierhundert Familien« wohl kaum vertreten.[34] Die Kritiker der Klimahysterie im Umfeld der Neuen Rechten sprechen in diesem Kontext gern von einer »Öko-Lobby« (versammelt etwa bei den »Bilderbergern«), die eine »Öko-Diktatur« anstrebe, aber »Öko« und »Klima« stellen doch nur verlogene

---

[33] Die Versuchsperson bekommt z.B. 2 Karten, wovon Karte A eine markante Linie zeigt, Karte B zeigt die identische markante Linie an gleicher Position, dazu aber noch zwei weitere Linien. Der Proband soll angeben, welche der Linien der beiden Karten identisch sind, an sich eine ganz einfache Wiedererkennungsaufgabe, die ohne weiteres von jedem unbeeinflußten Menschen gelöst werden kann. Werden nun mehrere instruierte Personen angewiesen, zeitlich vor dem Probanden und in seinem Beisein eine falsche Linie als identisch anzugeben, dann kann man die Häufigkeit registrieren, mit der der Proband sich der falschen Aussage seiner Vorgänger entgegen der eigenen Wahrnehmung anschließt: In 12 Durchgängen verhielten sich 30 % der Probanden in mehr als der Hälfte der Fälle konform, beteten also die *falsche* Vorgabe nach, 70 % verhielten sich mindestens in einem der 12 Durchgänge konform.

[34] Die zum Zeitpunkt der Drucklegung dieses Buches aktuell entfachte Corona-Hysterie soll modellhaft und zukunftsweisend den Greta'schen Verzicht erzwingen – ein gruseliger Vorgeschmack auf die vorgesehene Gefängniswelt.

Wimmeln und Darben

Raubvorwände dar. Vor allem aber wird »Windrad-« oder »Öko-Kommunismus« an die Wand gemalt: »Außerdem verspricht der grüne Kommunismus Profit, sehr viel Profit …«, die anvisierte »große Transformation« führe zu »Wohlstandsverlust und Gleichmacherei«, so der Tenor eines vielgelesenen Buchs zum Thema[35], und Roger Köppel, Chef der Schweizer »Weltwoche«, des Organs der SVP, meint, daß jetzt die »kommunistischen Wurzeln« der Grünen »durchschlagen«.[36]

Aber was um alles in der Welt soll Raub am Volk mit Kommunismus zu tun haben? Was »Profit«, der durch die Enteignung der Produktionsmittelbesitzer im Kommunismus doch gerade abgeschafft werden soll? Und wann vernahm man je von Grünen oder »Klimakämpfern« die Forderung nach Enteignung der US-Monopolisten, die doch immer die zentrale Forderung jedes echten

---

[35]   Michael Grandt: Kommt die Klima-Diktatur?, Kopp-Verlag, Rottenburg, 2019, S. 97.

[36]   Extrablatt der Schweizerischen Volkspartei, Ausgabe Juni 2019.

kommunistischen Programms bleibt (die der Geburtenkontrolle ist ja nur da-
zugekommen, damit in einer überfüllten Welt nicht nur Elend gleich verteilt
werden kann)? »Wohlstandsverlust und Gleichmacherei« sind im verheißenen
Klima-Himmel auf Erden zwar sehr wohl für die Masse des Volkes vorgese-
hen, aber doch niemals für die gesellschaftlichen Vorteilsnehmer selbst, die auf
ewig unangetastet bleibenden »vierhundert Familien«; die sogenannte »Öko«-
Planwirtschaft der »Eliten« ist in Wahrheit nichts anderes als monopolistische
Gefängniswirtschaft auf technisiertem Niveau (keineswegs auf postindustriel-
lem, wie auch gern behauptet wird), was der Natur allerdings gar nichts nützt,
im Gegenteil.

Offensichtlich bleiben die Vertreter derartiger Thesen gern gefangen in ihren liebgewonnenen Glaubenssätzen und treten dabei die allgemeine Rechts/
Links-Verwirrung weiter fest.[37] Der erste lautet: Kommunismus ist das Üble
vom Üblen. Natürlich hat der unattraktive (Post-)Stalinismus hier jahrzehntelang viele Klischees bedient, aber er hatte mit dem originalen Programm von
Marx, Engels und Lenin, das Freiheit und Wohlstand für alle statt nur für wenige
Erbparasiten anstrebt, ja längst nichts mehr zu tun. Der zweite lautet: Die Grünen
sind »links«, was in Wahrheit zu keinem Zeitpunkt ihrer Existenz stimmte, auch
wenn etliche ehemalige Mitglieder früherer sogenannter K-Gruppen dort stran-
deten und manch Grüner in ihrer Anfangszeit mitunter vom bösen Kapitalismus
quasselte. Nun lag der zum einen schon zu Lenins Zeiten in den letzten Zügen
und ist inzwischen längst zum Monopolismus mutiert, der alle Vorteile, die der
kapitalistische Markt immerhin mit sich brachte, negiert. Doch den Grünen oder
»Klimakämpfern« geht es ja gerade und ausschließlich um die *Beseitigung* der
Vorteile, die das Volk im Zuge der historischen Entwicklung den Kapitaleignern
abringen konnte. Denn die von ihnen gern gesehene sogenannte »Reichensteuer«
soll doch nur den Mittelstand schröpfen und läßt die wirklich reichen Milliardäre
außen vor; der Apple-Konzern zahlt z. B. in Europa 0,005 % Steuern. Vergleichen
Sie das mal mit Ihrem eigenen Steuerbescheid und den vorgesehenen CO_2-
Steuern, die dem Volk aufgebürdet werden! »Links« steht in der Tradition der
Aufklärung für Vernunft, und das sogenannte Rechnen – Adam Riese eben – ist
wesentlicher Ausdruck dieser Vernunft; Grüne und »Klimakämpfer« stehen für
das Gegenteil, nämlich Irrationalität, denn »Verzicht« ohne Geburtenkontrolle
nützt keiner »Umwelt« etwas, aber dafür den »vierhundert Familien«. »Links«
steht in der Tradition der Aufklärung für Meinungsfreiheit, die »Klimakämpfer«
mit ihrer Forderung nach Zensur z. B. für von ihnen verhetzte »Klima-Skeptiker«
stehen für das Gegenteil. Auch die Affinität der Grünen zur Religion – das klassisch rechte Prinzip – spricht für sich und gegen sie, denken wir an ihre expliziten

---

37 Für Klarheit im Kopf: F.E. Hoevels, Die Rechts/Links-Verwirrung, Ahriman-Verlag, Freiburg, 2018.

Stellungnahmen gegen die Sterbehilfe nach Schweizer Modell, ihre Verteufelung der Pränataldiagnostik, der sauberen Fristenlösung für Abtreibung. (Joschkas Traumberuf war denn auch nicht umsonst »Botschafter im Vatikan«, wie er selbst freimütig bekannte.)

Der dritte Glaubenssatz besagt: Der Wolf, der Kreide fressen mußte, ist heute Veganer geworden. Aber ausschließlich der Abgleich mit dem Ostblock zwang dem Wolf das Kreidemahl auf, das gute Leben des Volkes im Westblock wurde immer nur widerwillig in Kauf genommen. Deshalb bleibt jetzt, wo der Ostblock niedergerungen ist, auch nichts davon übrig, wird das schöne Leben im zuvor golden angemalten Westen in Windeseile demontiert, der monopolistische US-Wolf bleckt die Zähne und frißt wieder gierig wie nur je zuvor, am Fleisch des Volkes, dem derweil der Klima-Himmel versprochen wird.

So nimmt es nicht Wunder, daß George Soros, einer der in jüngerer Zeit ko-optierten Multimilliardäre in den Reihen der »vierhundert Familien«, sich erneut als deren Frontmann hervortut und bewährt (während die alte Garde, die Astors, die Kochs und wie sie sonst heißen, lieber im Hintergrund bleibt). Er spielte be-reits bei der Flutung Europas mit Abermillionen falschen Flüchtlingen eine zen-trale Rolle[38], und er tritt nun auch als prominenter Drahtzieher der Klimahysterie und des aktuellen Aufstiegs der Grünen-Zöglinge und »Klimakämpfer« in Erscheinung. So finanzierte er zuletzt über die in Prag ansässige NGO *Project Syndicate* – eine bemerkenswerte Selbstbezeichnung – die massive Propaganda zugunsten der Grünen vor den letzten Europawahlen durch zahllose dort ver-öffentlichte Artikel und Kommentare »maßgeblicher Publizisten«, die flugs in sieben Sprachen übersetzt wurden (deutsch, französisch und spanisch, aber auch chinesisch, russisch, arabisch und tschechisch), wobei zu den »Maßgeblichen« neben Soros selbst schon wieder Joschka Fischer gehört, einst Steinewerfer und Hilfstaxifahrer, dann als grüner Außenminister die rechte Hand von SPD-Schröder bei der Zerschlagung Jugoslawiens (dafür erhielt er eine ameri-kanische Gastprofessur). Sein von Beginn seiner Karriere an genauso nach Geheimdienst müffelnder Sponti-Kumpan Cohn-Bendit ist ebenfalls mit von der Partie der »Maßgeblichen«, und schon wieder auch Michail Gorbatschow (»Mein Lebensziel war die Zerschlagung des Kommunismus«), zudem die ukrainische Russenhasserin Julia Tymoschenko (»Ich bin bereit, eine Maschinenpistole in die Hand zu nehmen und den Bastard [gemeint ist Wladimir Putin] zu erschießen.«) – Saubere Umwelt-Leute, oder?

---

[38]   Grundlegend dazu: Kerstin Steinbach und Beate Skalée (Hrsg.), Die Flutung Europas mit fal-schen Flüchtlingen – oder: Vom Dreisam-Mörder Hussein Khavari, seinem Umfeld und dessen Schutzengeln, Ahriman-Verlag, Freiburg 2018.

Ein äußerst lukrativer Seitenweg zur Plünderung des Volkes sei in diesem Zusammenhang noch erwähnt, weil er einmal mehr ein bezeichnendes Licht auf die räuberischen Initiatoren der Klimahysterie wirft, und einmal mehr den wahrlichen Schwachsinn von der hier angeblich drohenden »kommunistischen Gefahr« belegt: der Emissionshandel mit sogenannten CO_2-Zertifikaten, der 2005 über die EU eingeführt wurde. Diese geben dem Zertifikatbesitzer das Recht zu einem der Menge nach festgelegten CO_2-Ausstoß, wobei der deutsche Staat diese Zertifikate zunächst kostenlos an die Energiekonzerne vergab, sie inzwischen aber, wie allgemein üblich, an diese verkauft, was natürlich auf den Energiepreis, den Sie und ich bezahlen, aufgeschlagen wird. Liegen Konzerne mit ihrem CO_2-Ausstoß unter der zertifizierten Höhe – deren Festsetzung ohnehin jeder Willkür Tür und Tor öffnet –, können sie die überschüssigen Emissionsrechte weiterverkaufen an Unternehmen, die mit der definierten CO_2-Emission nicht auskommen; auf diese Weise werden z.B. Windradbetreiber zusätzlich subventioniert zu Lasten von Kohlekraftwerksbetreibern, letztlich natürlich wieder zu Ihren und meinen Lasten, denn diese versteckte CO_2-Steuer zahlen wir über den höheren Strompreis. Nun hätte man statt über den Umweg der Zertifikate natürlich auch gleich eine entsprechend gestaffelte CO_2-Steuer von den Energiekonzernen verlangen können, die diese ja sowieso an den Verbraucher weiterleiten, aber mit diesen Zertifikaten, so tönte es seinerzeit, könne »der Markt« alles richten, denn dieser segensreiche »Markt« könne dann viel effektiver auf die Reduktion der CO_2-Emissionen hinwirken. Natürlich handelt es sich dabei um absichtlich irreführendes Gewäsch, denn bekanntlich ist jede Besteuerung von bestimmten Produkten, ob hinten oder vorn herum, das Gegenteil von »Markt«, auf dem freie Konkurrenten **ohne** staatlichen Eingriff ihre Waren zu ihrem Wert, der sich an der gesellschaftlich notwendigen Arbeitszeit für die Produktion der Ware bemißt, verkaufen, also gerade nicht nach erzwungenen Preisauf- und -abschlägen. (Auch bei den eingeführten sogenannten »Banken-Klimastreßtests«, die Investitionen und Kredite nach »Klimatauglichkeit« erlauben oder verbieten, handelt es sich um das Gegenteil von »Markt«, vielmehr um monopolistische Befehlswirtschaft, die auch Versicherungen inzwischen verbietet, z.B. Kohleförderer zu versichern, was auch auf Öl- und Gasindustrie ausgedehnt werden soll – aber wußten Sie das eigentlich?) Der wirkliche Vorteil für deren Erfinder besteht im Zertifikatehandel, der inzwischen über die Börsen läuft, gigantische Ausmaße erreicht hat und, wie Meisterspekulant Soros persönlich bekennt, »wenig transparent und anfällig für Manipulationen« und deshalb »so beliebt bei Finanztypen wie mir [ist]«[39] (echt »philantropisch«, oder?). Aber nicht nur er verdient sich hier eine goldene Nase, auch sein »*sugar son*« Al Gore ist an dieser Front aktiv, seine Nase auch schon ziemlich golden, wenn auch nicht so wie die seines Herrn, aber ebenso wie die seines Kumpels Kumar Pachauri, der bis zu seinem Tod ebenfalls kräftig mitmischte, nachdem er 2007 gemeinsam mit Al Gore den Friedensnobelpreis erhielt und seinen Vorsitz beim IPCC (bis 2015) fruchtbar mit einer lukrativen Beratertätigkeit bei einem CO_2-Klima-Hedgefonds verband – wirklich saubere Umwelt-Leute, oder? Auf diese Weise werden natürlich nicht etwa irgendwelche »Schwächen« oder »Lücken« ansonsten edler staatlicher Klimapolitik von irgendwelchen Gaunern überraschend ausgenutzt, wie naiverweise von Kritikern der CO_2-Zertifikate erzählt wird, es handelt sich vielmehr um zielsichere Absicht eben dieser Gauner, die im übrigen den Staaten die Klimapolitik diktieren. Schon 2010, also 5 Jahre nach Einführung, belief sich der weltweite jährlich Umsatz beim Zertifikatehandel auf stattliche 144 Milliarden Dollar, wobei pikanterweise 90 % des Börsenhandels von einer US-Börse namens ICE (*Intercontinental Currency Exchange*) kontrolliert wird, nämlich über ihre Tochterunternehmen mit so klangvollen Namen wie *European Climate Exchange* in London und *Chicago Climate Exchange* (von letzterem hielt Al Gore 10 % Anteile). Und diese ICE-Börse gehört großen US-Investmentbanken wie Morgan Stanley und Goldman Sachs, deren Namen wir vom inszenierten Bankenschwindel 2007/8 bestens kennen; auch damals wurden aus den Taschen der europäischen Völker Hunderte Milliarden Dollar für die »Bankenrettung« über den großen Teich gespült, und auch das amerikanische Volk wurde schwer zur Ader gelassen; heute soll es zur »Klimarettung« sein. Besagter Zertifikatehandel birgt noch einen weiteren Vorteil, freilich wieder nur für deren Erfinder. Der im Kyoto-Protokoll beschlossene sogenannte *Clean Development Mechanism* (CDM) – nicht unzutreffend als globaler Ablaßhandel bezeichnet – ermöglicht nämlich Industrie- und Energiekonzernen der reichen Länder, sich von ihren CO_2-Emissionen freizukaufen, indem sie in armen Ländern irgendwelche dazu erklärten Klimaprojekte finanzieren;

---

[39] The Washington Times, 22.8.2016

was als solches eingestuft wird, beurteilen bestellte Gutachter, die analog zu den Rating-Agenturen beim Bankenschwindel irgendwelche
Klima-Noten verteilen. Vielleicht wird dafür in Afrika ein Windradpark
aufgestellt, vielleicht irgendwo ein Filter eingebaut oder eine Solarplatte
angeschraubt, auffälligerweise wird kaum je eines dieser »Projekte« genauer beschrieben. Aber vor allem gehören die Industrieanlagen und
Rohstoffvorkommen in den armen Ländern inzwischen nahezu vollständig ausländischen, vorwiegend wieder US-Konzernen, die sich z.B.
derzeit die letzten Bodenschätze Mosambiks unter den Nagel reißen.
Wenn die Entwicklungsländer Gelder für Produktionsanlagen bekommen, dann sind es in Wahrheit diese Konzerne, die sie einsacken, denn
vermittels sogenannter »Freihandelsabkommen« wurde der allergrößte
Teil des jeweiligen Nationalbesitzes ja längst an sie verschachert. Die
Industrieländer haben sich 2010 auf der UN-Klimarahmenkonferenz
verpflichtet, ab 2020 jährlich 100 Milliarden Dollar auf diesen Weg zu
bringen (2015 waren es 58,6 Mrd., 2017 71,2 Mrd. Dollar), um damit vorgeblich die Klimapolitik der Entwicklungsländer zu unterstützen und
die vorgeblichen Folgen des Klimawandels abzupuffern; nach dem US-
Ausstieg haben namentlich die europäischen Staaten ihre Geldbeträge
nochmals erhöht. (Australien ist wie die USA ausgestiegen, auch China,
Saudi-Arabien und Singapur zahlen nicht, Rußland ebensowenig.[40]) Ab
2025 soll die Summe von 100 Milliarden stetig weiter erhöht werden,
die schon erwähnten Billionen, mittels derer in Europa der sogenannte
»Green Deal« umgesetzt werden soll, kommen noch dazu. Mittels dieses Geldstaubsaugers wird den Völkern der (noch) wohlhabenderen
Länder ihr Lebensstandard zerstört, sei es über direkte oder versteckte
Steuern, Lohnkürzungen oder Inflation. Darum geht es, nicht um irgendeinen menschengemachten CO_2-Ausstoß, der ist den Herren Soros und
Rockefeller jedenfalls so wurscht wie (jedenfalls seriösen Daten nach)
dem Klima auch.

---

[40] In Rußland sind inzwischen auch Atomreaktoren der 4. Generation (»schnelle Brüter«) am Netz,
die systeminhärente Sicherheit mit hoher Leistung verbinden und im Gegensatz zu herkömmli-
chen »thermischen« Reaktoren, die nur 1 % des Uran-Brennstoffs nutzen, nahezu 100 % des Urans
»verbrennen«, womit der radioaktive Abfall extrem gering wird. Nur etwa 15 % der Russen hatten
übrigens laut einer Meinungsumfrage im Oktober 2019 eine positive Meinung von Greta und ihrem
Dunstkreis (Moskauer Deutsche Zeitung, Oktober 2019).

Niemand anderes als Soros war auch der »*sugar daddy*«[41], also Sponsor von Al Gore, dem ehemaligen amerikanischen Vizepräsidenten, der 2006 auf Klima-Prophet umsattelte und in seinem weltweit gepuschten Film »Eine unbequeme Wahrheit« die Propagandaformel vom menschengemachten globalen Klimawandel erstmals so richtig massenwirksam in Szene setzte. Al Gore behauptet darin ohne jeden fachlichen Beleg (also höchst »wissenschaftlich«, nicht wahr?) die dramatische Zunahme von Hurrikanen, riesige Überschwemmungen als Folge rasant ansteigender Meeresspiegel, die bevorstehende Abschmelzung der Polkappen usw. Zwar zeigt sich der Meeresspiegel entgegen der Vorhersagen bislang völlig propagandaresistent, wie bei Naturvorgängen unvermeidlich, und folgt einfach weiter den normalen Bewegungen, auch die zusätzlichen Hurrikane lassen auf sich warten, und die antarktischen Temperaturen fallen bereits seit 1998 wieder, aber den Nobelpreis erhielt Al Gore trotzdem. Bis 2017 hatten übrigens 31 000 US-Wissenschaftler eine Erklärung gegen seine Behauptung des *global warming* unterschrieben (aber das erfährt man bezeichnenderweise nie, vielmehr tönt es immer, daß »praktisch alle« Wissenschaftler der These des *global warming* anhingen), und der Oberste Gerichtshof in London untersagte 2007 sogar, das Gore-Machwerk weiter als Unterrichtsmaterial in öffentlichen Schulen zu zeigen, weil darin allzu viele fette, wissenschaftlich unhaltbare »Fehler« (in Wahrheit Lügen) steckten; in anderen Ländern wie Deutschland wird er allerdings munter weiter als Unterrichtsmaterial in Schulen verbreitet.

  Neben den IT-Unternehmerfamilien Hewlett und Packard gehört die *Open Society Foundation* (OSF) des Herrn Soros auch zu den Hauptsponsoren der 2008 gegründeten US-NGO *Climateworks Foundation* (CWF), die Gelder an »Klimaaktivisten« weiterverteilt, 1,3 Milliarden (!) Dollar flossen allein über diesen Kanal. Bedacht wurde dabei auch die »Deutsche Umwelthilfe«, die »umweltpolitische Kampforganisation« (Focus 17.2.2018) und Rammbock für die sich krebsartig ausbreitenden Fahrverbote. Aber die CWF hatte ihre schmutzigen Finger auch beim »Dieselskandal« im Spiel, nämlich über den von ihr ebenfalls bedachten *International Council on Clean Transportation*, über den dieser inszeniert wurde; hanebüchene Konstruktionen und Hochrechnungen dienten bekanntlich dazu, den deutschen Automobilkonzernen Milliardenbeträge abzupressen.[42] Im Vorstand des CWF sitzt ein gewisser John Podesta, der sich seine Sporen im Dienste der »vierhundert Familien« bereits als Stabschef des Weißen Hauses beim zweiten Überfall auf den Irak verdiente, später auch als Wahlkampfleiter der Clinton-Frau

---

[41] The Washington Times, 22.8.2016.

[42] Die Reihe derartiger Erpressungen auf dem Weg zur Vollendung der US-Monopolherrschaft ist inzwischen lang; nachdem die Schweizer Banken wegen angeblicher Anleitung zur Steuerhinterziehung um insgesamt 5,7 Milliarden Dollar »erleichtert« wurden, wurde den deutschen Autobauern, besonders prominent VW, bisher schon ein Vielfaches dieser Summe abgepreßt.

»Killary« (Danke noch mal an das amerikanische Volk, das uns durch die Wahl von Trump vor dem schon anvisierten Krieg gegen Rußland bewahrte!) – saubere Umwelt-Leute, oder? Und Kommunisten? (Dann wäre Hitler freilich auch einer gewesen, der bekanntlich gegen die Sowjetunion Krieg führte, unzählige Kommunisten im KZ ermorden ließ und erklärtermaßen den »Bolschewismus mit Stumpf und Stiel ausrotten« wollte.)

Aber das sind nicht die einzigen Fäden des Herrn Soros zur Klimapropaganda, denen wir hier exemplarisch noch etwas nachgehen wollen. So arbeitete am Sonderbericht (*Special Report on Global Warming of 1,5 °C*) des IPCC (*Intergovernmental Panel on Climate Change*), der als Startschuß für die seit 2018 massiv entfesselte Klimahysterie gelten kann, eine Frau Ürge-Vorsatz von der *Central European University* des George Soros mit; nebenbei kann sie selbst mit ihren sieben Kindern Mutterkreuzansprüche geltend machen. Dieser Sonderbericht wurde auf der UN-Klimakonferenz in Kattowitz Dezember 2018 vorgestellt, auf der auch Greta ihren ersten inszenierten Großauftritt hatte – damals vor noch leeren Zuschauersitzen, wie auf Bildern des Schwedischen Fernsehens zu sehen war.

Schon im Vorfeld des Kattowitzer Medienspektakels verschickte die nächste von Soros und Kollegen finanzierte NGO namens *Public Citizen* wiederum einen Rundbrief an die amerikanischen Medien, in dem angemahnt oder besser angewiesen wurde, die »Spirale der Stille« zu durchbrechen und künftig jede Meldung über *extreme heat* stets mit der Formulierung *global warming* zu verknüpfen[43], also jeden heißen Sommertag irgendwo obligat mit besagter Propagandaformel zu verbinden. Gleichen Sie dahingehend mal die Wahrheitspresse ab, Sie werden kaum ein Gegenbeispiel ausfindig machen! Die weltweite Gleichschaltung der Propaganda zwecks Plünderung des Volkes unter der Überschrift der »Klimarettung« nahm jedenfalls mit Kattowitz weiter Fahrt auf – ein gewisses Gegengewicht verdanken wir hier noch Trump, der bereits aus dem Pariser Klimaabkommen ausgestiegen war, weil daraus eine »unangemessene Belastung für die amerikanischen Arbeiter, die Wirtschaft und die Steuerzahler« erwachse, und der auch zum jüngsten Madrider Klimakongreß demonstrativ nicht erschien; auch die Australier scheinen sich noch zu sträuben, wie der australischen Presse zur Kattowitzer Konferenz zu entnehmen war (u.a. »The Australian«, 9.11.2018).

Und Greta wandelt und segelt seitdem auf dem Wege zur Heiligsprechung – die Fähigkeit, CO_2 zu sehen, käme einem dazu nötigen Wunder ja schon ziemlich nahe. Auf höchsten Ebenen darf sie ihre Mantras herbeten und prominente Hände schütteln: z.B. die des Herrn Obama, der die meisten US-Überfälle aller US-Präsidenten zu verantworten hat und dafür den Friedensnobelpreis

---

[43] www.citizen.org/news/as-summer-begins-remember-to-connect-the-dots-between-extreme-heat-and-climate-change/

bekam – oh, wie »oppositionell« von Greta, die ja auch schon 5 Monate nach ihrer Erscheinung für den Friedensnobelpreis 2020 nominiert wurde. Hände schütteln auch mit Frau Merkel, Obamas ergebener Lakaiin (nicht nur) bei der Zerstörung Libyens, die dieses Land in einen Blutsumpf verwandelte, aber dafür den Weg für die Massenwanderung von Afrikanern nach Europa freibombte – oh, wie oppositionell! Hände schütteln mit dem Papst nicht zu vergessen, der mit seiner Verteufelung der Empfängnisverhütung und Abtreibung jährlich Abermillionen ungewollten Schwangerschaften den Weg bereitet – oh, wie oppositionell!

Im Zuge der weltlichen Heiligsprechung wurde unserer Greta ohne Schulabschluß (!) von der Universität Mons auch noch der Ehrendoktorhut verliehen und sie außerdem als »Botschafter des Gewissens« (*Ambassador of Conscience*) durch *Amnesty International* ausgezeichnet (*Amnesty* wetterte zwar bekanntlich stets wegen der »politischen Gefangenen« in der einstigen DDR, fiel dagegen zum südafrikanischen Apartheidsregime, als dieses noch in US-Gnade stand, immer durch Stimmbandlähmung auf. Bei der Verbreitung der »Mutter aller Lügen« der schon erwähnten irakischen Brutkastenbabys waren die Stimmbänder dagegen wieder hochaktiv, ebenso beim »Racial Profiling«-Geschrei gegen die Kölner Polizei, die Silvester 2017 zwecks Verhinderung der Vorjahres-Scheußlichkeiten gezielte Kontrollen bei unseren »Gästen« vornahm, so wie *Amnesty* auch verlautbarte, daß das Tragen von Burkas und Schleiern Ausdruck der Wahlfreiheit der betroffenen Frauen sei – auf nach Saudi-Arabien, kann man da nur empfehlen). Sollte das vielleicht damit zu tun haben, daß die ehemalige Generalsekretärin der deutschen Sektion von *Amnesty*, Selim Çalışkan, inzwischen Direktorin für Institutionelle Beziehungen im Berliner Büro der *Open Society Foundation* des Herrn Soros ist und auch gern gesehene Sprecherin beim Deutschen Zentralinstitut für soziale Fragen (DIZ) in Berlin, das von Steuergeldern finanziert wird und den NGOs Gütesiegel ausstellt, damit die Spenden besser flutschen? – Auf jeden Fall: alles saubere Umweltleute, oder?

Es handelt sich hier jedenfalls um ein eng verflochtenes Netzwerk, in dem die Gewährsleute munter die Sitze wechseln. So tut sich Frau Çalışkan ansonsten bei der Hetze gegen Viktor Orbán hervor und verbellt jede Kritik an den Machenschaften ihres Herrn als antisemitisch[44], schlachtet also dessen jüdischen Geburtszufall propagandistisch aus, um Opposition gegen seine Marschrichtung wohlfeil zu verhetzen (wobei es tatsächlich Vollidioten oder Feiglinge gibt, die sich hier in Antisemitismus hineinsteigern, aber es gibt nun mal kein Gen

---

[44] Was Herr Soros glaubt oder nicht glaubt, geht uns nichts an und ist für die Beurteilung seiner Taten und Handlungen auch völlig egal, jedenfalls für jeden Anhänger der durch die Französische Revolution erkämpften Religionsfreiheit und der Gleichheit vor dem Gesetz, die keinen Geschlechterbonus oder -malus, keinen Hautfarbenbonus oder -malus und eben auch keinen Religionsbonus oder -malus zuläßt.

für Wirtschaftskriminalität, auch nicht bei Herrn Soros). Auch Gretas deutsche Statthalterin, Luisa Neubauer, hängt an den Strippen des Herrn Soros, den sie selbstverständlich von den bösen »alten weißen Männern« ausnimmt, die sie sonst so gern als Buhmänner bemüht. Neubauer, wegen ihrer Urlaubsreisen auch »Langstreckenluisa« genannt, mischt nicht nur in der NGO »Das Hunger Projekt« mit, sondern ist auch Mitglied der Grünen, Stipendiatin der Heinrich-Böll-Stiftung der Grünen und seit Sommer 2019 Kolumnistin des STERN, ebenso – alle Türen öffnen sich wundersam – Gastautorin des WWF und Jugendbotschafterin der US-NGO *ONE*, auf deren Donatorenliste sich neben der Bank of America, der *Bill & Melinda Gates Foundation*, der *William & Flora Hewlett Foundation* eben auch – wie kann es anders sein – die *Open Society Foundation* des »alten weißen Mannes« Soros befindet. – Noch einmal: Saubere Umwelt-Leute, oder? Und wirklich merkwürdige »Kommunisten«!

Das unverfälschte, originale kommunistische Programm in den Spuren von Marx, Engels und Lenin ist in unseren Parolen – Geburtenkontrolle, Arbeitszeitverkürzung, Gleichheit weltweit – konzentriert. Seit 2019 verteilen wir dazu bundesweit das nachfolgend abgedruckte Flugblatt.

Bund gegen Anpassung

www.bund-gegen-anpassung.com
Juni 2019

Greta und Hänsel und ihr blinder Fleck: Geburtenkontrolle

Hänsel und Greta schwänzen gern die Schule, laut Märchen verlaufen sie sich auch gern im Wald. Werden sie für erstes von Medien und Regierungen geradezu märchenhaft gefeiert, dürfte zweites unmärchenhaft ernüchternd ausfallen: Längst sind die einst geheimnisvoll großen Wälder übersichtlich handtuchgroß, alle nasnlang trifft man im traurigen Rest Verbotsschilder und viele, viele große und kleine Gretas und Hänsels, sehr viel seltener dagegen Tiere; allein die europäischen Singvogelpopulationen sind in den letzten dreißig Jahren um mehr als 60 % zurückgegangen. Einst in unseren Wäldern heimische Bären, Luchse und Wölfe mußten ohnehin längst den Menschenmassen weichen, und einsame Häuser sind im Wald so märchenhaft fern wie die Städte gewuchert und häßlich »nachverdichtet«. Selbst von chronischer Schulschwänzeritis Befallene können bemerken: Wo ein Körper ist, kann kein zweiter sein, wo Menschen sind, ihre Behausungen, Felder, Solarplatten und Windräder (*die* Vogel- und Fledermaus-Zerstückler), da fehlt der Natur dieser Raum. Und wenn der pausenlos und erfolgreich »Klima«-Behämmerte künftig seine Wohnfläche halbiert, ebenso seinen Verzehr, darüber hinaus seinen Allerwertesten mit der Hälfte des Klopapiers abwischt und weiteren »Mut zum Stinken« zeigt und sich nur noch halb so oft wäscht, dann ist für die Natur **gar nichts** gewonnen, wenn derweil eine weitere Greta oder ein weiterer Hänsel in die Welt gepflanzt wird – Klima hin, Verzicht her. Wer wenigstens die Grundschule nicht geschwänzt und die Grundrechenarten kapiert hat, kann das mühelos auch so formulieren: Dividend (Ressourcen der Erde, die nun mal nicht aufblasbar ist) durch Divisor (Anzahl der Menschen) ist gleich Quotient (durchschnittlicher Lebensstandard).

    Die Rechnung ist so einfach wie die Konsequenz:

GEBURTENKONTROLLE,

selbstverständlich weltweit!

Und wenn es den anthropogenen, also menschengemachten »Klimawandel« *wirklich* geben sollte, dann wäre die Konsequenz erst recht:

weltweite

GEBURTENKONTROLLE.

(In Wahrheit spricht einiges gegen diesen »Klimawandel«: Zunächst, daß man die Argumente der sogar als Faschisten verteufelten sogenannten »Klimaskeptiker«, darunter sehr ernst zu nehmende Wissenschaftler, niemals ordentlich erzählt bekommt; merkwürdig auch, daß niemals Meßdaten des angeblich so dramatisch steigenden CO_2, das ja nur 0,035 % der Atmosphäre ausmacht [wußten Sie das?], verlautbart werden; im übrigen gab es Klimaschwankungen lange bevor *Homo sapiens* die Erde so entsetzlich zusiedelte, z.B. stieg die Durchschnittstemperatur auf der Erde vor 14 500 Jahren in nur 20 Jahren um 5 Grad, und im 16. Jahrhundert gab es eine kleine Eiszeit, wovon die Winterlandschaften Brueghels Zeugnis ablegen usw.) In jedem Fall wäre der beschworene CO_2-»Fußabdruck« von sagen wir einer halben Milliarde Menschen, die alle abwechslungsreich essen, einschließlich saftige Steaks, in schönen, großen Badewannen baden und eine den Namen verdienende Natur weltweit per Auto und Flugzeug ohne schlechtes Gewissen erkunden – etwa der breite europäische Lebensstandard vor rund 40 Jahren –, geringer als der einer inzwischen auf die 8 Milliarden zurasenden, dabei darbenden und immer weiter explodierenden Erdbevölkerung – schauen Sie mal auf die im Internet abrufbare gruselig tickende Weltbevölkerungsuhr, während Sie diese einfache Rechnung nachvollziehen. Denn bei aller Verzichterei und Darberei gilt: Menschen sind Tiere, also heterotrophe Lebewesen, und die *müssen*, solange sie leben, organische Stoffe verbrauchen und das Endprodukt ihrer Stoffwechsel- sprich Verbrennungsprozesse ausatmen, besagtes böböböses CO_2 (im Gegensatz zu den autotrophen Pflanzen, die genau von diesem CO_2 leben und O_2, d.h. den weltberühmten Sauerstoff, abgeben). Was für eine hirnlose Scheiße ist das »grüne« Getön von CO_2-freien Städten! (Nicht mehr ausatmen konnte man vorläufig nur in Auschwitz; nur Gaskammern können CO_2-frei sein. Mit anderen Worten: nur konsequenter Massenmord könnte dieses Ziel erreichen. Könnte man den ganzen Planeten CO_2-frei machen, führte das noch zu einer anderen Endlösung: es gäbe keine Pflanzen mehr und infolgedessen auch keine weiteren Vielzeller.) Es bleibt jedenfalls mit Adam Riese bei: Dividend durch Divisor…

Und der Dividend wird in Wahrheit ja *kleiner*. Freilich schrumpft nicht die Erde, sehr wohl aber die zum Verbrauch stehenden Ressourcen, namentlich Erdöl und Erdgas. Wir brauchen also *zusätzliche* Flächen in Gestalt von Rapsfeldern für Biodiesel, Solarplattenfelder usw., die der Natur genommen werden müssen zwecks auch nur notdürftiger Energieversorgung der gleichwohl darbenden Milliardenmassen. Im übrigen geht mit dem Krieg gegen die Plastiktüten, die bekanntlich aus Erdöl hergestellt werden, der Krieg gegen den Wald einher, wo das Holz für die Papiertüten wächst und abgeholzt werden muß.

Gegen diese in Wahrheit kinderleichte Rechnung hämmert und dröhnt es unermüdlich und gleichgeschaltet aus den Medien: Verzicht, Verzicht, Verzicht! (Analog tönte es von den mittelalterlichen Kanzeln zum Dogma der Dreifaltigkeit und gegen die Versuchung nachzurechnen: drei und doch eins!) Und gleichzeitig werden Bockprämien und Mutterkreuze ausgelobt, gegen die die analogen Hitlers abstinken konnten, auch seine entsprechende Begleitpropaganda. (Aber wer Hitler und seine Nachahmer an dieser zentralen Stelle *kritisiert*, wird unter maximaler Hirnverrenkung zum Faschisten gestempelt.) Man braucht nur das Internet anzuwerfen, und schon wird einem ein dicker Bauch lobend und preisend vorgeknallt, besonders beliebt, wegen der beabsichtigten nachhaltigen Wirkung, der irgendwelcher Promis (bzw. solche, in denen Monarchen wachsen – hurra, ein neuer König –, was vor einigen Jahren so noch undenkbar war).

Bemerkenswert ist an der allgegenwärtigen Greta nicht, daß ein irgendwie gebeutelter Mensch mit oder ohne Asperger-Syndrom irgendeine schlechte, mindestens sehr begrenzte Idee hat, sondern daß weltweit die Mikrophone für diese laut gestellt werden (um mit einer treffenden Metapher des Biologen Richard Dawkins zu sprechen; nach F. E. Hoevels: Memselektion). Volle Pulle für Greta aus allen Medienrohren, während zu oben vorgeführter zwingender Rechnung kein noch so investigativer Journalist oder gefeierter »Experte« je einen Pieps von sich gibt (von Stänkerei und Hetze abgesehen). Und wahrlich, wenn es keine Greta gäbe, man würde sie erfinden. Jedenfalls kann eine Merkel unter erlogenem Geächze und Gestöhne – wegen des »Drucks von der Straße«, nicht wahr – nun genau die Verzichtsprogramme ankündigen, die ohnehin längst auf dem Plan stehen. Für diese hat Busenfreund Macron echten (statt inszenierten) Protest von der Straße geerntet, nämlich von den Gelbwesten, die er mit brutalster Gewalt zusammenknüppeln läßt (zahlreichen friedlichen [!] Demonstranten wurden z.B. die Augen ausgeschossen, *da*rüber hüllt sich die Lügenpresse in Schweigen!), derweil Greta mit Preisen überhäuft und Schuleschwänzen zum gepriesenen Staatsakt wird. »Fürs Klima« ohne Geburtenkontrolle heißt: für Verelendung des Volkes. Dem Diesel wird der Benziner auf dem Fuße folgen, der Zweitwohnungssteuer die Zwangsenteignung bzw. -belegung…

Verzicht, Darben und schlechtes Gewissen für den Wunsch nach gutem Leben müssen im Volk allerdings noch eingeübt werden, möglichst bevor das letzte Erdöl verbraucht ist, damit es dann flutscht, wenn sehr bald (!) unmetaphorisch (!) das richtige Massenelend ansteht. Sonst würde das Volk am Ende doch noch auf die Idee kommen zu rechnen: Dividend durch Divisor…

Gegen weltweite Mutterkreuze und weltweites Elend, für:

Die Frage der Verteilung der produzierten Güter wäre freilich noch zu klären. Im Moment besitzen wenige, das sind vor allem die »vierhundert Familien« der vornehmlich in den USA ansässigen Monopolisten vom Schlage eines Soros und Rockefeller, fast alle Güter (allein 85 der weltweit reichsten Menschen besitzen mehr als 3,5 Milliarden der ärmsten); die Luxusvillen dieser gesellschaftlichen Vorteilsnehmer werden natürlich niemals zwangsbelegt, ihren Hubschraubern und Jachten der Benzinhahn nie zugedreht… Und die haben ein durchaus vitales Interesse an austauschbaren und damit erpreßbaren, wimmelnden Menschenmassen, die das Elend dumm und damit knechtisch und damit regierbar hält.

Die Alternative wäre die Verteilung der produzierten Güter unter die Produzenten, die dafür allerdings rechnen lernen müssen, statt propagandakonform so zu tun, als könnte man über das Niveau von Hänsel und Greta nicht hinauskommen – nichts anderes haben Marx, Engels und Lenin als gesellschaftliche Perspektive gesehen.

Nachrechnen ist jedenfalls besser als nachblöken, diskutieren besser als dumpfes Ertragen von Unerträglichem. Wir sind zur sachlichen, gewaltfreien Diskussion ausnahmslos mit jedem bereit.

AHRIMAN-Verlag, 79 S., € 4,50 /
ISSN 0930-0503

expert verlag, 288 S., € 28,- /
ISBN 978-3816933021

www.bund-gegen-anpassung.com

Übrigens: Für die gackernden »Stilkritiker« stellen wir im Internet freundlicherweise ein Formular parat, das sie nur herunterzuladen brauchen.

V.i.S.d.P.: Bund gegen Anpassung, C. Müller, Postfach 254, D-79002 Freiburg

Spendenkonto: Postbank Karlsruhe, IBAN: DE32 6601 0075 0186 4357 58 (Bunte Liste; bitte ohne weitere Zusätze)

(Erstveröffentlichung: KETZERBRIEFE 217, Sep./Okt. 2019)

Noch mal: Geburtenkontrolle oder Elend – es gibt nichts dazwischen

»AUTONUTZUNG RAUS AUS DEN KÖPFEN!«, so grölte die *Extinction Rebellion*-Demonstration durch Freiburgs Straßen und durfte unter den wohlwollenden Augen von Vater Staat in Gestalt der Polizei stundenlang unbehelligt die Hauptzufahrtsbrücke der Stadt blockieren, dort Ringelpiez spielen und so den im Stau Festsitzenden ihre karge Freizeit rauben, desgleichen in zahlreichen weiteren Städten, u.a. in Wien und Bremen. Wem außer Staatsgrölern würde das je erlaubt? Im Kohlerevier Garzweiler blockierten sie zunächst die Zugangswege und durchbrachen dann militant geordnet die Polizeisperre, um den Tagebau zu besetzen, wobei etliche Polizisten verletzt wurden. Wer außer Staatsschlägern dürfte sich das je erlauben? Selbst in Flughäfen, wie jüngst im Züricher, demonstrierten die offiziell ja nur selbsternannten, aber staatlich geheiligten »Klimakämpfer« unangemeldet (!), keine »Nur-für-Ihre-Sicherheit«-Kontrolle hielt sie auf, vielmehr wurden die Türen sperrangelweit offengehalten, und die anwesende Polizei nahm nicht einmal die Personalien auf. Wiederum in Zürich und Basel blockierten Maskierte des *Collective Climate Justice* die Eingänge der Schweizer Banken UBS und Credit Suisse, um gegen deren »Investitionen in klimaschädliche Projekte« zu protestieren (vor der Bank of America hat man sie dagegen nicht gesehen), ketteten sich dort an und hinderten stundenlang Personal und Besucher am Eintreten. Als sie der wiederholten Räumungsaufforderung der Polizei keine Folge leisteten, wurden die Ketten von dieser mit Metallschneidern durchtrennt und die Akteure schlußendlich weggetragen. Gegen die Bußen gehen die Akteure nun gerichtlich vor, wobei die Kosten dafür wohl aus den stets prall gefütterten NGO-Beuteln beglichen werden, und dreist drehten die Täter den Spieß auch noch um und stellten ihrerseits Anzeige gegen die Einsatzpolizei, weil diese – nachdem sie wohlgemerkt stundenlang untätig geblieben war – unangemessen rüde vorgegangen sei, was den Aufnahmen des Geschehens allerdings keineswegs zu entnehmen ist, eher trug sie Samthandschuhe. Wer würde sich das ohne staatliche Rückendeckung je getrauen? Auch in London blockierten sie zu Tausenden zahlreiche Brücken und Kreuzungen, und seit Wochen verkünden die »Kämpfer« frech, daß sie demnächst mit einem koordinierten Drohnenangriff den Londoner Flughafen Heathrow über mehrere Tage komplett lahmlegen und so Tausende Flüge verhindern werden – weil Fliegen »Völkermord-ähnliche Dimensionen« habe. Keineswegs hat man sie wegen geplanter terroristischer, mindestens krimineller Handlungen angezeigt (oder dem Psychiater vorgeführt), wie jeden Nicht-Staatsgröler und -schläger längst, sondern auch hier werden sie wie selbstverständlich außerhalb der Gesetze gestellt – wie war das mit Gleichheit vor dem Gesetz statt Feudalwillkür? »Klima schützen ist kein Verbrechen«, so skandieren sie derweil, dagegen soll »Verharmlosung des Klimawandels« eine Straftat sein, und was das jeweils ist, bestimmen die Akteure selbst bzw. ihre Ohrenbläser aus höheren Etagen; so verlautbarte jüngst Soros persönlich, daß er große Hoffnung auf die Grünen Deutschlands setze, und sie werden ihn wohl nicht enttäuschen. (Am Rande: Was ist an Hoffnungsträgern von US-Milliardären eigentlich »links«?) Jedenfalls kommt kein Gröler, Schläger oder »Kämpfer« auf die (zugegeben unglückliche) Idee, z. B. die Kinderwagenabteilung eines Kaufhauses zu stürmen oder nichtbesetzte Kinderwägen auf der Straße umzuwerfen oder die Eingänge von Kreißsälen zu blockieren wegen »Investitionen in klimaschädliche Projekte«, nämlich die Massenproduktion CO_2-benötigender Menschen (ohne Verbrennungsvorgänge beispielsweise keine Traktoren, kein Transport außer durch Pferde oder Kulis, kein warmes Essen usw.).

Derweil der militant-kriminelle Arm der Bewegung zur Einpeitschung des Programms an lockerer Leine agieren darf, schippert die heilige Greta »klimaneutral« mit der Segelyacht des Sohnemanns der Fürstin Caroline von Monaco über die Weltmeere, hockt auf unzähligen Klimakongressen mit Heerscharen von Gleichgesinnten herum, die sich für ihre selbstverordneten Sabbatjahre skrupellos aus den Steuertöpfen bedienen, um uns die Verzichts- bzw. Verelendungsagenda rauf und runter zu predigen: kein Auto, kein Flug, kein Fleisch, kein …

Gestatten wir uns angesichts dieser anvisierten, äußerst bedrückenden Zukunftsperspektive, bevor wir auf das Tabuthema in diesem Zusammenhang nochmals zu sprechen kommen – Geburtenkontrolle weltweit! Wir haben hier ein unfreiwilliges Monopol! –, zunächst ein kleines Klima-Quiz für kühle Köpfe.

Grundkurs:

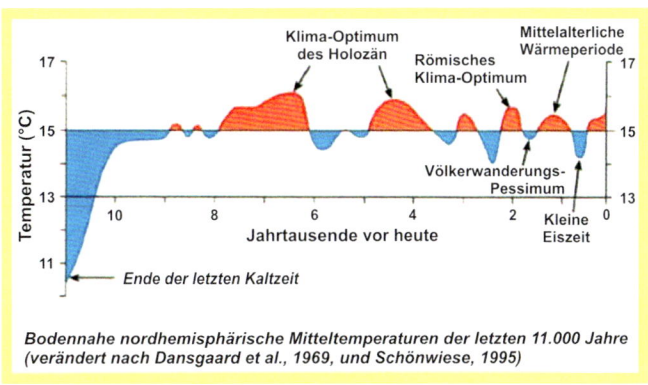

Bodennahe nordhemisphärische Mitteltemperaturen der letzten 11.000 Jahre (verändert nach Dansgaard et al., 1969, und Schönwiese, 1995)

1. Warum heißt Grönland nicht Weißland?
Weil die Wikinger, die den Namen in der mittelalterlichen Wärmeperiode prägten, keine Wahrheitspresse hatten und Grünland nannten, was damals Grünland war.

2. Warum zogen die Römer in Römerlatschen (oder ähnlichen Sandalen) durch Europa?
Weil sie in der Zeit des römischen Klima-Optimums sonst unter Schweißfüßen hätten leiden müssen, was ihren Kriegserfolgen abträglich gewesen wäre.

3. Warum blühten zum Jahreswechsel 1289 und 1538 die Veilchen und Bäume?
Weil Frühjahrsgefühle auch im Winter schön sind. Im übrigen ist das Wetter keine Maschine, Kapriolen wie diese kommen immer wieder vor, und Extremwetterereignisse haben in den letzten Jahrzehnten ab- und nicht zugenommen.

4. Verschlechtert Glotzen die CO_2-Bilanz?
Kommt drauf an, was man schaut. Bei Pornofilmen kommen wohl etliche ins Keuchen und atmen mehr CO_2 aus. Bei der Tagesschau kann man mit CO_2-Ersparnis rechnen.

5. Warum ist 5 Minuten Brot backen besser »fürs Klima« als ein 5-Minutensteak braten?
Äh… Weil Fleisch essen Sünde ist.

6. Bei höheren Temperaturen muß man weniger heizen, wir hätten auch seltener Husten, und die böse Pharmaindustrie könnte uns weniger Medikamente andrehen, die Chemieschornsteine würden weniger qualmen. – Also doch super für die CO_2-Bilanz?
Äääähhh… , frag mal Greta.

Wer so weit gekommen ist und Geographie nicht geschwänzt hat, wird in den Aufbaukurs versetzt:

7. Leben wir in einem Eiszeitalter, einer Kaltzeit oder einer Warmzeit?
Erstes und letztes. Da beide Pole eisbedeckt sind, handelt es sich seit etwa 2,6 Millionen Jahren um ein Eiszeitalter (80–90 % der Erdgeschichte war das nicht der Fall), innerhalb desselben seit etwa 10 000 Jahren um eine Zwischenwarmzeit (Interglazial).

8. Ist es heute im Mittel wärmer auf der Erde als die letzten 10 000 Jahre?
Mir ist heute jedenfalls entschieden zu warm. Ansonsten war es 2/3 der letzten 10 000 Jahre wärmer als heute.

9. Die Berner Alpengletscher waren im 13./14. Jahrhundert viel kleiner als heute. Was lernst Du aus der Tatsache, daß sie seit über 200 Jahren erneut kleiner werden?
Daß sie davor wieder gewachsen sind. Und daß sie vor der ersten Milliarde Erdenmenschen (etwa um 1800) und vor der Industrialisierung wieder zu schwinden begannen.

10. Und was lernst Du aus der Tatsache, daß im Gegensatz zu den Alpen- die Kaukasusgletscher unverändert bleiben, ebenso (von Jahresschwankungen abgesehen) das arktische Eis?
Daß die Schweiz nicht der Nabel der Welt ist und die Lügenpresse ihren Namen verdient.

11. Lag der Meeresspiegel der Malediven 1900 bis 1970 niedriger als heute?
Nein, höher! Seitdem ist er konstant, jedenfalls lassen die wegen angeblich dramatisch ansteigenden Meeresspiegels herausposaunten Überschwemmungen (gottlob) auf sich warten.

12. Die Maximalpegel europäischer Flüsse vorindustrieller, vergleichsweise menschenleerer Zeiten waren höher als zeitnahe. Wie paßt das mit aktuellen Szenarien »Hochwasser durch anthropogene Klimaerwärmung« zusammen?
Gar nicht.

Wer so weit gekommen ist, wird in den Abschlußkurs versetzt:

13. Der CO_2-Gehalt der Luft beträgt derzeit etwa 0,04 %, vor 100 Jahren soll er etwa 0,03 % gewesen sein, hat demnach um etwa 1/3 zugenommen. Parallel haben die Temperaturen auf der Nordhalbkugel namentlich in der 2. Hälfte des 20. Jahrhunderts zugenommen. Was heißt das?
*Daß Klapperstörche, die in Dorfnähe oft zahlreicher sind, die dort ebenfalls zahlreicheren Kinder bringen? Wohl kaum. Koinzidenz oder Kausalität, das ist hier die Frage, die ohne Gegenprobe nicht zu beantworten ist. Jedenfalls wird es auf der Nordhalbkugel seit der Jahrtausendwende wieder **kälter** bei weiter (in Spurengasdimensionen) **steigendem** CO_2, im 19. Jahrhundert nahmen die Temperaturen auf der Nordhalbkugel ebenfalls ab bei auch damals schon (in Spurengasdimensionen) **steigendem** CO_2. (Wir lernen darüber hinaus, daß man Zeitverläufe zeigende Kurven nicht für Propagandazwecke an passender Stelle abschneiden sollte: Der Temperaturanstieg im 20. Jahrhundert hat den Abfall im 19. ausgeglichen.)*

14. Wie würde sich eine Verdopplung des CO_2-Gehaltes der Luft – die vollständige Verbrennung aller fossilen Brennstoffe würde einen Anstieg auf etwa 0,08 % bewirken – unmittelbar auf den Menschen auswirken?
Gar nicht, er würde ganz normal weiter atmen; CO_2 bliebe ein schadloses Spurengas.

15. Und auf die Pflanzen?
Viele würden sich freuen, wenn sie könnten, denn sie brauchen Kohlendioxid zum Leben wie Tiere ihre arteigene Nahrung. Weizen jedenfalls hat sein Ertragsoptimum bei noch höheren CO_2-Werten. Im übrigen gediehen riesige Saurier und riesige Pflanzen in der Jura-/Kreidezeit, als die CO_2-Werte 8fach über den heutigen lagen, prächtig.

16. Der anthropogene Anteil am CO_2-Zyklus der Erde beträgt nur knappe 3 %. Wenn der gesamte (3 + 97 %) CO_2-Anteil 20 % des Anteils an einem behaupteten Treibhauseffekt ausmachen würde, wieviel Prozent entfielen dann auf den CO_2- Ausstoß der Menschheit?
0,6 %. Die 20 % sind eher theoretisch und sehr hoch angesetzt (etliche Wissenschaftler gehen von nur 2 bis 3 % aus); genaue Werte sind unbekannt und sehr schwer zu ermitteln.

17. Definiere »klimaneutrales Verhalten«!
Sprudel trinken, rauchen, Auto fahren, Fleisch essen, fliegen... – es scheint dem Klima egal zu sein, jedenfalls nach zahlreichen, wohlweislich verschwiegenen Messungen. Die menschlichen 3 % an der

CO_2-Bilanz sind bezüglich ihrer Wirkung auf das Klima praktisch Nulleffekte, da die vom Menschen unabhängigen natürlichen Schwankungen klimawirksamer Faktoren diese in Größenordnungen überlagern (u.a. Stichwort Sonnen-bzw. Milanković-Zyklen).

Nehmen wir an, diese 17 Fragen wären zu schwiiierig, als daß man »Experten«, Lehrern, Gretas und Lohnschreibern Antworten zumuten könnte, und nehmen wir auch an, alle unsere Antworten wären blöd oder falsch. Dann wäre es doch mehr als naheliegend, Prof. Lüdecke, der mit seinen Schriften bei unserem Quiz Pate gestanden hat, oder einen der vielen totgeschwiegenen Wissenschaftler, die wie er sehr gut begründete Argumente gegen den medial behaupteten anthropogenen Klimawandel vorzubringen haben, zur besten Sendezeit in der Glotze zur Darstellung seiner Positionen und anschließenden fairen Diskussion einzuladen, oder?

    Nehmen wir trotzdem an, das durch Milliarden von Menschen bei Verbrennungen aller Art produzierte CO_2 wäre in seinen Auswirkungen genauso schädlich, wie es unablässig tönt. Dann sollte allen selbsternannten oder geheiligten »Klimakämpfern« und »Experten«, auch Dummstellern, die plötzlich alles differenziiert sehen wollen, die einfache Lösung der letzten Aufgabe doch gelingen – und damit hätten sie das Klima-Quiz auch noch bestanden.

18. (Gerundet) 8 Milliarden Menschen atmen etwa doppelt soviel CO_2 im Jahr aus wie im gleichen Zeitraum der gesamte Autoverkehr der Erde CO_2 ausstößt (1,5 Mrd. Tonnen); einer von 8 Menschen fährt Auto. Wie wäre die CO_2-Bilanz in Tonnen aus Atmung und Autoabgas bei 1 Milliarde Erdenbürgern, die *sämtlich fröhlich* ihr Auto fahren?
Rückgang von 4,5 auf 1,875 Mrd. Tonnen CO_2/Jahr. (Bei angenommener Verdopplung der Zahl der Menschen auf 16 Mrd., die alle kein Auto fahren, wären es 6 Mrd. Tonnen.)

Man glaubt es kaum: Mehr Menschen produzieren mehr CO_2, weniger produzieren weniger! Wenn die »Klimakämpfer« ihre CO_2-Geschichten also ernsthaft glauben würden, dann müßten sie nicht nur den »Klimaskeptikern« möglichst honorige Foren bieten, um sie dann triumphal zu widerlegen, sondern sie müßten auch Geburtenkontrolle fordern, das gebietet die Logik. Ansonsten bedeutet ihre »fürs Klima«-Agenda eben Senkung des Lebensstandards, Verelendung des Volkes. Glauben sie ihre CO_2-Geschichten selbst nicht, dann handelt es sich um lügende, zynische Propagandisten derselben Verelendung, wobei sich die Scharen neumittelalterlicher Geißler, genau wie ihre mittelalterlichen Vorbilder auch, gern in allerlei hineinsteigern, z.B. in wundersame Brotvermehrungen. Gibt es schließlich den anthropogenen Klimawandel gar nicht, dann steht ohne Geburtenkontrolle ebenfalls die Verelendung vor der Tür, denn schon für die vorhandenen Menschen reichen nach baldigem Verbrauch der fossilen Energieträger die Ressourcen der Erde nicht, jedenfalls nicht für ein angenehmes Leben, auch nicht bei gerechter

Verteilung. Es gilt eben unerbittlich: Dividend durch Divisor… Unser entsprechendes Flugblatt (Greta und Hänsel und ihr blinder Fleck – Geburtenkontrolle, siehe oben, S. 68ff.), das wir seit einigen Wochen bundesweit verteilen, hat offensichtlich ins Schwarze getroffen und zeitigt Reaktionen. Die üble Hetzsendung gegen uns im MDR, die in der Sache kein einziges Argument brachte, sollte der Einschüchterung derer dienen, die sich vielleicht doch zu Grundschülern mausern wollen. Inzwischen liest man in der Lügenpresse da und dort sogar von der »Kleinen Eiszeit« – aber die sei »nur lokal« gewesen, der heutige Klimawandel dagegen »global«, tönen dazu die gleichen (z.B. Tagesanzeiger, 25.7.2019), die ansonsten jeden heißen Sommertag in Hinterbuxtehude als Beleg für den »Klimawandel« herausposaunen (zur Sache siehe obiges Diagramm der Temperaturen der keineswegs »nur lokalen« Nordhemisphäre). Auch die Schnellmerker von GEO titeln auf einmal mit Windrädern »Gut fürs Klima, schlecht für die Natur?« (8/2019) und verraten uns plötzlich, daß diesen jährlich »Hunderttausende Vögel und Fledermäuse sowie Milliarden von Insekten« zum Opfer fallen. Der Artikel schließt nach einigen vergossenen Pseudotränen mit dem üblichen Verzichtsprogramm, mit dem Plädoyer für den weiteren Ausbau der Windräder – »fürs Klima« – und konstatiert als »unausweichliche Tatsache« die Endlösung der Vogelfrage: »Wir werden die Großvögel verlieren.« Na, dann bleiben uns doch wenigstens die Kleinvögel? Nein, werte Schnellmerker, die entkommen vielleicht der Windradzerstückelung wegen ihrer niedrigeren Flughöhe, aber dafür fehlt ihnen die Insekten-Nahrung, was im übrigen nicht in erster Linie den Windrädern, sondern der intensiv-extensiven Landwirtschaft zur Ernährung der Milliardenmassen anzulasten ist.

Auch der SPIEGEL fühlte sich in seiner Online-Ausgabe (23.6.2019) offensichtlich bemüßigt, auf befürchtet rechenwillige Menschen zu reagieren und sogar das zentrale Tabuthema aufzugreifen, um es zu zerquatschen. Nehmen wir ihn etwas genauer unter die Lupe:

Unter der Überschrift »Bevölkerungsexplosion fällt aus« lesen wir: »Bei Diskussionen über den Klimawandel taucht regelmäßig das Argument auf: Wir können ohnehin nichts machen, solange wir nicht das ungebremste Wachstum der Weltbevölkerung stoppen. Dabei ist die Phase längst vorbei.« Nun wird selbst der durchhaltewilligste Zeitungsleser keineswegs und schon gar nicht regelmäßig auf die globale Überbevölkerung und die Forderung nach weltweiter Geburtenkontrolle gestoßen. Es ist vielmehr sehr auffällig und erklärungsbedürftig, wie eisern und geradezu krampfhaft die einfache Tatsache, daß es VIEL zu VIELE Menschen gibt, geleugnet wird – man meditiere, solange man noch Auto fahren darf, im nächsten Stau darüber, egal ob man in Berlin, Kairo, Kalkutta, Nairobi oder La Paz festsitzt, oder an überfüllten Stränden, wo die Artgenossen wie Sardinen in der Dose liegen, oder anläßlich einer Urlaubsreise (solange man noch fliegen darf) beispielsweise auf der Suche nach den letzten Blauwalen, deren

Krill-Nahrung zur Ernährung der Menschenflut weggefischt wird… –, und das lange vor irgendeinem behaupteten oder wirklichen anthropogenen Klimawandel.

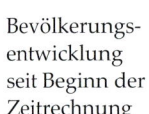

Bevölkerungs-
entwicklung
seit Beginn der
Zeitrechnung

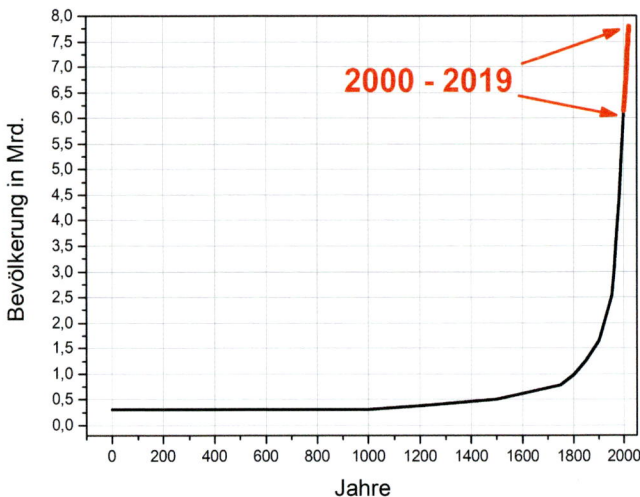

Die Wahrnehmung ist wirklich so naheliegend, daß man sie nur mit maximaler Hirnverrenkung wegbiegen kann, und auch Personen, die z.B. in Internetforen gegen die geschürte Klimahysterie durchaus treffende Argumente anführen, umschiffen das Tabuthema meist, auch Prof. Lüdecke kommt in seinem sachlich ja sehr fundierten Buch, in dem er auch die religionsanaloge Argumentresistenz und Gewaltbereitschaft der Klima-Apologeten durchaus richtig benennt (bei der Analyse tappt er allerdings im Dunkeln und macht hilflos irgendeinen ominösen Fiskus oder »die Politik« als Schuldige aus), nur sehr kurz und am Rande darauf zu sprechen. Derweil fordert die »Neue Rechte« an dieser Stelle das gleiche, was SPCDUFGRÜ schon seit Jahrzehnten propagieren und umsetzen, nämlich tatsächlich klassisch rechte Mutterkreuze, die keineswegs besser sind, wenn sie selektiv vergeben werden.[1]

---

[1]   Die *Spin doctors* setzen eiskalt auf Festingers Theorie der Kognitiven Dissonanzreduktion (KDR), denn das haben sie semesterlang studiert, bevor sie in Dienst genommen werden konnten: Treffen zwei sich widersprechende (dissonante) Wahrnehmungen (Kognitionen) im gleichen Kopf aufeinander, dann wird die leichter zu ändernde geändert (reduziert). Im vorliegenden Fall ist die 1. Wahrnehmung: Immer mehr Menschen teilen begrenzte, weniger werdende Ressourcen, für den Einzelnen bleibt immer weniger, weshalb Geburtenkontrolle längst das Gebot der Stunde ist. Sie steht im Widerspruch zur 2. Wahrnehmung, nämlich Klimahysterie **plus** Gebärpropaganda. Da diese vom Wahrnehmenden, da aktiv aufgedrängt, schwerer zu beseitigen ist, wird die leichter änderbare 1. Wahrnehmung reduziert, und zwar um so radikaler, je größer die Dissonanz bzw. die damit verbundene Drohung und Angst ist. Schon Hitler wußte: Je größer die Lüge, desto eher wird sie geglaubt, wenn sie von starken Sendern kommt, und das sind die heute weltweit gleichgeschalteten

Der SPIEGEL-Artikel wendet sich nun an »gutinformierte Menschen«, die die Wahrnehmung, daß man pro Zeiteinheit mehr Artgenossen (egal welcher Hautfarbe!) begegnet als vor 30 Jahren, doch nicht ganz unterdrücken wollen, vielleicht mit Nachhilfe unseres Flugblatts. Hier herrschen »hartnäckige«, »tief verwurzelte« und »falsche« Ansichten vor, behauptet Schreiberling Christian Stöcker, um dann seine Fangfrage zu plazieren: »Wächst die Weltbevölkerung heute langsamer als 1962, genauso schnell oder schneller?« Nun wollen die »Gutinformierten« voreilig antworten: »schneller«, orakelt Stöcker, aber: »Im Jahr 1962 und 1963 wuchs die Weltbevölkerung stärker als je zuvor und danach. Die Wachstumsrate lag damals bei 2,2 %, heute ist sie nur noch halb so groß. Die Weltbevölkerung wächst immer langsamer. In absehbarer Zeit wird sie schrumpfen. Die Frage ist nicht mehr, ob, sondern nur noch wann.« Also entspannt Euch, Ihr »gutinformierten« Deppen![2] Ihm selbst ist es dann keineswegs zu dumm, sich im gleichen Text mal auf die Angaben des *Club of Rome* zu beziehen, wonach die 8-Milliarden-Grenze 2040 erreicht werde und die Bevölkerung dann schrumpfe (warum eigentlich??), mal auf die der UNO, die einen 11-Milliarden-Gipfel mit anschließender Schrumpfung im Jahr 2100 angibt; sollte die Differenz von schlappen 3 Milliarden nicht auch schlauen SPIEGEL-Schreibern verhaltene Skepsis gegenüber derartigen Prognosen nahelegen? Die UNO hat übrigens ihre noch 2009 gegebene Prognose von 9,1 Mrd. Menschen für 2050 nur acht Jahre später auf 9,8 korrigiert, ausdrücklich weil die Geburtenrate weniger als erwartet gesunken ist, was ja auch einiges über die Verläßlichkeit derartiger Hochrechnungen aussagt.

Womit Stöcker und seine Kumpane, wenn sie überhaupt *das* Tabuthema scheinsachlich berühren, stets unlauter und absichtlich verwirrend jonglieren, sind

---

Medien ja zweifellos. Im vorliegenden Fall dürfte die Drohung/Angst maximal sein, denn die einfache Gleichung durchzurechnen heißt begreifen, daß die Verelendung mit aller Gewalt, planmäßig und keineswegs irrtümlich herbeigeführt wird, was die moralische Bewertung der meilenweit überlegenen Machthaber, die sie in ihrem Interesse herbeiführen (können), nahelegt: skrupellose Lügner und Zyniker, buchstäbliche Lebenszerstörer. Deshalb können ansonsten intelligente Menschen plötzlich keine Grundschulrechnung mehr lösen, deshalb quasseln sie: »Irgendwie gibt es immer eine Lösung … das können die doch nicht machen …«, deshalb weichen sie lieber auf neben der Sache liegende Argumente aus, deshalb wird gestern noch Undenkbares (z.B. Autofahrverbot) heute selbstverständlich, und die Erinnerung an gestern (die die KDR ja stört) verschwimmt in Windeseile. »Jetzt iß zum letzten Mal Dein Schnitzel, dann stornieren wir die New-York-Reise. Du wirst sehen, die ersten Tage sind hart. Und irgendwann hast Du vergessen, daß Du solche Dinge überhaupt gebraucht hast«, sagt am Ende eines Orwell'schen Propaganda-Dialogs in der Lügenpresse irgendeine Greta zu irgendeinem Vater (Tagesanzeiger, 13.8.2019).

2   Komisch, daß hier auf einmal die armen Rentner, denen weniger nachrückende Arbeitslose angeblich die Renten nicht erwirtschaften könnten, keine Rolle spielen, was uns doch seit Jahr und Tag als Grund für Mutterkreuzpropaganda aufgetischt wird; im Zeitalter von Arbeitslosenmassen werden die Renten durch Mutterkreuze freilich immer sinken statt steigen – schon wieder: nachrechnen!

absolute und relative Größen, ein alter Trick von Demagogen, auf den man jenseits des Kindesalters nicht hereinfallen sollte. Schüler, die den Mathematikunterricht beim Thema Potenzrechnung nicht geschwänzt haben, sollten also nicht genervt die Augen über in Erinnerung gerufene Selbstverständlichkeiten rollen, sondern sich fragen, wie derartige Schreiberlinge zuhauf auf ihren Posten landen: Eine Population von 1000 Menschen mit jährlicher Wachstumsrate von 2,2 % hat nach einem Jahr 22 zusätzliche Menschen, insgesamt 1022. Eine doppelt so große Population von 2000 Menschen hat bei einer halb so großen Wachstumsrate von 1,1 % ebenfalls 22 Menschen mehr, insgesamt 2022. (Aus mathematischen Gründen wird die kleinere Ausgangspopulation mit höherem Wachstumsfaktor die größere mit kleinerem irgendwann überholen.) Wenn eine Weltbevölkerung von gut 3 Milliarden Menschen – etwa der Stand von 1962 – um 2,2 % wächst, dann war das Plus nach einem Jahr rund 66 Millionen. Wenn sie 7,6 Mrd. (Stand 2018) zählt und um 1,1 % wächst, dann beträgt das Plus nach Jahresfrist etwa 83 Millionen, die absolute Zunahme der Bevölkerung war also trotz *halbierter* Wachstums*rate* **größer**; genau in diesem Bereich – die Bevölkerung Deutschlands etwa – wächst die Weltbevölkerung derzeit pro Jahr. Dem in den letzten Jahrzehnten seit etwa 1962 tatsächlich kleiner werdenden Wachstumsfaktor wirkte also die wachsende Basis entgegen, und so lagen zwischen der 3. und 4. Milliarde 14 Jahre, bis zur 5. waren es dann 13 Jahre. Damals, um 1987, klebten wir bundesweit folgenden Aufkleber und wurden dafür als »Faschisten« verhetzt, obwohl Hitler und Franco uns dafür ganz genauso gejagt hätten:

Aufkleber 1987   Aufkleber 2019

Bis zur 6. Milliarde waren es dann nur noch 12 und bis zur 7. Milliarde, die 2010 erreicht war, 11 Jahre, aber das erfahren wir aus dem Artikel natürlich nicht. Jedenfalls besteht kein Grund zur Entspannung, selbst wenn wir zur nächsten Milliarde wenige Jahre länger bräuchten. Außerdem war die Welt seinerzeit mit rund 3 Milliarden Menschen fraglos schon viel zu voll, aber immer noch meilenweit angenehmer – es gab damals keine Staus, man glaubt es kaum, aber dafür einsame Strände, Hunderttausende Kiebitze zogen seinerzeit durch Deutschland, und die Autoscheibe klebte nach einer Nachtfahrt voller Insekten usw. – als eine mit inzwischen über 7,7 Milliarden.

Die Prognosen, auf die sich Schreiberlinge wie der vom SPIEGEL zwecks Abwiegelung gern berufen, gehen immer wie selbstverständlich davon aus, daß die in den letzten Jahrzehnten tatsächlich gesunkene Wachstumsrate bis hin zur Erhaltungszahl von 2,1 Kindern pro Frau weiter abnimmt, worauf sich der Trend zur Ein-Kind-Familie anschließe. Dieser Prozeß ist in Ländern mit leidlichem Wohlstand ja tatsächlich zu beobachten, immerhin lebt die Hälfte der Weltbevölkerung derzeit in Ländern mit Fertilitätsraten unter 2,1. Also doch Entspannung? Schon allein deshalb nicht, weil ja das massenhafte Artensterben schon lange vor dem gruseligen Jetztstand unheilbare Riesenwunden in die Natur geschlagen hat, täglich weitere tödliche schlägt und ein Wachstum auf derart prognostizierte 11 Milliarden in 2100 davon praktisch nichts übrig läßt. Selbst wenn heute die weltweite Schrumpfung einsetzte, wäre es für sehr viele Arten schon längst zu spät, ausgestorben bleibt ausgestorben. Zudem ist der gegenläufige Zusammenhang von Lebensstandard / Bildungsgrad und Kinderzahl unzweifelhaft: dumme, arme, religiös behämmerte und hoffnungslose Menschen karnickeln, während Klügere mit angenehmen Lebensperspektiven »Lust ohne Last« bevorzugen, sprich verhüten.[3] Die Islamisierung jedenfalls nimmt nach den US-Invasionen in zuvor teilsäkularen Ländern wie Irak und Syrien wieder zu, auch in den Ländern des bejubelten »Arabischen Frühlings«, der dortige Lebensstandard mit der »Demokratisierung« von US-Gnaden dagegen ab, und von dort kommen ja Heerscharen hier an. Der Lebensstandard in Deutschland (und in den westeuropäischen Ländern analog) hat sich allerdings schon in den letzten drei Jahrzehnten davor, namentlich nach der Euro-Einführung, etwa halbiert und befindet sich weiter im freien Fall, wobei die Richtung mit der Agenda der »Klimakämpfer« konkrete Gestalt annimmt; die inzwischen schon eingetretene Trendumkehr der Geburtenrate u.a. in Deutschland, Spanien und am übelsten Frankreich spiegelt hier bereits die immer trauriger werdende Lebensperspektive, auf der die fortwährende Gebärpropaganda fruchtet. Natürlich werden hier weiter zunehmend auch

---

[3] Abwechslungsreicher Sexualgenuß ohne schlechtes Gewissen, der natürlich Rahmenbedingungen wie leidlichen Lebensstandard voraussetzt, wirkt dem Karnickeln unmittelbar entgegen. »Ein Kind – das ist nichts als Sorge, Ärger und Verzicht«, hieß es dazu in der besseren Zeit.

die eingeschleusten Menschenmassen namentlich aus geburtenreichen Ländern zu Buche schlagen; derzeit haben bereits fast 40 % aller Kinder unter 5 Jahren in Deutschland Migrationshintergrund. Der afrikanische Kontinent verzeichnet Geburtenraten von durchschnittlich 4,4 Kindern pro Frau, wobei Spitzenreiter wie Somalia oder Uganda bei knapp 6 liegen, und dort wird der Lebensstandard trotz Abwanderung ja keineswegs höher, weil für jeden Abgewanderten – inzwischen obszönerweise als »Klimaflüchtlinge« tituliert – dort ein neuer Schreihals in die Welt gesetzt wird. Hierzulande wird er deshalb schlechter, weil die ohnehin schon Abermillionen europäischen Arbeitslosen durch die Ankommenden vermehrt werden, die bekanntlich von den hier Arbeitenden versorgt werden müssen; dafür greift man ihnen in die Lohntüten, in die Rentenkassen und setzt ihnen die Steuern rauf. Und wenn sie darüber nicht jubeln, werden sie als »Nazis« diffamiert und des »Klimakolonialismus« bezichtigt – das neue Schlagwort beim Niederreißen aller Grenzzäune und der Zerstörung der nationalen Souveränität zwecks weltweiter Gleichverteilung des Elends.

Natürlich kann ein Staat mit entsprechenden Maßnahmen auch Geburtenkontrolle erzwingen (beim Rauchverbot klappt es ja auch weltweit!), bevor der gewachsene Lebensstandard diese automatisch und zwanglos nach sich zieht. Das tat die seinerzeit menschenfreundliche Regierung Chinas, die weder Expansionsabsichten noch -möglichkeiten hatte, angesichts gigantischer Chinesenzahlen in ihrem seit der Ming-Zeit chronisch überbevölkerten Land als absolute Notmaßnahme zur Vermeidung von ansonsten unausweichlichem Massenelend und -sterben mit der 1980 eingeführten Ein-Kind-Politik: Besteuerung ab dem 2. Kind, nicht unzutreffend als »soziale Kompensation« bezeichnet, problemloser Zugang zu Verhütungsmitteln, Sterilisation und Abtreibung, begleitende Volksaufklärung mit sozialer Ächtung der an der Uterusbombe Zündelnden (wie hierzulande klassische Brandstifter ja auch zu Recht schlecht angesehen sind). Gerade diese bei uns stets einhellig verteufelte Ein-Kind-Politik schlägt bei der sinkenden Wachstumsrate der Weltbevölkerung, mit der der SPIEGEL wedelt, wegen der immer noch riesigen Zahl von Chinesen natürlich entscheidend zu Buche – aber wo sind die Dankesworte an die chinesische Adresse, wo die Asche auf das Haupt aller Schreiberlinge, die im Chor gegen die chinesische Geburtenkontrolle hetzten und hetzten und hetzten, und es immer noch tun: die armen abgetriebenen Embryonen-Mädchen, die armen partnerlosen Männer, die armen Rentner … Jedenfalls zählte China 1980 bereits eine Milliarde Menschen, inzwischen sind es wegen des Nachhangeffektes entsetzliche 1,4 Milliarden: Wenn eine Oma vier Kinder hat – das war in China in den 70ern etwa der Fall – und ihre statistischen zwei Töchter dann je ein Kind bekommen, also ein Mädchen hinterlassen, dann wächst die Bevölkerung, bis Oma und deren Töchter tot sind (Opa und die Söhne natürlich auch), was bei gleichzeitig steigender Lebenserwartung seine Zeit dauert. Mit der einen hinterbliebenen Enkelin erst hätten wir Omas Stand wieder erreicht, und dann erst ginge es bei konsequenter Ein-Kind-Politik mit der Halbierung der Zahl pro Generation weiter (bei bereits zwei Generationen währender statistischer Zwei-Kind-Familie würde eine dann eingeführte Ein-Kind-Politik natürlich sofort reduzierend zu Buche schlagen). China hat leider die Ein-Kind-Politik nie konsequent durchgesetzt (auf dem Land und für Minderheiten gab es von Anfang an Ausnahmen), weshalb die Geburtenrate im besten Fall um 1,5 lag, immer noch etwas höher also als die europäische im Zuge der Besseren Zeit und noch länger danach (z.B. in Deutschland bei 1,3, in Spanien und Italien sogar darunter) oder heute die Singapurs (0,82). Aber der große Tag naht, an dem die Gesundschrumpfung der chinesischen Bevölkerung anfangen sollte.[4] Wirklich ein Grund zu feiern!! Am besten groß und breit im Fernsehen: Die Sprengung der ersten Wohnsilos mit Pauken (wer einmal in China war und die Dutzende Kilometer langen Riesenhochhaussiedlungen allerorten gesehen hat, weiß, wovon ich rede), die Einweihung der ersten neuen Panda-Heimat mit Trompeten. Dazu lassen strahlende Rentner, die bislang von schmaler Rente mit Kindern und Enkeln eng aufeinander wohnten, die Sektkorken knallen und stoßen mit den Enkeln an, die bald in eine von rechtschaffener Arbeit bezahlbare, eigene Wohnung ziehen können (und es dabei gar nicht so schlimm finden, wenn eine Chinesin zwei Freunde liebt; alle drei haben ohnehin Besseres zu tun, als an Embryonen und Kinderscharen zu denken[5]). Und dazu werden regelmäßig die stetig sinkenden, auf die Vollbeschäftigung zustrebenden Zahlen der Arbeitslosen eingeblendet, die dann zum Wohle der Rentner und Arbeitenden letzteren nicht mehr auf der Tasche liegen. (Momentan beträgt die Jugendarbeitslosigkeit in China noch etwa 10 %, die Arbeitslosenquote in China insgesamt etwa 4 %, rund 40 Millionen). Pfiffig genug wären die Chinesen auch, um ihre Feier via Internet in alle Erdteile zu verbreiten, und alle SPIEGEL-Schreiberlinge der Welt müßten grollen und krampfen, würden vielleicht das Horrorszenario »Chinas Wirtschaft bricht zusammen« an die Wand malen – die Burschen sind ja findig und rechnen damit, daß das Volk nicht rechnet. Aber der sichtbare Erfolg könnte anschauliches Modell sein und wirksames Antidot gegen Mutterkreuze und Bockprämien und kann Mut zum Leben und Mut zum Rechnen machen (natürlich brauchen

---

[4]   Es gibt Stimmen, die dies bereits seit 2017 annehmen, die offiziellen chinesischen Angaben geben derzeit noch Jahreszuwächse an, sie gehen vom Scheitelpunkt innerhalb der nächsten 10 Jahre aus.

[5]   Auch ohne geschlechtsspezifische Abtreibung, die ja nicht zwangsläufig an der Geburtenkontrolle hängt, kommen keineswegs alle Menschen als Sexualpartner in Frage; so dramatisch ist im übrigen das chinesische Geschlechterverhältnis nicht: 708 Mio. männliche auf 675 Mio. weibliche Einwohner waren es 2018 (nach Soldaten-Kriegen war es immer umgekehrt). Im übrigen macht ab einer gewissen Elendsstufe, die ohne Geburtenkontrolle ja sicher eingetreten wäre, Sexuelles ohnehin keinen Spaß, dann ist Polyandrie in jedem Fall besser.

weniger Chinesen entsprechend ihrer Gesundschrumpfung weniger zu produzieren, bei kleiner werdendem BIP bliebe das einzig relevante BIP pro Kopf, der Lebensstandard, dann gleich).

Leider, leider nur wird die chinesische Regierung nicht feiern, was allein Beleg genug ist, daß sie längst kein menschenfreundlich-sozialistisches Programm und Ziel mehr hat. Wirklich sehr traurig, daß jetzt, wo sich nach langer Durststrecke das Ergebnis immer durchschlagender bemerkbar machen könnte, die chinesische Regierung dagegen steuert: Seit 2013 ist für erwachsene Einzelkinder die Zwei-Kind-Familie freigegeben, und seit 2016 wurde die Ein-Kind-Politik insgesamt für beendet erklärt; seitdem sind zwei Kinder pro Paar das offizielle Ziel, und inzwischen wird sogar die Dreikindfamilie in Aussicht gestellt. Entsetzlich! Immerhin ist das chinesische Volk noch (!) besser als seine Regierung, die nach der ersten Lockerung 2013 vier Millionen zusätzliche Zweitkinder »erwartete«, während »nur« 500 000 geboren wurden. 2017 wurden insgesamt 45 Millionen neue kleine Chinesen »erwartet«, es wurden »nur« 17 Millionen (2018 ging die Geburtenzahl sogar auf rund 15 Millionen zurück). Die Chinesen haben also Geschmack am guten Leben gefunden, wie die Europäer der Besseren Zeit, denen man die Mutterkreuze auch erst mit Verzögerung schmackhaft machen konnte, und sie sind inzwischen auch ohne Strafen fürs Zündeln an der Uterusbombe gar nicht mehr so scharf darauf, sehen ihr »größtes Glück« gar nicht mehr in vielen weiteren kleinen Chinesen, im Gegensatz zu früher, als sie sozusagen noch Afrikaner waren und man ihnen das Zündeln zu ihrem eigenen Wohl wirklich verbieten mußte. Sicherlich wirkt dabei auch die zurückliegende Erziehung und Anleitung zum Rechnen nach, aber vor allem schlägt sich hier der in China in den letzten zwei Jahrzehnten spürbar gestiegene Lebensstandard nieder, und der senkt bekanntlich die Kinderzahlen: das chinesische BIP pro Kopf hat sich seit der Jahrtausendwende immerhin verzehnfacht! Die Stimmung dort ist auch entsprechend entspannt und angenehm, Miniröcke sind sehr verbreitet, nette und meist lustig volle Kneipen findet man an allen Ecken, und weltweit sieht man es nicht zuletzt an den zahlreichen reisefreudigen Chinesen. Wäre die böböböse Ein-Kind-Politik nicht wenigstens soweit durchgesetzt worden, wären die Chinesen Afrikaner geblieben und hätten ihre Geburtenrate von 4 Kindern pro Frau beibehalten, pro Generation also ihre Zahl verdoppelt, dann wäre diese heute sichtbare Zunahme der Lebensqualität dahin gewesen, nämlich in inzwischen über eine Milliarde zusätzliche kleine, dann große Chinesen geflossen.[6] Und unser SPIEGEL-Schlaumeier könnte dann nicht mit sinkenden

---

6   Auch die Deutschen hätten übrigens lange Grund zu analogen Feiern gehabt, wenn dem nicht mittels angekurbelter Einwanderung von Abermillionen über die letzten Jahrzehnte gezielt entgegengewirkt worden wäre. Momentan kommen auf gut 63 Millionen Deutsche ohne Migrationshintergrund 20 Millionen Ausländer oder Deutsche mit Migrationshintergrund. Ohne Einwanderung

Welt-Wachstumsraten wedeln, wenn es aus Abwiegelgründen gerade mal paßt. Apropos Neokolonialismus: Daß man die Unsummen Entwicklungshilfe der letzten Jahrzehnte **nicht** an effektive Geburtenkontrolle und das Verbot und strengste Bestrafung jeder Kinderverstümmelung gebunden hat, hat (u. a.) die Verelendung Afrikas planmäßig vorangetrieben, sonst könnten die Afrikaner auch auf chinesischen Wegen unterwegs sein. So aber dienen die dort weiter wimmelnden Elendsmassen jetzt dazu, den zuvor glücklicheren Teil der Welt, namentlich Europa, auf afrikanisches Niveau zu senken, denn der afrikanische Kontinent trägt derzeit 1,3 Milliarden Menschen, die sich bei der momentanen Fertilitätsrate in etwa 30 Jahren verdoppeln, ein unerschöpfliches Reservoir also.

Nicht mit der weiteren Senkung der weltweiten Geburtenraten ist also zu rechnen, sondern leider mit dem Gegenteil. Die Gebärförderung und -propaganda wird vor dem Hintergrund zunehmenden Elends, zunehmender Hoffnungslosigkeit und sexueller Verzwergung (an der hierzulande seit Jahr und Tag die Feministen arbeiten, die Islamisierung vollendet deren Werk) weiter ihre Wirkung tun. Das tut sie, wie gesehen, bereits seit dem Ende des Ostblocks, der zuvor den Abgleich erzwang und damit den Westen nötigte, zugunsten des Lebensstandards seiner Völker Kreide zu fressen, und wird es drastisch mit dem absehbaren Absturz der Produktivität aufgrund der Erschöpfung der Rohstoffe, der durch kein Wunder ausgeglichen werden kann. Technische Neuerungen finden ihre Grenze in der Natur der Materie, sie können die Naturgesetze bzw. die mathematischen nur nutzen, aber nicht brechen, und wir nähern uns längst asymptotisch dem Maximum ihrer praktischen Nutzung an. Man kann mit einem Windrad nur die ankommende Windenergie umwandeln (in Wahrheit natürlich wie bei jeder Energieumwandlung weniger), aus Solarplatten nur die Energie der auftreffenden Photonen herausholen, aus Rapspflanzen nur die durch auftreffende Photonen eines Jahres in organischen Bindungen gespeicherte Energie, also einen sehr kleinen Bruchteil der in Erdöl über Jahrmillionen. (Zur Herstellung eines einzigen Liters Biodiesel aus Raps ist übrigens eine Anbaufläche von etwa 6 m^2 nötig.) Wird der Aufwand zur Gewinnung einer notwendigen Energiemenge meinetwegen zum Betrieb eines Backofens zur Brotherstellung verzehnfacht – das dürfte beim Vergleich der Stromherstellung mittels Erdöl/Erdgas und Photovoltaik etwa der Fall sein –, dann verzehnfacht sich der Wert des Brotes. Da es keine wundersame Brotvermehrung gibt, wird es also

---

lebten im Lande 20 Millionen weniger, wir wären also bereits schön gesundgeschrumpft, und die Natur hätte aufatmen können; wir gäben den Wimmelnden dieser Welt vielleicht Modell und Hoffnung; freilich müßten inzwischen Solarfeld- und Biodieselflächen bereitgestellt werden, um das anstehende Rohstoffende soweit aufzufangen. Trotzdem ginge es aber mit Birkhühnern und Wachtelkönigen bergauf statt bergab.

zehnmal so teuer, gleiches gilt für Medikamente, medizinische Apparaturen, Mähdrescher, Melkanlagen usw.[7]

Wer unsere langjährigen Voraussagen zum anvisierten technisierten Mittelalter lediglich als Metapher verstehen wollte, kann den die Realität das Gruseln lehren? Die Akteure der einleitend beschriebenen, zunehmend gewalttätigen neu-mittelalterlichen Geißlerumzüge, die unter dem Motto »Bindung an die Scholle – Leibeigenschaft helau« wie Pilze aus dem Boden schießen, weisen jedenfalls lautstark den Weg in die nahe Zukunft:

Verzicht aufs Auto, Verzicht aufs Fliegen… Wir sollen buchstäblich und unmetaphorisch angeleint werden, wie einst die feudalen Hörigen, die aus ihren Käffern auch nicht herauskamen; bei milderen Formen der Leibeigenschaft war mit gnädiger Erlaubnis des Herrn und gegen Zahlung der obligaten Kopfsteuer die Entfernung von der Scholle gestattet (das feudale Gewaltverhältnis nennen Lexika euphemistisch »persönliches Band«). Daß die heutigen Herren wie Pew, Rockefeller, Astor, Soros usw. in anonymerer Ferne weilen, ändert an der für die massenhaft Besitzlosen vorgesehenen Leine nichts, und wiederum werden unzählige Vögte, Vormünder Entmündigter und Prediger in die Spur geschickt, um schlechtes Gewissen und Buße fürs Leben zu fordern und zu preisen und Lohn fürs Darben im Klima-Himmel zu versprechen. Und zahlen müssen die Angeleinten stets selbst für ihre Behämmerung, sei es per Kirchenzehnt oder GEZ (was

---

[7]   U.a. Prof. Lüdecke geht davon aus, daß sehr weitgehend sichere und radioaktive Reste auf ein Minimum reduzierende Atomreaktoren der 4. Generation nahe vor ihrer Umsetzung stehen und plädiert für den Ausbau der Kernenergiegewinnung, um das nahende Ende der fossilen Energieträger soweit auszugleichen und die Produktivität auf dem Stand moderner Industrieländer zu halten. Selbst wenn dies zuträfe, dann würde ohne Geburtenkontrolle trotzdem die Verelendung einsetzen, denn massenhaft in die Welt gesetzte, austauschbare und erpreßbare Menschen – darum geht es natürlich bei jeder Gebärpropaganda in letzter Instanz –, die ihre Arbeitskraft an die Besitzer der Produktionsmittel verkaufen müssen, würden das Lohnniveau in Richtung Existenzminimum drücken (was den *circulus vitiosus* der Gebärerei ankurbelt). Dann wäre der Wert des Brotes zwar etwa gleich geblieben bzw. der Preis, aber zu mehr als diesem reichte es dann wegen der schmalen Lohntüten der Massen trotzdem nicht, etwa wie im vorrevolutionären Frankreich. Und die Natur wäre natürlich durch diese Milliarden genauso zerstört, die auch ohne Solar- und Rapsfelder irgendwo wohnen müssen und Riesenfelder für ihr dürftiges Mahl brauchen. Daß die Atomkraftwerke durch die Klimahysteriker fast so verteufelt werden wie die Geburtenkontrolle und abgeschaltet werden sollen, beschleunigt natürlich die Verelendung noch ein Stückchen. Im anderen Fall bestünde die »Gefahr«, die allen Lohnschreibern im Dienste der Mehrwerträuber das größte Übel bleibt, daß nämlich wenigstens in Teilen der Welt die prognostizierte Schrumpfung der Bevölkerung einträte und diese aufatmen ließe, daß das chinesische Modell also anschaulich Schule machen könnte. Entsprechend unkt es ja jetzt schon, daß in China wegen der »dramatisch wenigen Geburten« der »Druck auf die Löhne« steige, diese also **steigen**, weil immer weniger Arbeitslose Schlange stehen – oh, Himmel verhüte, Maria hilf! Vielleicht werden deshalb demnächst die chinesischen Grenzzäune niedergerissen und Massen von Elends-Indern hereingeholt, deren Zahl die der Chinesen bald überholen wird; oder man schifft Afrikaner ein.

freilich nur einen Bruchteil der ansonsten aus dem Steuersäckel entnommenen Propagandakosten ausmacht). Verzicht auf Wasser, Verzicht auf Strom, Verzicht auf Fleisch, Verzicht auf… Ob man den Raubakt dann mittelalterlich Kopfsteuer oder neumittelalterlich CO_2-Steuer tauft, ob mittelalterlich Salzsteuer oder neumittelalterlich Mehrwert-Fleischsteuer – es handelt sich um Strafzahlungen fürs Dasein, denn ohne Kopf und die an diesem angebrachte Öffnung zwecks CO_2-Ausstoß kann nun mal kein Mensch leben, genausowenig wie ohne Nahrung, jedenfalls solange der Energieerhaltungssatz gilt. Und wenn er sein Brot backt, statt die Körner vom Halm runterzuwürgen, dann produziert er schon wieder CO_2. Aber gottlob braucht der Mensch ja so wenig, um glücklich zu sein, nicht wahr (aber viele Kinder), und ohne Salz und Fleisch kann er schon leben, deutlich kürzer zwar, fade ohnehin, auch kleiner und dümmer, denn Gehirn und Knochen brauchen Eiweiß zum Wachstum, das haben die Archäomedizin und unzählige Leibeigene viele, viele Jahrhunderte lang bewiesen.

Bei immer schlechter werdender Lebensmittel- und medizinischer Versorgung und Hygiene (denken wir ans Wassersparen, an Plastikzahnbürsten, die es im Mittelalter ja auch nicht gab, usw.[8]) wird die Sterblichkeit in allen Altersgruppen zu- und die Lebenserwartung drastisch abnehmen (das spart die Renten), und dann sinkt von dieser Seite der Bevölkerungspyramide her die Bevölkerungszahl – aber das verrät uns der SPIEGEL nicht –, wobei die dafür nachlegende, wimmelnde Erdbevölkerung auf Leibeigenenniveau dahinvegetiert. Vielleicht greift man dann sogar mal in die Geburten regulierend ein, vielleicht werden dann auch »neue Erkenntnisse« über doch gar nicht so schädliche Atomkraftwerke aus dem Ärmel gezaubert, beides freilich wohldosiert, um das Massenelend nicht zu gefährden – das Ende der Natur ist dann ohnehin besiegelt.

Sollten die Opfer dieser Pläne sich angesichts dieser gruseligen und deprimierenden Aussichten nicht doch auf die einfache Rechnung – Dividend durch Divisor ist gleich Quotient – besinnen, statt falschen Predigern Körnerbrei aus der Hand zu fressen und dafür Dankgebete aufzusagen?

Achtung: Flugreisenverteuerung!

Wie wir von einem zuverlässigen und gutmütigen Reisebüro erfahren haben, rechnen die Reiseunternehmen mit drastischen Preiserhöhungen für Flugreisen aufgrund einer Sondersteuer für CO_2 oder einer Gesetzesänderung ab dem kommenden Jahr und empfehlen, noch dieses Jahr zu buchen.

---

[8]   Vergessen wir auch nicht, daß es wiederum die Feministen waren, die den Gebärkult wieder hoffähig machten und mit ihrem Menstruationskult, ihrem Wettern gegen Tampons auch den Startschuß beim »Mut zum Stinken« gaben. In ihren Fußstapfen verteufelten dann die Grünen Ungezieferbekämpfung (die böse Chemie), was den neuen Siegeszug der Wanzen ermöglichte, die Europas Hotels inzwischen wieder massenhaft heimsuchen – ein widerlicher Vorgeschmack.

(Leserzuschrift, aus: Ketzerbriefe 218, Nov./Dez. 2019)

Klimadiskussion unerwünscht –
»Experten« verweigern Podiumsdiskussion

Wir, eine Wählergruppe in Bruchsal, wollten eine **Pro- und Contra**-Diskussion zum Thema »Was ist dran am Klimawandel? Ist menschengemachtes CO_2 Hauptverursacher der Erderwärmung?« organisieren. Für die Contra-Position hatten wir rasch die Zusage von Prof. Horst-Joachim Lüdecke. Für die Pro-Position wandten wir uns (1.) an DIE GRÜNEN und erhielten folgende Antwort: »Wir gehen nicht auf Podien anderer Gruppierungen, Fraktionen oder Parteien, denn wir sehen keinen Sinn darin, bekannte grüne Positionen bei politisch anders denkenden Gruppen zu wiederholen.« Diesen der Kirche im Mittelalter und der NSDAP in ihrer Glanzzeit würdigen Satz, die Absage der Gewalt an die Vernunft, der Macht an das Argument, lasse man sich auf der Hirnhaut zergehen! Darauf luden wir (2.) Herrn Dr. Hans Schipper, Meteorologe und Leiter des Süddeutschen Klimabüros am Karlsruher Institut für Technologie (KIT), ein. Dieser forderte superdemokratisch statt einer 1:1-Besetzung des Podiums, hier sollten – man glaubt es kaum – zu 96 % Pro-Vertreter sitzen, da dies den Verhältnissen innerhalb der Wissenschaft entsprechen würde.

Nicht viel besser also: 96 % Athanasianer gegen 4 % Arianer nach allen anti-arianischen Konzilien! Als er dann hörte, Prof. Lüdecke sei eingeladen, entfuhren dem das Lied seiner Brotgeber singen müssenden weltlichen Hierarchiestatthalterchen am Telefon die geflügelten Worte:

>»Ich renne doch nicht ins offene Messer!«
>(Also Angst vor Argumenten.)

Als nächstes (und 3.) fragten wir Prof. Johannes Orphal, Physiker und Leiter des Instituts für Meteorologie und Klimaforschung, Atmosphärische Spurenstoffe und Fernerkundung, ebenfalls am KIT. Dieser ließ zunächst anfragen, wie wir zur AfD stünden, was wir ignorierten, da wir den Zusammenhang mit der Anfrage nicht erkennen konnten. Im dann von ihm in recht aggressivem Tonfall geführten Telefongespräch unterstellte er uns aufgrund unseres Wahlslogans »Gegen den politischen Einheitsbrei« ein »fragwürdiges Verhältnis zur Demokratie«, so, so! Wir wollten aber gar nicht über Politik mit ihm diskutieren, sondern lediglich eine Antwort auf die gestellte Frage erhalten, ob er den Pro-Part übernehmen wolle. Dieses lehnte er vehement ab, und nach der Begründung gefragt, sagte er, Prof. Lüdecke sei kein Fachmann, da er nicht über praktische Erfahrungen in der Klimaforschung verfüge. Da er das Gespräch abrupt beendete, fragten wir schriftlich nach, gerade dann müsse es ihm doch außerordentlich leicht fallen, die seiner Meinung nach irrige Darstellung von Prof. Lüdecke zu widerlegen, und er müsse doch die Möglichkeit begrüßen, dies in der Öffentlichkeit zu tun. Eine Antwort kam (natürlich?) nie. Den letzten (und 4.) Versuch starteten wir beim Klimaexperten Dr. Florian Imbery vom Deutschen Wetterdienst, der in einem Interview in »Die Stimme« am 7.7.2019 »Warum extreme Wetterverhältnisse häufiger werden könnten« ausgeführt hatte, neueste Erkenntnisse hätten nun eindeutig die Kritiker der offiziellen Darstellung widerlegt. Wir erhielten nie eine Antwort.

Dafür gibt es nur eine logische Erklärung: Die Klimadamen und -herren wissen, daß sie in der Sache unrecht haben und meiden deshalb die Enttarnung, wenn ein fachkundiger Kritiker anwesend ist und eine faire Diskussion stattfindet. Damit war uns klar: es handelt sich bei den presseernannten Experten um »lügende, zynische Propagandisten« der Verelendung, die ihre CO_2-Geschichten selbst nicht glauben, oder postenhalber zu vertreten haben, wie Kerstin Steinbach in KB 217 (siehe oben, S. 72ff.) ausgeführt hat.

D. S.

Kontinuitätsdokumente

(aus: KETZERBRIEFE 37, März 1993)

Strategien zum Umweltschutz –
Bevölkerungsreduktion oder Senkung des Lebensstandards?

Eine Vorbemerkung muß den Umständen gelten, unter denen dieser Beitrag entsteht: er sollte nämlich eigentlich in mündlicher Form, d.h. vor allem in der Hoffnung auf eine offene und ausführliche Diskussion mit allen am Thema Interessierten, in Darmstadt gehalten werden.

Diese Veranstaltung wurde, wie wir dies in den KETZERBRIEFEN 32 ausführlich berichteten, in einer konzertierten Aktion von Staatsgewalt und schlägernden Pogromhelden verhindert. In schwindelerregender Geschwindigkeit werden gegenwärtig unerwünschte An- und Einsichten städteweise von jeder **öffentlichen** Auseinandersetzung abgeschnitten – nach Göttingen, nach Mainz jetzt Darmstadt, und in vielen anderen Städten droht der gleiche Ablauf, nachdem die rückgrathassenden, ironischerweise sogenannten Autonomen nun nur noch als Unterabteilung der Staatsgewalt auftreten und damit für sie die klassische Definition des Faschismus erfüllt ist, für den sie schützenden Staatsapparat mindestens die der späten Weimarer Republik.

Wenn keine andere Wahl bleibt, sollen unsere Thesen **wenigstens** in dieser Form erhältlich sein und besonders **erhalten bleiben**. Aber niemand täusche sich über die Bedeutung unserer schriftlichen Äußerungen als allerletztes Refugium – was nichts weniger ist als die Aufforderung, mit kühlem Kopf für andere Zustände zu kämpfen, an jeden!

Das Thema des geplanten Vortrags ist bedrohlich – die Umstände, unter denen er nicht stattfinden konnte, sind von gleicher Qualität. Trotzdem nun zur Sache, denn der endgültige Triumph der Faschisten ist erst der leider drohende Untergang des unabhängigen Denkens.

*

Seit etwa 12 Jahren ist der Umweltschutz zum vieldiskutierten Thema geworden, in den letzten Jahren so beliebt, daß kein Parteiprogramm, kein Presseorgan sich lumpen läßt: je grüner, desto besser; welch Wunder für eine ehemalig als oppositionell angepriesene Bewegung.

Die Umweltschutzbewegung, aus der später die Grünen hervorgingen, nahm mit ihrer Entstehung den Platz der untergehenden Linken ein, die in den 60er Jahren in diesem Staat zum ersten und bisher letzten Mal auf eine gesellschaftliche Resonanz gestoßen war. Der Wille zum politischen, also die gesellschaftliche

Organisation betreffenden Denken und Handeln, die Einsicht, daß gesellschaftliche Fragen auch gesellschaftlich und nicht etwa individuell gelöst werden müssen, verbreitete sich damals – wenn auch zaghaft – mit der Studentenbewegung, bevor ab 1972 dieses zarte Pflänzchen durch eine Art Atomschlag ausgerottet wurde – die Hülle blieb zwar stehen, alle zukünftigen Lebensäußerungen aber waren nach den Schäden des schweren Beschusses verseucht. Dieser entscheidende Schlag waren die Berufsverbote, die unter SPD-Kanzler Brandt die Strafe der Existenzvernichtung auf die oben beschriebene Gesinnung setzten. Aus den bald versprengten, ängstlichen und **unernsthaftesten** Resten der Studentenbewegung bildete sich die »Ökologiebewegung«, von sich behauptend, den Schutz der Natur und Umwelt zum Ziel zu haben, von Anfang an aber durch eines auffallend: durch die Abwesenheit jeder politischen Aussage und in diesem Zusammenhang vor allem die Vermeidung der wichtigsten Frage: der der Überbevölkerung und damit der Geburtenkontrolle.

Die Stichworte der ökologischen Katastrophe, die diesem Planeten droht, sind bekannt genug, als daß sie ausgeführt werden müßten: etwa 100 Tier- und Pflanzenarten sterben pro Tag, der Wald stirbt am sauren Regen, jährlich geht durch Bodenerosion eine Fläche von der Größe Bayerns verloren, Klimaveränderungen, die zur Polschmelze zu führen drohen, die Hautkrebsrate nimmt drastisch zu, weil der Ozonfilter fehlt – usw. usf., und auch die Tatsache der rasant zunehmenden Überbevölkerung und inzwischen sogar ihr Zusammenhang mit der Naturzerstörung sind benannt und bekannt. Im absoluten Kontrast dazu gibt es aber keine einzige nennenswerte politische Kraft, die eine Bevölkerungsreduktion fordert, obwohl seit Jahrzehnten eine Lösung dieser Frage ansteht. Ein Dichter sei hier zitiert, der 1959 folgendes zu Protokoll gab (Arno Schmidt in seinem Roman ›Die Umsiedler‹; kurz vor der nun zitierten Stelle wird eine Flüchtlingszugfahrt beschrieben, bei der eine dümmliche, dem Faschismus nicht abgeneigte Schlesierin ständig was vom »guden Boden« quasselt…). Der Erzähler befindet sich nun mit einer Bekannten auf einem Spaziergang: »*Keine Gardinen vor die vielen Fenster, oben. Ein ganz großer Saal, Du!« – »Ja.« sprach sie zwischen den Zähnen, und zog halb die Augen zu: vor Haß gegen das Drecknest. »Nachher vielleicht noch mal ansehen.« Der Steg schwankte grau über den Bach, (platte Wolkenlarven trafen sich da über jenem Wiesberg), Wind schwang die Grasrassel, regsam, ohne Leben. »Siehst Du sonst einen Baum?« und sie wies angewidert zur Binger Chaussee. »Aber der nimmt doch vom ›guden Boden‹ weg«, empörte ich ironisch, »daselbst können doch Runkeln wachsen!« und schnitt Bedenken gleich ab: »Soll doch Jeder zwei Kinder weniger haben! Da wird sogleich Raum für Gehölze, und der Hunger hört auch auf! Kein Krieg, kein Elend mehr! Meine Stimme kriegt die Partei, die gegen Wiederbewaffnung und für Geburtenbeschränkung ist!«. »Also keine?«. »Also keine.«*

Nach mehr als 30 Jahren ist dieser Zustand genauso aktuell wie das Niveau der »Schlesierin«. Untersuchen wir also kurz, was anstelle einer Geburtenkontrolle von den selbsternannten Umweltschützern vorgebracht wird. Ihre Hauptthese: die böse, böse, bitterböse Industrie sei Ursache allen Übels, Technik und Fortschritt des Teufels und die »Konsumgesellschaft« müsse nun den Weg des Verzichts und der Askese einschlagen, wolle sie nicht untergehen. Nun, wenigstens letzteres weist ungewollt den richtigen Weg, denn richtig ist, daß nur produziert wird, was konsumiert wird, d.h. wo mindestens eine realistische Chance auf Absatz besteht. Schon allein deshalb aber kann niemals die böse, böse Industrie schuld sein, deren Abfallprodukte zwar die Schäden verursachen, die sie aber nicht aus Jux und Dollerei produziert. Gestatten wir uns eine einfache Überlegung: halbiert man die Bevölkerung, braucht nur noch halb so viel produziert zu werden, der Schadstoffausstoß sinkt um die Hälfte, die Umweltschäden aber um ein **Mehrfaches** davon, da alle Schäden durch das Überschreiten von Schwellenwerten ihre jeweiligen Ausmaße annehmen. Unterhalb dieser Schwellenwerte besitzt die Natur eine eindrucksvolle Regenerationsfähigkeit – deshalb folgt sowohl die Zu- als auch die Abnahme der Umweltzerstörung keiner linearen, sondern einer exponentiellen Kurve (mindestens das würde ausreichen, einen erhöhten Konsum bei steigender Lebensqualität proportional auszugleichen). Bleiben wir also bei der Industrie und dem »schrecklichen« Konsum, wäre keine Maßnahme zur Einschränkung desselben besser geeignet als die Bevölkerungsreduktion. – Bleiben wir nicht bei der Industrie, fällt auf, daß die Natur in Ländern ohne dieselbige kein Jota besser dran ist, die Wälder vielleicht nicht dem sauren Regen, dafür aber Platz-, Nahrungs- und Brennholzbedarf der Bevölkerung zum Opfer fallen. Länder wie z.B. China, Indien, Peru sollten des Beweises genug sein, daß der Umwelt weder mit Rückständigkeit noch mit niedrigem Lebensstandard gedient ist.

Wenn in Borneo – wo übrigens, bis jetzt jedenfalls, noch die einzigen wild lebenden Orang-Utans vorkommen – in den letzten Jahren ein Gebiet von der Größe Belgiens abgeholzt wurde, um im Auftrag einer amerikanischen Firma Klopapier daraus herzustellen, dann legt uns die grüne Verzichtsideologie nahe, von nun an postdefäkal zu islamischen Techniken zu regredieren (während das älteste Kulturvolk der Welt schon vor der Zeitrechnung Klopapier benutzte). Abgesehen davon, daß dies gar nicht so übertrieben ist wie es klingen könnte, meinen wir hingegen, daß es einfach zu viele Arschlöcher gibt.

Mit diesem etwas drastischen Beispiel wenden wir uns aber noch einmal der theoretischen Seite zu, nämlich der Frage, was Lebensqualität eigentlich ist.

Jede Gesellschaft hat ein gewisses Maß an insgesamt zur Verfügung stehender Arbeitszeit – der ihrer Mitglieder. Was nun mit dieser Gesamtarbeitszeit, von der der Anteil für Dienstleistungen, Militär und Polizei abgezogen werden muß, um zum produktiven Anteil zu gelangen, tatsächlich an Gütern hergestellt werden kann, hängt ab vom Stand der Produktivkräfte. Wie viele Pullover z.B. in einer bestimmten Zeit produziert werden können, hängt davon ab, ob sie selbst gestrickt oder industriell hergestellt werden. Der Stand der Produktivkräfte ist also entscheidend für die Gesamtmenge der Produktion und damit für den durchschnittlichen Lebensstandard einer Gesellschaft (die Frage der gerechten oder ungerechten Verteilung lassen wir erst einmal beiseite, weil die erste Frage ist, was und wieviel überhaupt verteilt werden könnte). Sinkt nun der Stand der Produktivkräfte, d.h., wird der Aufwand für die Herstellung eines Produktes größer, **sinkt** der Lebensstandard; diese Wirkung tritt also ein, wenn beispielsweise primitive (sog. »natürliche«) Produktionsmethoden hoch technisierten vorgezogen werden, aber auch, wenn besondere Techniken, z.B. Filteranlagen o.ä. zum Schutz der Umwelt, verwendet werden. Zusätzliche technische Vorrichtungen müßten selber produziert werden, verbrauchten damit aber gesellschaftliche Arbeitszeit in einem unproduktiven Bereich – Folge ist also tendenziell die Senkung des Lebensstandards.

Selbstverständlich sind an vielen Stellen auch technische Maßnahmen zur Reduktion des Schadstoffausstoßes sinnvoll und notwendig. Die Frage stellt sich aber nun noch einmal prinzipiell: Geburtenkontrolle oder Senkung des Lebensstandards?

Alle uns von grün-offizieller Seite angepriesenen Vorschläge zum Schutz der Umwelt – zwischen Autofahrverbot und Klopapierrecycling gewissermaßen – nützen nur mäßig dem Naturschutz, hätten aber außerordentlich einschränkende Wirkung für jeden einzelnen. Umgekehrtes Verhältnis bei umgekehrtem Ziel: Die Bevölkerungsreduktion könnte auf Dauer diesen Planeten retten und gleichzeitig Wohlstand für alle **ermöglichen** (und wenn die gerechte Verteilung nicht vom Himmel fällt, muß man dafür kämpfen, aber das ist, wie gesagt, ein anderes Thema, zu dem wir allerdings einige Vorschläge hätten).

Es stellt sich die Frage, warum – wenn die Vorteile doch so klar auf der Hand liegen – eine Geburtenkontrolle nicht nur nicht gefordert, sondern heftigst verketzert und bekämpft wird. Wer hat ein Interesse an der Überbevölkerung, wem nützt sie?

Greifen wir zur Klärung dieser Frage auf historische Fakten zurück. Zwar gab es – mit einer sehr kurz dauernden Ausnahme – nie eine absichtlich und erfolgreich durchgeführte Bevölkerungsreduktion, umso häufiger aber rapide gesunkene Bevölkerungszahlen als Auswirkungen von Seuchen oder Kriegen. Wohl kaum muß man hinzufügen, daß dies keine Alternativen zu einer vernünftig geplanten und auf Humanität beruhenden Geburtenkontrolle sind (wir tun es trotzdem, weil wir den fdGO-Reflex kennen), interessant sind aber die Auswirkungen der Bevölkerungsreduktion, die wir am Beispiel der Pest im Mittelalter oder der letzten Weltkriege studieren können.

Die Nachkriegs- bzw. Nachpestzeiten wiesen eine Besonderheit auf, die sie von allen Zwischenepochen schied: eine plötzliche Anständigkeit von Hausbesitzern und Kapitalisten war auszumachen, während sich die Löhne verdoppelten bis verdreifachten. – Warum? Die Zauberformel hieß Vollbeschäftigung, also das Vorhandensein von gerade so vielen Arbeitsplätzen wie Arbeitsuchenden. Wessen Phantasie nicht ausreicht, sich die Auswirkungen dieser Situation auszumalen, möge die Schweiz als Beispiel nehmen, in der bis vor noch etwa 2 Jahren Vollbeschäftigung herrschte. Von den – auch heute noch – bis zu 2,5mal höheren Löhnen gerade in mittleren bis höheren Lohnkategorien abgesehen, sprang vor allem die gänzlich andere Atmosphäre an Schweizer Arbeitsplätzen ins Auge; viel eher stand die Korrektheit an Stelle der Schikane, viel eher die Solidarität an Stelle der Denunziation. In dem Bewußtsein, seine Stelle jederzeit wechseln zu können, ließ sich nicht so einfach jeder gegen jeden ausspielen, und wenigstens die Grundprinzipien der Fairneß mußten eingehalten werden – ob die sog. »Arbeitgeber« wollten oder nicht.

Als in Westdeutschland ein solcher Zustand drohte – einmal nach dem 2. Weltkrieg, einmal als Folge des Pillenknicks –, wurde sofort – schneller als man sich's versah – gegengesteuert: erst waren es die Gastarbeiter, jetzt sind es die Aussiedler, die das Kontingent der Arbeitslosen groß halten sollen, damit die Löhne niedrig, die Mieten umso höher bleiben. Damit ist aber auch klar, in wessen Interesse das Zustopfen jedes freien Plätzchens mit Nachwuchs liegt: Es sind diejenigen, die die Anzeigen bezahlen und damit die Presse finanzieren (und manipulieren), diejenigen, die die Parteien finanzieren, diejenigen, die nicht Arbeit »nehmen«, sondern den Profit. Kein Wunder also, daß schon beim leisesten Anzeichen einer Stagnation des Babybooms vor einigen Jahren die Presse dröhnte: »Die Deutschen sterben aus«. Die wirtschaftliche Katastrophe schien schon programmiert, und ein sog. »Generationenvertrag« mußte herhalten, demzufolge das Kinderkriegen Pflicht zur Versorgung der Rentner sein sollte. Was die wirtschaftliche Katastrophe angeht, hieß es, durch sinkende Bevölkerungszahlen werde der Konsum, d.h. der Absatz, sinken, und damit würden Arbeitsplätze, d.h. Betriebe, vernichtet… – aber das genau ist ja der wünschenswerte Sinn der Sache, der höchstens einem nicht gefallen kann: dem Erben jener Fabrik, die **einfach überflüssig** geworden wäre. – Aber auch das zweite Horrorszenario ist nicht weniger plump, denn die Mathematik hilft schnell weiter: Gäbe es in der kommenden Generation in der BRD 3 Millionen Menschen weniger, so würden die so sehr beklagten Renten nicht etwa auf dem jetzigen Stand bleiben, sondern steigen! Da Arbeitslosengeld und Renten nämlich aus dem gleichen Topf der Sozialabgaben bezahlt werden, könnte die **doppelte** Zahl der Arbeitslosen bei der aktiv arbeitenden Bevölkerung eingespart werden, ohne daß sich auch nur eine einzige Mark an den Renten verändert hätte, denn statt der Arbeitslosen könnte eine vergleichsweise höhere Zahl von Rentnern versorgt werden. Es ist also nicht schwer, die Medienpropaganda gegen sinkende Geburtenraten zu durchschauen, wenn man nicht dem denkbedrohenden Satz folgt, dies alles sei »viiiel zu einfach«. Es **ist** sehr einfach – wenn man nur will.

Der dritte und letzte Teil dieses Beitrags wendet sich nach der objektiven und der politischen Dimension der Überbevölkerung nun der subjektiven, der psychologischen Seite zu. Welche Auswirkungen auf das Individuum hat die Naturverarmung, die so rasch fortschreitet?

Spätere Paläontologen werden in unserem Jahrhundert das Ende eines geologischen Zeitalters konstatieren können, wie dies zum letzten Mal vor 60 Millionen Jahren, am Ende der Kreidezeit, festzustellen ist. Ebenso wie die Fossilienfunde dieser Zeit werden jene der Gegenwart einen plötzlichen Artenschwund ungeheuren Ausmaßes belegen; neben Hinweisen auf eine erdrückende Menge an Kunstbauten und Beton wird sich vor allem eine Spezies finden: der Homo sapiens mit einigen wenigen andersartigen Hausgenossen und Nutztieren.

Die Zerstörung aller leidlich zusammenhängenden natürlichen Flächen bedeutet vor allem, daß nichts mehr unabhängig vom Menschen existiert, die gesamte Umwelt gesellschaftlich geprägt, **menschengemacht** ist. Es gibt, wenn man so will, nur noch Menschen, Polizisten, Karnickel. Die Natur aber zeichnet aus, daß man sie nur zerstören oder beobachten kann; sie ist nicht der Anpassung zugänglich und deshalb unabhängig von Lüge und Indoktrination – **sie ist nicht täuflich**. Will man sie verstehen, ist Ruhe und Konzentration notwendig – dann sind durch genaue Beobachtungen und Anwendung des Verstandes Erkenntnisse möglich, die keiner Ideologie gehorchen und deshalb einen Standort gegen die Anpassung bilden. Nicht zufällig entsteht historisch die Aufklärung aus der Naturbeobachtung, die zum ersten Mal die Religion durch Erkenntnisse unbestreitbarer, überprüfbarer, unveränderbarer Tatsachen in die Schranken wies – bestes Beispiel ist Galileo Galilei.

Noch einmal soll an dieser Stelle Arno Schmidt zu Wort kommen (aus seiner Erzählung ›Die Wasserstraße‹, – er befindet sich gerade auf einem Spaziergang): ... – *die beredsamen Gänse; die grasende Pferdesilhouette, ganz ›Spielbein‹, aus schmutzigem Kupferblech; das Hundewägelchen, mit dem Eine, die Oberarme breit wie die Beine von Städterinnen, in Wiesenweiten steuerte; die weißgrau-schweigende Katze auf dem Erlenstumpf: »Ich schätze diese Tiere – doch: Pflanzen auch – fast über Gebühr; allein schon deshalb, weil sie sämtlich Nicht-Kristn sind«.*

Die Beobachtung der Natur ermöglicht eine geistige Unabhängigkeit, die nicht oder nur viel, viel schwerer zu erreichen ist, wenn dauernd jemand auf einen einquasselt, wenn alles kommentiert wird, so wie es in Schule und Familie beständig der Fall ist. Dieser subjektive Wert der Natur geht aber nun vollkommen verloren, wenn sie sozusagen nur noch unter Glas existiert, d.h. alle Nas' lang ein Schild

»nicht anfassen«, »die Tiere nicht stören«, »leise sein« – während der angestellte Naturschützer schon von weitem seine Ermahnungen brüllt – dafür sorgt, daß man ja nicht auf die Idee kommt, frei – von Aufpassern und Verpflichtungen – zu sein. Die heute noch existierenden Kleinst-Biotope und Naturschutzgebiete haben diese »Qualität« – die Möglichkeiten zur freien Entfaltung der Person, zum Experimentieren, Untersuchen und zum Beobachten, unterscheiden sich nicht mehr wesentlich von denen einer Bildschirmnatur. Gibt es keine Anschauungsobjekte mehr, die wirklich autonom, unabhängig vom Menschen sind, ist dies genauso verheerend für die Entwicklung einer aufrechten Person wie die objektive Dimension verheerend für diesen Planeten und seine Bewohner ist.

Der Maßstab für eine ausreichende Bevölkerungsreduktion sollte sein, daß die Regenerationsfähigkeit der Natur wieder so weit hergestellt ist, daß nicht ein zerquetschter Frosch, nicht 10 gefangene Libellen, aber auch kein Ruhrgebiet langfristige Folgen haben und genug Natur zur Anschauung, zur Schulung des Denkens und als Standort gegen die Lüge besteht.

Fritz Erik Hoevels

Dem Leser sei auch die Tonaufnahme eines früheren Vortrags des Autors zum selben Thema (mit – auch als zeitgeschichtliches Zeugnis – interessanter Publikumsdiskussion) empfohlen:

Vortrags-CD Nr. 20, Fritz Erik Hoevels, Strategien zum Umweltschutz: Geburtenkontrolle oder Reduktion des Lebensstandards?, Karlsruhe, November 1988, Ahriman-Verlag, 3 CDs: € 12,50, ISBN 978-3-89484-045-7

(aus: K<small>ETZERBRIEFE</small> 91, Dezember 1999)

Nicht willkommen, sechsmilliardster Erdenbürger!

In einem der letzten Exemplare der Zeitschrift ›Geo‹ (10/99) – mit der größten »meinungsmachenden« Funktion aller Zeitschriften wenigstens im deutschen Raum auf die sog. »kritische Intelligenz«, die es wohl gibt – erschien nicht nur ein Titelartikel unter der gleichen Überschrift, aber ohne die Negation, sondern auch eine Weltkarte zur Bevölkerungssituation der Erde, in welcher nur wenige Kommentare auftauchen, aber dafür einer, und zwar ein drastischer, über die BRD: wegen deren auf natürlichem Weg schwindender Bevölkerung sei »zur Sicherung der Renten« Einwanderung »erforderlich«. Das liest sich, als wenn es ebendort keine Arbeitslosen gäbe.

In Wirklichkeit ließen sich die Renten bei sinkender Bevölkerung viel **leichter** sichern als bei stagnierender oder gar wachsender; denn da von der nachwachsenden Generation, falls diese groß genug ist, um die natürlichen Abgänge demographisch zu ersetzen (und erst recht, wenn sie größer ausfällt), aufgrund des hohen Standes der Produktivkräfte unter den gegebenen Bedingungen, d.h. des Achtstundentags oder sogar längerer Arbeitszeit, nur ein Teil überhaupt zur Arbeit zugelassen wird, andererseits aber nur dieser Teil von seinen Überschüssen überhaupt etwas abgeben **kann**, muß er dieses, wenn jene nicht sterben sollen, auch an seine **gleichaltrigen** Arbeitslosen abgeben, und dieser Teil fehlt natürlich den durch Alter oder Krankheit bzw. Unfall Arbeitsunfähigen, also den Rentnern; Geburtenüberschuß oder gar Einwanderung in ein Land mit Arbeitslosen **drückt** also die Renten statt sie zu »sichern«. Und sollte der utopische Fall eines echten Arbeitskräftemangels in einem Land mit schrumpfender Bevölkerung und daher sich dicht vor ihrem Exitus gerade noch einmal erholender Natur wirklich eintreten (so daß also die Produktion verringert werden müßte, eigentlich eine erleichternde Perspektive für die sogenannten »Umweltschützer«), dann hätte nichts die Rentenkassen daran gehindert, ihren Besitz im – von dieser Schrumpfung nicht erfaßten – **Ausland** anzulegen, eine für die USA und Japan wahrlich nicht besonders sensationelle Anlageform. –

Alle diese einfachen und zwingenden Gedanken waren zu Methusalems Zeiten auch schon in sinnvoll-ruhiger Vortragsweise im STERN zu lesen gewesen (um die damalige Regierung gegen den Vorwurf der »Rentenunsicherheit« zu stützen); inzwischen spuckt ›Geos‹ Schwesterblatt freilich schon lange ganz andere Töne.

Wir haben uns zum Thema schon öfter geäußert und können uns daher kurz fassen (siehe v.a. KETZERBRIEFE 37). Aber in einer Hinsicht entspricht die haarsträubende ›Geo‹-Propaganda im unverschämt erschlichenen Gewande der Wissenschaftlichkeit sogar einem Stückchen Wahrheit: der Lohndrückerimport nach Deutschland und vielen vergleichbaren Ländern sichert insofern die Renten, als er das **Elend** importiert und dadurch die Exportgüter industrieller oder gar landwirtschaftlicher Herkunft konkurrenzfähig macht (unter den Bedingungen der sogenannten Globalisierung entscheidet über die Konkurrenzfähigkeit auf dem Markt, allen schwindenden »Infrastrukturvorteilen« und High-tech-Spezialisierungen zum Trotz, welche höchstens Verzögerungseffekte wie bei den absterbenden Freien Reichsstädten der frühen Neuzeit bzw. Manufakturperiode bewirken können, immer das billigste Angebot, und das ist spätestens mittelfristig das mit den niedrigsten Löhnen und »Lohnnebenkosten« erzielte). Er erspart außerdem den Konzernen, also den Kapitalisten, die da sitzen in den Aufsichtsräten und die da schöner wohnen denn die Kleinbürger und Götter, vor allem die Mühe und das Ärgernis der Kapitalflucht. Insofern »sichert« der Import des Elends die Renten, schon indem er die Lebenserwartung saftig senkt, aber nur Elendsrenten.

Damit dieser laut ›Geo‹ so wohltätige Import anhalten kann, dürfen die Elenden dieser Welt, in deren Ländern die Arbeiterklasse nie eine Aufstiegsphase gekannt hat und deren Enkel daher auch keine Sozialleistungen, die auch nur minimal echt wären, niemals auf den Geschmack am Leben kommen – sie sollen werfen, nicht leben. Denn würfen sie nicht, so begännen sie bald, zu leben – sie hätten ja auf einmal Zeit und Nerv und Atem dazu, könnten sogar klüger werden durch Neugier und Fleiß statt Lähmung und Erschöpfung, und begännen sie zu leben, so hörten sie auf, zu werfen, genau so wie ihre – noch – glücklicheren europäischen und teilweise sogar nordamerikanischen Mitmenschen, heute noch vor allem Italiener und Luxemburger. (Die Deutschen sind dagegen im EU-Raum der Tendenz nach die Spitzenreiter der Verelendung; ihren Platz in der Prosperitätsfolge der Welt haben sie – nach unten – mit Österreich getauscht, ein kollektiver Lohn für Haiderstimmen und eine kollektive Strafe für das Schlucken der Anti-Schönhuber-Propaganda, und ihr Land ist das einzige im EU-Raum, das in diesem Jahr **gar kein** Wirtschaftswachstum aufweist – das müßte ›Geos‹ Sorgen vertreiben, denn Elend macht gebärfreudig, und die entsprechende »Trendumkehr« hat folgerichtig längst begonnen, zum Schaden von Rentenkasse und Natur.)

Nun, diese Vorgänge und Zusammenhänge lassen sich sehr leicht verstehen; der Wahrheitsgehalt des zum Ideologem entarteten Schlagworts vom »Generationenvertrag« reicht ja nur so weit wie der Bedarf an Arbeitskräften aus eben jener nächsten Generation, und der liegt eindeutig **unter** der Gesamtzahl der Angehörigen der vorangegangenen, wenn man nicht zum Fünf- oder sogar Vierstundentag übergehen will. An Fortbestand der Überbevölkerung und menschheitlicher Wachstumsrate aber ist die herrschende Klasse vital interessiert: nur sie garantiert faktische Rechtlosigkeit der erdrückenden Mehrheit des Volkes, niedrigste Löhne und leidlich rentable Mieten und Grundrenten (siehe dazu das zu wenig beachtete, gewöhnlich den Hitlerkonkordatskirchen nützende Institut der »Erbpacht«).

Nicht nur die eigentlich herrschende Klasse bemerkt und kennt diesen Zusammenhang, auch ihre aller-, alleruntersten Ränder bekommen ihn zu schmecken. Wer so glücklich ist, sein Alter durch Besitz statt durch stets von Staatswillkür abhängige Rentenanwartschaft sichern zu wollen, kann dies nur durch Grundbesitz tun (Erbanwärter nehme ich aus; allerdings gibt es viele, die sich zur Freude ihrer allzu eingebildeten und illusionsliebenden, doch sozial durchaus schwachbrüstigen Eltern einreden, welche zu sein, und nicht sehr viele, die es wirklich sind). In diesem Fall stößt er (oder sie, aber das ist nun wirklich wurscht) sehr schnell auf den Ernst der Zins-Institution, d.h. bis er in den Besitz der angezahlten Immobilie gelangt ist, deren Erträge – und deutlich unter einer Million DM Wert tun sie's nicht – seinen Lebensabend staatsunabhängig sichern sollen, muß er sie etwa zweimal bezahlen, einmal an den Vorbesitzer, noch einmal an die Bank, und diese Million Euro will erst einmal verdient sein. In der Zwischenzeit heißt das Zauberwort des Schreckens »Leerstand«, und dieses Zauberwort kann einen, besonders wenn man Immobilien im eroberten Osten gekauft hat, zusammen mit seinen mittelbaren Folgen wie Mietsenkung und Mieteransprüchen, zum echten DVU-Feind machen. Denn hätte man noch mehr arme Teufel erfolgreich in die Städte geknallt, dann würden diese nicht nur sehr fügsam, sondern auch die Mieten stiegen drastisch, und die Bank, nach dem angezahlten Eigentum des rackernden Kleinbürgers mit gelassener Gier schielend, müßte ihren Würgegriff widerwillig lockern. – Für Löhne gilt reziprok und diesmal überregional, wo nur überhaupt produziert wird, dasselbe; doch wenngleich zu hoffen ist, daß ein paar Leser vielleicht wirklich zur Kategorie des sich mühsam freikaufenden Kleinbürgers zählen und daher dessen Erfahrungen machen, statt, was viel weniger bewirkt, sie sich nur vorstellen zu müssen, so dürfte doch kein einziger die Sorgen eines echten Kapitalisten persönlich kennen, daß die Arbeiterklasse durch die Wiederkehr von Wirksamkeit der Streikwaffe ihren sozialen Anteil am Bruttosozialprodukt (pro Person; dessen empirisch kontinuierliches Sinken Jahr für Jahr ist exakt das, was die marxistische Theorie »Verelendung« nennt, die »relative Verelendung« nämlich) sowie ihre Menschenwürde zurückerobern könnte, mit all den für ihn so ärgerlichen bis fatalen Folgen, deren Abwehr nichts Geringeres als einen Hitler und dessen Kollegen nötig gemacht hatte, als das zum gleichen Zweck verabreichte sozialdemokratische Gift seinen Nutzen einzubüßen begann. (Aber inzwischen wirkt es wieder ganz prächtig, kann sogar allmählich durch die absolut und weltweit gleichgeschalteten »Medien« direkt ersetzt werden.)

Diese Überlegungen ökonomisch-politischer Art, deren unerbittlich unvermeidliches Produkt unser »sechsmilliardster Erdenbürger« und alle unaufhörlich hinterherströmenden Fortsetzungsbälger sind, strahlen eine staatsbürgerliche Reife aus, die empirisch fast nur ein ökonomisches Subjekt statt Objekt erreichen kann. Ein bloßes Objekt, das seine Versorgung nicht durch ökonomische Erpressung zu erzwingen gedenkt, damit andere für es arbeiten müssen, wenn es selber nicht mehr arbeiten kann oder darf, sondern niemals selber nachgerechnete Beträge an eine anonyme, von anonymen anderen verwaltete Rentenkasse abtritt in der Hoffnung, daß dafür dann eines Tages deren staatliche oder halbstaatliche Verwalter andere dann zwingen werden, für einen zu arbeiten, wenn man nicht mehr arbeiten kann – ein solches auf Gnade und Wohlwollen Mächtiger angewiesenes ökonomisches Objekt, auf jeden Fall Nicht-Subjekt, hat ganz andere Schwierigkeiten als ein solches noch so bescheidenes, aber doch Subjekt, die bestehenden praktischen und rechnerischen Zusammenhänge zu erfassen, sie nicht als Konstruktionen zu empfinden, deren Nachvollzug Mühe macht, statt sie als unmittelbar wirksame Tatsachen zu erleben, und entwickelt politisch wie ökonomisch außerordentlich leicht »Fürze im Hirn«, am windigsten und übelriechendsten natürlich im Durchschnitt bei Lehrern, Professoren oder gar Sozialarbeitern, da sie der ökonomischen Aktivität am fernsten, der Ideologie und staatlichen Gnade dagegen am nächsten stehen, und dieses Schicksal ist inzwischen, sehr im Gegensatz etwa zur Zeit der Französischen oder auch Russischen Revolution, einem wachsend gigantischen Prozentsatz beschieden. Von der umstandsbedingten Entstehung realistischer Übersicht im Kopf existentiell abgeschnitten, steht er in der an die Absolutheitsgrenze heranrückenden Gefahr immer verachtenswerterer und groteskerer geistiger und staatsbürgerlicher Infantilisierung. Und so bleibt die zwangsläufige Herkunft des ganz und gar unnötigen sechsmilliardsten Erden»bürgers« dem inneren Auge der erdrückenden Mehrheit unsichtbar, obwohl sie, die Wahrnehmung dieser einfachen Zusammenhänge einmal vorausgesetzt, mit Händen zu greifen ist.

So aber ist er doch geboren worden, und ungezählte andere erst Scheißerchen, dann Lohndrücker drängen ihm unerbittlich nach, Elend verbreitend und Verwüstung, zunächst völlig unabhängig von ihrem eigenen Willen, später meist automatisch durch unentrinnbare Verdummung und Devitalisierung, welche beide so beherrschbar und fruchtbar machen. Opfer ist nicht nur der größte Teil der Menschheit, die ohne jede Perspektive immer erbärmlicher und elender zusammenrücken muß, sondern der ganze belebte Teil des unglücklichen Planeten.

Die Streikbrecher auch bei der Streikbrecherproduktion sind also die Armen, konzentriert in den Ländern der Armut; vielleicht abgesehen von ihrem islamischen Teil tun diese, vermittelt durch CNN und Tourismus, nichts lieber als die Industriestaaten zu kopieren, und es wäre nichts leichter gewesen, als sie, z.B. durch Untergrabung ihrer meist sehr üblen Sexualmoral sowie der Erpressungen des IWF, zur Geburtenkontrolle zu erziehen, nicht anders als die Unseren zur aufgrund dieser Unterlassung so verspottend sisyphushaften Mülltrennung. **Das** aber wäre gar nicht im Sinne des Monoimperialismus: er braucht geistige Sklaven und haltlose Lohndrücker, nicht kluge und glückliche Menschen. Und so schreitet die lohndrückende, bürgerrechtszermalmende, naturvernichtende Menschenlawine voran, im Interesse der herrschenden Klasse.

Eine »Festung Europa«, die ihren Wohlstand und ihre natürliche Schönheit offensiv und sachlich zutreffend aus ihrer Geburtenkontrolle abgeleitet hätte, wäre gewiß so ungerecht gewesen wie das Recht auf Erbschaft, da es auf unverdientem Zufall beruht, aber sie hätte ein **Modell der Hoffnung** für den Rest der Welt abgegeben, den erlebbaren Beweis, daß es Besseres geben kann als das elende Minimum, Freude statt Not, Freiheit statt Zwang, Wissen statt Glotze, Ruhe statt Hektik, Würde statt Knechtschaft, Kontemplation statt Tretmühle, Schönheit statt Sonderangebot, Wissen statt Beten und Plappern, Sexualität statt Fortpflanzung. Nur Sichtbares überzeugt: aber dazu muß es existieren. Eine lohndrückerfreie, ihren ehemaligen Kolonien gegenüber faire »Festung Europa« (stark genug, um den gierigen Uncle Sam zu bändigen) hätte der Welt ein Leuchtturm sein können, ein lebendes Modell für die Erreichbarkeit ehrgeizigerer Ziele als des knechtischen Vegetierens. **Aber dazu hätte sie eine Republik der Freien und Gleichen sein müssen, nicht selber untertan den US-Monopolen und ihren wenigen Juniorpartnern.** Und so geht die zerstörerische Gebärerei unerbittlich weiter, die Lebenserwartung sinkt zusammen mit der durchschnittlichen Zahl der Zähne und reziprok zur Zahl der Menschen, der letzte Kubikmeter Luft, der frei hätte geatmet werden können, wird verwaltet, die Natur weicht restlos und gnadenlos dem »Naturschutz«. Sozialismus oder Barbarei: es ist die Barbarei geworden. Das nächste Jahrtausend wird für die Menschheit das schlimmste werden.

Nein, nicht willkommen, Sechsmilliardster!

Und wenn es tausendmal schallt: »Wußten Sie schon, daß ein bengalischer Bauer weniger verbraucht als ein deutscher oder nordamerikanischer Sozialhilfeempfänger?«, dann wünsche ich diesen Lohnschreibern dessen Klo, Nahrung, Zahnzahl und Lebenserwartung. Sicher gehen noch mehr Sardinen in die Kiste, aber müssen sie denn?! Eine halbe Milliarde Menschen könnte **gut** leben, sehr gut sogar, lange, klug und schön: besser als jede Generation zuvor! Und wenn es immer tönt, der arme Landwirtschaftsteufel aus Bangladesch, meist freilich fakultativer Pogromist, das zeigt Taslima Nasrin, durch geistige Entbehrung und Erziehung, schade durch sein kurzes und schlechtes Leben seiner Umwelt doch soooo wenig, im Gegensatz zu erträglicher lebenden Menschen, dann sei gesagt, daß er durch gesteigerte Produktion **noch viel** mehr armer Teufel aufgrund persönlicher Perspektivlosigkeit durch Zünden der Uterusbombe in der nächsten Generation noch bedeutend mehr Umweltschäden bewirkt als seine etwas bessergestellten Klassengenossen anderswo. Und da die »Grüne Revolution« in Bengalen, dem gepriesenen, allmählich ihre Grenze erreicht hat, müßte sein »umweltfreundliches« Los in der nächsten Runde eigentlich durch eine Hungerkatastrophe beendet werden, würde es nicht statt dessen eine Auswanderungswelle, und die Welt zur Freude aller »Grünen« und Päpste ein Megabengalen.

Es hätte nicht sein müssen, es müßte nicht sein. Die herrschende Klasse hat den sechsmilliardsten Erden»bürger« bestellt, sie hat ihn bekommen. Wir haben ihn nicht bestellt.

Es ist schade, daß die Menschheit es nicht geschafft hat, ihre herrschende Klasse zu stürzen und etwas Gutes und vor allem Schönes aus ihrem Planeten zu machen; jetzt wird er zur Strafe dafür versaut. Aber die Bedrohung kam **nicht** aus dem Weltraum.

Nein, nicht willkommen, Sechsmilliardster! Den Tieren nicht, den Pflanzen nicht, und von den Menschen nicht denjenigen, die diesen Artnamen zu Recht tragen.

Fritz Erik Hoevels

(aus: KETZERBRIEFE 133, Mai/Juni 2006)

Bockprämien und Rentenklau
oder: Das demographische Probleeeeem

Es ist voll, und es wird immer voller.
Es ist eng, und es wird immer enger.
Es ist armselig, und es wird immer armseliger.

Und die Lösung?! – Die Deutschen brauchen mehr Kinder, dafür gilt es zu motivieren, stimulieren, vergünstigen, belohnen. Wie in allen nennenswerten Punkten
sind sich sämtliche Kartellparteien einig, überschlagen sich in immer penetranter
werdenden Beteuerungen und Bekenntnissen zur Familien- und Kinderförderung,
feilschen mit gewichtiger Miene um deren Ausmaß und »Ausgestaltung«: hier ein
Kindergeld, da ein Freibetrag, dort ein von Steuergeldern finanziertes Plakat mit
selig dreinblickendem Dickbauch und sonnenscheinigstem Kinderlachen. Man
kann sich dem propagandistisch aufgedrängten, breitgetretenen Familien»glück«
immer weniger entziehen und soll dies auch nicht, denn dem Zweifler am grellen Kleister soll der Zweifel doch vergeh'n. Sogar die altertümlich-verstaubte
und sonst eher mißmutig verschwiegene Verfassung kommt zu inzwischen seltenen Ehren und wird an dieser Stelle unermüdlich im Munde geführt: Steht nicht
in Artikel 6 die Familienförderung zwingend festgeschrieben, nicht wahr?! Das
stimmt zwar so keineswegs, aber nennen Sie mir dafür auch **einen** substanziellen
und sehr wohl eindeutig formulierten Verfassungsartikel, der eingehalten würde…
Wen juckt's?! Die Schreiberlinge der gleichgeschalteten Regierungspresse jedenfalls
nicht. Kein Exemplar derselben, allerdings aber auch nicht die Organe der »rechten«
Opposition um NPD und DVU, die sich an anderen Stellen durchaus wohltuend
vom Presseeinheitsbrei abheben können, versäumt es, in regelmäßigen und immer
enger werdenden Abständen die Kindermüdigkeit der Deutschen zu beklagen und
anzuprangern und »Konzepte« zur Beseitigung bzw. Anhebung des wie selbstverständlich als Mißstand charakterisierten statistischen Mittels von etwa 1,4 Kindern
pro Frau in diesem Lande auszuposaunen. Der Schwerpunkt der Begründung
für die angeblich zwingende Notwendigkeit der Anheizung des Gebärverhaltens
ist von Kartell bis zum in Ungnade gefallenen »rechts« immer identisch: das »demographische Problem«, sprich die viiiielen Rentner, deren Renten wegen der
sooo wenigen Kinder angeblich nicht mehr bezahlt werden könnten. Daß es sich
dabei um die gleiche, mit Staatsknete verbreitete Pseudologik handelt wie bei der

Rechtfertigung von Massenzuwanderungen ausländischer Lohndrücker, deren Stopp ja das erklärte Kernziel der »Rechten« ist, scheint an dieser Stelle auch jenen nicht auffallen zu wollen, an der Gebärfront wird der Regierungskanon jedenfalls unermüdlich mitgesungen – außer uns, d.h. freilich der leninistischen Linken, gibt es überhaupt keine öffentlich wahrnehmbare Gegenstimme, und diese ist leider *noch* zu leise –, wobei die Betrachtung des Themas unter explizit nationalem Aspekt unangenehm kurzsichtig ist. Entsprechende Artikel (»Die Deutschen sollen nicht aussterben«) als »rechts« verbellter Zeitungen werden an dieser Stelle auch nicht besser, wenn Vorschläge zur Finanzierung der deutschen Gebärfreudigkeit mit sonst gar nicht so leicht zugänglichen Zahlen tatsächlich empörender Ausplünderung des Landes angereichert sind: der deutsche Steuerzahler ist z.B. Spitzenfinanzierer der EU mit jährlichen **Netto**zahlungen von derzeit rund 8,5 Milliarden Euro!!! (dank einer der ersten Staatsaktionen von Pappnase Merkel sollen es für 2006 sogar 10 Milliarden werden) – im übrigen könnten diese schönen Milliarden ja auch direkt in die Rentenkassen fließen. Aber entscheidend ist doch, daß Arbeitslose wie Rentner aus dem gleichen Topf bezahlt werden, und Arbeitslose sind definitionsgemäß **nicht** im Rentenalter, sondern sollen doch durch ihre Arbeit, die freilich nicht gebraucht wird, besagte Renten »sichern«.

Vor der Diskussion besagten, vielbewegten »Probleeems« betrachten wir die Gebärpropaganda kurz im historischen Kontext. Die NPD/DVU-Organe flankieren den genannten Argumentationsschwerpunkt mit einem betonten Bekenntnis zu den ihrer Ansicht nach hohen Werten von Heim und Familie, Mutterschaft und auch Religiosität (ihre Papstanhimmelung ist wirklich ätzend!). Sie stehen der Berufstätigkeit von Frauen deshalb eher übelwollend gegenüber und versprechen sich von der angeblich segensreichen Rückkehr zu den angeblich »klassischen Werten« (also denen der Religionen und deren Abzweigungen) durchaus einen Anteil bei der Heilung gesellschaftlicher »Krankheiten«. Sie sind an dieser Stelle also *wirklich* »rechts«, so offen reaktionär wie die Kirche selbst, und stehen hier tatsächlich in faschistischer Tradition – man denke an Hitlers Mutterkreuze und die Kampagnen der Nazis gegen die Berufstätigkeit der Frauen, aber auch an die vorbildgebenden Kirchenverbote und -strafen für abtreibende Frauen und die Verlautbarungen sämtlicher Päpste gegen jede Form der Empfängnisverhütung im Verlauf ihrer 2000jährigen Geschichte. Ihr faktischer Anti-Imperialismus, der einige Prozent ihrer Zeitungsseiten tatsächlich wahrheitsfreundlicher und angenehmer macht als den Propaganda-Eintopf des gleichgeschalteten Unisonos, ist nicht echt, nicht links, so wenig wie bei den meisten islamischen Israel-Kritikern; er ist dem historischen Zufall geschuldet, der aus potentiellen Tätern aktuelle Opfer gemacht hat, und als solche können sie sich freilich an *dieser* Stelle mehr Wahrheitsliebe und Gerechtigkeitssinn gestatten als gänzlich identitätslose Stiefellecker – aber wo bliebe ihr Anti-Imperialismus wohl, wenn Imperialist Hitler gewonnen hätte?! Die Stiefellecker *aller* Imperialisten freilich eint der selbstbestimmungsfeindliche, eben genuin »rechte« Geist, und der kommt bei unserem Thema besonders deutlich heraus.

Die Regierungspropaganda (die Propaganda jener Gewalthaber also, die zwischen sich und der NPD/DVU heuchlerisch einen gigantischen Abgrund zu suggerieren suchen) beschwört den hohen Wert von Kindern und Familie ganz genauso und kriegt sich inzwischen gar nicht mehr ein vor lauter Vereinbarkeit von Berufstätigkeit der Frau mit Kind und Kegel, die es zu fördern gelte. Nun, der Unterschied zum Mutterkreuz ist verschwindend, und ursächlich spielen hier keine humanen Gleichheitserwägungen die entscheidende Rolle, sondern die anvisierte Rückkehr in Arbeitsverhältnisse des industrialisierten 19. Jahrhunderts, wo aus schlichter wirtschaftlicher Not alle Familienmitglieder (am Ende auch die Kinder) zum Allernotwendigsten beitragen mußten – Modell »Ein-Euro-Job für alle!«. (In diesen Zusammenhang paßt, daß die in den 50er Jahren explizit zur Förderung von Hausfrauenfamilien eingeführte Steuerbegünstigung – das sogenannte Ehegattensplitting, nach dem das Gehalt des arbeitenden Mannes zur Steuerberechnung hälftig auf die parasitierende Hausfrau gerechnet und so niedriger versteuert werden konnte – ins Abschaffungsgerede gekommen ist – auch dieser Mohr hat seine Schuldigkeit also bald getan.) Die ausgehaltene Hausfrau ist ein ekliger, keineswegs aber zwingender (!) Begleiteffekt der relativen Wohlhabenheit; im Zeitalter der breiten Verelendung und Zerstörung des Mittelstandes wird sie verschwinden; neben einem Kinderberg wird Muttern dann zumindest putzen gehen müssen.

Kommen wir zum Unisono-Kernpunkt der »Mehret-Euch!«-Propaganda zurück: Die zunehmende Überalterung der Gesellschaft erhöhe also den Rentenbedarf, deshalb müßten mehr spätere Arbeitslose geboren werden, damit diese Renten gezahlt werden könnten, und außerdem seien die nicht enden wollenden Rentenstreichungen eine Art gerechte Strafe für den »Gebärstreik« der Deutschen. Nun liegen mehrere Gegenargumente bei Anwendung der Logik wirklich sehr zwingend auf der Hand, wir haben sie auch schon öfter diskutiert.[1] Mir ist aber nur äußerst selten begegnet, daß auch nur ein einziges in einer beliebigen Diskussion ohne Anregung von unserer Seite auch fällt. Selbst die doch immerhin zahlreichen Kinderlosen sind in persönlichen Gesprächen in der Regel sehr defensiv und reproduzieren oft sogar selbst noch den besagten Pressemüll. Diese auffallende, massenhafte Hirnschwäche spiegelt den zunehmenden ideologischen resp. Gewaltdruck wider, genau wie das amnestisch vererbte Nachbeten der weltweit verbreiteten Lüge von angeblichen Massenvernichtungswaffen im ausgebluteten und schikanierten Irak (deren Wiederholung jetzt beim Iran zu vollbringen ist). Ohne diese Hirnverrenkungen bleibt allerdings 1+1=2 und nicht 3 oder vielleicht 4, wobei bei der Gebärfrage eine themenspezifisch gesteigerte, besonders argumentresistente, äußerst schnell ins persönlich Projektive umschlagende, erklärungsbedürftige Dämlichkeit ins Auge springt. Also noch einmal:

1. Jeder der etwa 38 Millionen Erwerbstätigen des Landes erwirtschaftet die **Renten** für die derzeit etwa 20 Millionen Rentner **und** die **Bezüge der** etwa 5 Millionen **Arbeitslosen** (unter Hinzurechnung der nicht registrierten und der »Arbeitslosen in Maßnahme« sind es der Statistik nach sogar über 7 Millionen!); solange es Arbeitslose gibt, besteht naturgemäß kein zusätzlicher Arbeitskräftebedarf, ergo ist jeder weitere Esser, ob (noch) Kind und dann Arbeitsloser oder gleich arbeitsloser Zuwanderer eine zusätzliche Belastung für das Sozialsystem. Die Renten würden übrigens bei Verteilung der heutigen Kosten der Arbeitslosigkeit, die sich derzeit offiziell auf 82,7 Mrd. Euro pro Jahr belaufen, auf die geschröpften Rentner immerhin um monatlich 340 Euro höher ausfallen! (Ein Zyniker mit Staatsweihen könnte hier natürlich mit Recht einwenden, daß umgekehrt ohne den lästigen Rentnerberg auch noch viele Millionen arbeitslose Hartz-IVler mehr dahinvegetierend durchgebracht werden könnten… es kommt eben immer sehr auf die Perspektive bzw. das verfolgte Ziel an.)

2. Die Entwicklung der Produktivkräfte bedingt, daß für das gleiche Produktionsergebnis immer weniger Arbeitskräfte benötigt werden – die Erhöhung des Bruttoinlandsproduktes um 18,2 % (!) von 1991 bis 2004 wurde von einer etwa konstanten Zahl von Erwerbstätigen erwirtschaftet. Mag ein Teil davon auf verstärkte Antreiberei der Lohnabhängigen durch erhöhte Erpreßbarkeit zurückgehen,

---

1   Siehe u. a. KB 125, Die »pfiffigen« Ideen des Prof. Raffelhüschen zu Pflegeversicherung, Rente und Generationenvertrag, von J. Tevres, und KB 91, Nicht willkommen, sechsmilliardster Erdenbürger!, von F. E. Hoevels.

den Löwenanteil verbuchen zweifellos Technisierung und Automatisierung, die mit immer weniger menschlicher Produktivkraft auskommen. Das heißt, bei einer Geburtenrate, die Bevölkerungs**konstanz** bewirkt (2,1 Kinder pro Frau), würde die Arbeitslosigkeit »strukturell« bedingt steigen (es sei denn, die durchschnittliche Arbeitszeit der Produktivkraft Mensch würde im Sinne desselben entsprechend gesenkt, was allerdings die Enteignung der Kapitalisten/Monopolisten voraussetzt – genau das ist unser Ziel!).

3. Rentenansprüche hat ihrer Grundlage entsprechend nur jemand, der in die jeweiligen Rentenkassen einzahlt bzw. eingezahlt hat – sonst müßte es ehrlicherweise Bockprämienkasse oder gleich unspezifische staatliche Zwangsabgabe (»Steuer«) heißen –, denn nur diejenigen haben ja (wenn auch unter staatlicher Aufsicht) entsprechende Rücklagen, im Kapitalismus gerechterweise mit Zins und Zinseszins, gebildet. Dies soll und muß natürlich Grundlage der Überlegung bleiben, wer in welcher Höhe anspruchsberechtigt ist. Der durchschnittliche Rentenanspruch bemißt sich – so wird es einem von offizieller Seite ja auch vorgerechnet – nach den durchschnittlichen Rücklagen der Erwerbstätigen über die gesellschaftlich durchschnittliche Lebensarbeitszeit auf der einen und der durchschnittlichen Lebenserwartung als Rentner, also der Rentenbezugszeit, auf der anderen Seite. Der Jahresdurchschnittsverdienst der Arbeiter und Angestellten liegt derzeit bei 29 569 Euro.[2] Bei 19,5 % Rentenversicherungsbeitrag und derzeitiger, bislang offiziell (noch) angesetzter mittlerer Lebensarbeitszeit von 38 Jahren hat der arbeitende Durchschnittsbürger rund 220 000 Euro in die Rentenkasse eingelegt. Mit einer fortlaufenden 2 %igen Festverzinsung, die der derzeitig garantierten Zinsrate von Lebensversicherungen ohne Überschußanteil entspricht, also niedrig angesetzt ist, würde dies einem Einlage- und Guthabenbetrag bei Erreichen des Rentenalters von 327 000 Euro entsprechen, die man, wenn es mit rechten Dingen zuginge, über eine bislang zugrunde gelegte durchschnittliche Rentenbezugszeit von 19 Jahren (bei bleibender Verzinsung des regressiven Ansparbetrages von 2 %) mit monatlich 1726 Euro entnehmen könnte – und dies, ohne 3mal täglich »Danket dem Herrn und dem Staat« zu singen; entgegen aller Propaganda gibt es hier nämlich gar nichts zu danken, handelt es sich doch um selbst und sauer genug verdientes Geld. (Bei genauso lautstark wie lügenhaft prognostizierter Erhöhung der Lebens- und damit Rentenbezugserwartung um weitere 5 Jahre – auf das Lügenhafte kommen wir noch zurück – beliefe sich der monatlich zur Verfügung stehende Betrag immer noch auf 1431 Euro. Die jüngst durchgepeitschte Anhebung des Rentenalters auf 67 Jahre erhöht umgekehrt den tatsächlich geleisteten Ansparbetrag auf 352 000 Euro und den entsprechenden monatlichen Entnahmeanspruch bei derzeitiger Rentenbezugszeit von dann 17 Jahren

---

[2]   Alle folgenden Zahlen sind öffentlich zugänglichen Angaben, vorwiegend dem Internet, entnommen, also mit etwas Mühe jederzeit überprüfbar.

auf 2030 Euro, bei der vorgegaukelten Erhöhung der Lebenserwartung um besagte 5 Jahre blieben 1650 Euro monatlicher Anspruch.)

Nun kann jeder sogenannte Bürger mittels einer entsprechenden Formel der soo fürsorglichen Regierung unter Angabe seiner Daten seine erwartbare Rente ermitteln, wobei die Lebensarbeitszeit und der entsprechend hochgerechnete Einzahlungsbetrag in die Rentenversicherung zunächst auch zugrunde gelegt wird. Tut man dies, so zeigt sich das erstaunliche und vor allem deprimierende Ergebnis einer tatsächlich erwartbaren Bruttorente des obigen statistischen Durchschnittsmenschen bei (noch) 38 Arbeitsjahren von 993 Euro/Monat, also schon mal über 700 Euro Abweichung! Kein Rechenfehler! – Es handelt sich um schlichten Betrug, denn das Ergebnis wird durch einen ominösen, alljährlich von der Bundesregierung neu festgelegten »Faktor« (sogenannter Rentenwert) erzeugt, der gerade so wie von Gott gegeben brav in die Rechnung einzubeziehen ist und das Ergebnis völlig willkürlich, aber ganz mathematisch (fast wissenschaftlich, gelt), auf wenig mehr als die Hälfte drückt. Und das war es noch nicht ganz, denn von diesem dürftigen Gnadenbrot, von Bundesregierungsgnaden nämlich, geht nach Kranken- und Pflegeversicherungsbeitrag (7,3 %) dann noch eine unter SPD-Ägide verabschiedete progressive, ab 2040 dann 100 %ige Rentenbesteuerung ab. Am Ende bleibt nach 38 (bald 40) Jahren Maloche mit abgezockter, Renten**versicherung** genannter Raubsteuer also irgend etwas um einen Hartz-IV-Hungerlohn herum, und auch dies ist natürlich mitnichten das Ende der Fahnenstange: hier noch eine Pflicht zu privater Zusatzrentenversicherung, die dann wieder nach Gutdünken besteuert wird, da noch eine »Nullrunde«, dort noch eine Rentenaltersanhebung… Wie dumm ist ein Volk, das sich so etwas bieten läßt, und wie groß muß die Verachtung der Herrschenden für dasselbe sein, wenn es sie trotzdem wählt!

Nun jaulen wie aus einem Munde natürlich alle Spezis vom Fach auf, weil ich bei unserer Rechnung das Umlageprinzip der Rentenversicherung außer acht gelassen habe, wonach die Renten von gestern direkt und ohne Geldanlage durch die Arbeitenden von gestern gezahlt wurden, die Renten von heute entsprechend direkt durch die heute Arbeitenden usw. Zunächst seien die Umlagespezis an Punkt 1 erinnert: 340 Euro monatliche Rentenerhöhung wären doch schon mal kein Pappenstiel. Zudem stammt die Rentenberechnungsformel, die jedem vorgaukelt, seine Rente hinge direkt meßbar mit seinen Einzahlungen zusammen, nicht von uns, sondern ist erklärte Regierungsverlautbarung. Im übrigen entblödet man sich auch nicht, den Rentnern seit Jahren eine Steuer auf einen sogenannten Ertragswert der Rente abzuknöpfen, »so etwas wie der Zinsanteil, der sich aus den über die Jahre fiktiv angesparten Rentenbeiträgen ergibt« (Süddeutsche Zeitung, 6.2.2006). Steuern auf fiktive Einnahmen, eine echte Raub-Zauberformel[3] zum allerdings realen Schröpfen

---

[3] Wir kennen das Orwell'sche Konstrukt vom »fiktiven« Zwangsabzug der Kirchensteuer bei konfessionslosen Arbeitslosen.

des ohnehin schmalen Geldbeutels. Zuletzt sind die zahlenmäßig tatsächlich zunehmenden Rentner von heute ja die vielen Erwerbstätigen zu Zeiten des sogenannten
Wirtschaftswunders, anschließender Vollbeschäftigung und erst dann zunehmender
Arbeitslosigkeit gewesen, in der sie ihre satten Beiträge ja zur Sicherung einer (u.a.
durch Kriegs- und Notzeiten) verhältnismäßig geringeren Zahl von Rentnern eingesetzt haben. Wo sind diese Überschüsse geblieben? Für welche Serbenschlachtereien,
für welche Iraküberfälle als Amiknechte sind sie draufgegangen? Wer hat in die
Rententöpfe gegrapscht, wer hat die Hände und Taschen vollgestopft bekommen?
Wer hat hier über wessen Verhältnisse gelebt? Und, in unserem Zusammenhang interessant, was haben hier irgendwelche Kinderzahlen verloren? Logisch natürlich
nichts, allenfalls könnte durch Zweckentfremdung der Rentenkassen auch staatliche
Nachlegeförderung bezahlt worden sein, dann hätten die Kinderzahlen sogar direkt
zur Plünderung der Rentenkassen bzw. Rentenkürzung beigetragen, auf jeden Fall
aber nicht, wie die Propaganda glauben machen möchte, zum Gegenteil. Denn ein
Arbeitskräfte**mangel**, der zur Produktionseinschränkung und daher zum Verzicht auf
mögliche Exportgewinne führen könnte – die einzige Situation, wo im Falle strikten
Anwerbeverbots ausländischer Arbeiter das Ideologem vom »Generationenvertrag«
ein Minimum an Logik bekäme – existiert ja gerade **nicht**.

Würdigen wir bei der naheliegenden Frage nach dem Verbleib des Geldes an
dieser Stelle die Verlogenheit der gegenwärtigen Dauerpropaganda von den stetig
wachsenden, gigantischen, angeblich für die drohende Staatspleite entscheidend
verantwortlichen **Mehr**ausgaben für die Sicherung der Renten, die jedem Rentner
das Gefühl vermitteln soll, er liege dem Staat in unverdienter und geradezu ruinöser
Weise auf der Tasche:

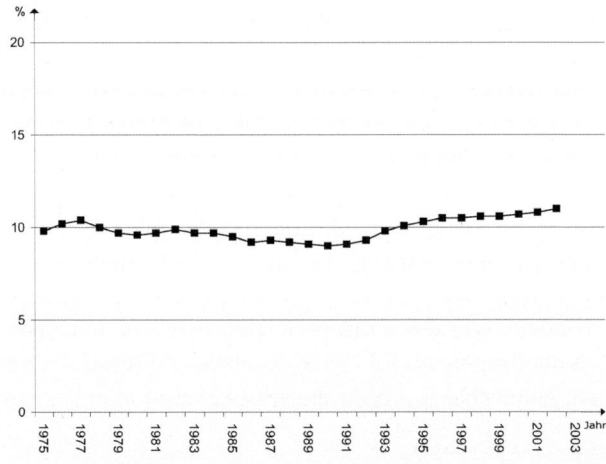

Abb. 1: Kosten der gesetzlichen Rentenversicherung gemessen am Bruttoinlandsprodukt.

Die Ausgaben der Rentenversicherungen im Verhältnis zum Bruttoinlandsprodukt schwanken seit 1976, also seit nunmehr 30 Jahren[4], um plus/minus 2 %, von einer »Kostenexplosion« kann also auch hier überhaupt keine Rede sein[5] Wie nützlich ist doch der Schritt vom Absoluten – »Oohhhh, soo viel!«, staunt das Kind – zum Relativen, das heißt zum Denken in Verhältnissen! Wie knechtswillig ist ein Volk, das sich beim ersten halten läßt – hier haben sich die allzeit staatsloyalen, in bravem Wechsel SPCDU wählenden heutigen Rentner wahrlich keine Verdienste erworben. Wer nicht denken will, darf sich nicht beschweren und hat insofern seinen Rentenentzug auch ein bißchen verdient.

Aber kommen wir auf die lieben Kinderlein zurück. Das Gegreine von schon im Moment untragbar viielen, in Zukunft noch unerträglich viiel mehr und immer, immer mehr werdenden Rentnern und den immer, immer weniger werdenden Kindern erweckt natürlich den Eindruck, es gäbe in Deutschland einen Bevölkerungs**rückgang**, völlig entgegen der subjektiven Wahrnehmung, die an stetig zunehmender Überfüllung zum einen und steigender Erpreßbarkeit und Austauschbarkeit der immer wertloseren Einzelnen zum anderen nicht vorbei kommt. Wie diese auch objektive Überfüllung trotz der seit etwa 30 Jahren registrierten Geburtenrate von 1,3–1,4 zustande kommt, zeigt die Statistik: Allein im Zeitraum von 1991 bis 2004 zeigt sich ein Sterbefallüberschuß (Geburten minus Sterbefälle) von rund 1,3 Millionen Menschen; ohne angeheizte Zuwanderung *wäre* die Bevölkerungszahl im genannten Zeitraum also tatsächlich umweltrettend zurückgegangen, mit segensreicher Reduzierung der Arbeitslosen um eben diese Zahl – die Arbeitslosenstatistik wies 1991 2,6 Millionen Arbeitslose aus. Wir *wären* der Vollbeschäftigung also um die Hälfte näher. *Wären!* Durch Schleusen-auf und Greencard wurde dem gezielt entgegengewirkt: im gleichen Zeitraum wurde eine Nettozuwanderung (reale Zuwanderung minus Sterbeüberschuß) von rund 2,7 Millionen Menschen erreicht. Von wegen Bevölkerungsrückgang! – Nach der Annexion der DDR gab es 1990 80, inzwischen sind es knapp 83 Millionen Menschen geworden. Bei **gleicher Zahl von Erwerbstätigen** und – gegen das willige Vergessen noch mal! – **18,2 %** **Erhöhung des Bruttoinlandsproduktes** ergibt sich ziemlich genau die Erhöhung der Arbeitslosenzahl im genannten Zeitraum durch gezielten Lohndrückerimport.

---

[4]   Die Regierungssprachrohre betonen unisono den ach so beängstigenden Anstieg der Ausgaben, wobei immer die Fastverdopplung im Vergleich zu 1960 bejammert wird, ein Vergleichszeitpunkt, zu dem infolge des Kriegsnachhanges zum einen weniger Rentner zu versorgen waren und zum anderen die produktive Kapazität noch deutlich nachhinkte.

[5]   Zur strukturidentischen Lüge von einer angeblichen Kostenexplosion im Gesundheitswesen siehe *Von Ehrenberg bis Seehofer*, AHRIMAN-Flugschrift Nr. 6.

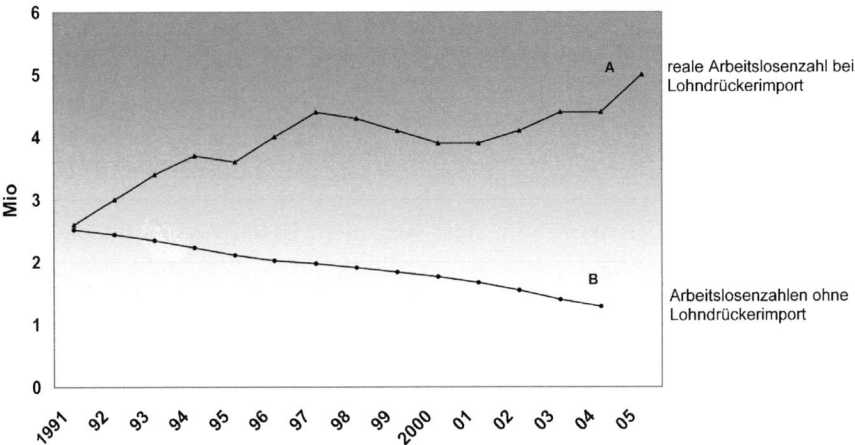

Abb. 2: Kurve B zeigt den direkten Niederschlag des Sterbefallüberschusses auf die Arbeitslosen-statistik; real gäbe es natürlich einen zeitlichen Verzögerungseffekt bei allerdings gleicher Tendenz.

Den offiziellen Prognosen nach soll sich die Nettozuwanderung von 2005 bis 2040 auf ein jährliches Bevölkerungsplus von etwa 80 000 Menschen einpegeln – nun, das wären immerhin weitere kalkulierte 2,8 Millionen Menschen mehr, die unweigerlich das Arbeitslosenheer auffüllen werden, da aufgrund des beschriebenen strukturellen Faktors mit keiner statistisch relevanten Zunahme der Erwerbstätigenzahl zu rechnen ist. Wohlgemerkt, die gleiche Prognose geht von einer bis 2040 weiter fortbeste-henden Geburtenrate in Höhe von 1,4 Kindern pro Frau und von einer Erhöhung der Lebenserwartung um etwa 5 Jahre bis dahin aus. Die Nettozuwanderungsprognose sei einmal dahingestellt – sie ist nach Gesagtem beängstigend genug, allerdings garantiert niemand, daß die Zuwanderer nicht jederzeit z.B. mit afrikanischen Hungerkolonnen, die dringend Unterschlupf brauchen, aufgestockt werden –, die beiden letzteren Prognosefaktoren sind absehbar falsch: Es ist ein unbestrittenes Faktum der Bevölkerungswissenschaft – was mir übrigens im entsprechenden Fach des Medizinstudiums in den 80er Jahren auch noch selbstverständlich beigebracht wurde –, daß sich die Kinderzahl umgekehrt proportional zu Lebensniveau und Bildung verhält. Schon die Griechen und Römer in der Antike hatten nach länge-rer Zeit relativen breiten Wohlstandes mit dieser Gesetzmäßigkeit offensichtlich zu »kämpfen«. So konstatiert der Geschichtsschreiber Polybios (um 200–120 v.u.Z.): »In der Zeit, in der wir leben, ist in ganz Griechenland die Zahl der Kinder, über-haupt der Bevölkerung in einem Maße zurückgegangen (…), obwohl wir weder unter Kriegen von längerer Dauer noch unter Seuchen zu leiden hatten (…), nur deshalb, weil die Menschen der Großmannssucht, der Habgier und dem Leichtsinn verfallen sind, weder mehr heiraten noch, wenn sie es tun, die Kinder, die ihnen geboren werden, aufziehen wollen …« (Die Schrift nimmt Bezug auf die damals durchaus breit übliche Abtreibung und Kindsaussetzung, d.h. -tötung, Regulative, die trotz gewisser Kenntnis von Empfängnisverhütungsmethoden wegen deren Insuffizienz zum Einsatz kamen.) Die Herrschenden der römischen Oberschicht sahen sich angesichts stetig sinkender Geburtenraten, die in der Mitte des 1. Jh.s u. Z. bei etwa 1,8 pro Frau gelegen haben sollen (die Quellenlage ist dank frühchristlicher Pogromisten leider schwierig), zu staatlichen Geburtenförderungsprogrammen veranlaßt: nach dem *Ius trium liberorum* (Dreikinderrecht) erhielten Römer mit mindestens drei Kindern eine Vielzahl von Privilegien, offensichtlich bis zum Beginn der christlichen Finsternis aber ohne rechten Erfolg. Bei leidlich stabilem Lebensstandard sinkt also die Kinderzahl offensichtlich automatisch und ohne äußeren Druck, das heißt, man kommt ohne Steuerstrafen des chinesischen Modells – hier war der Lebensstandard eher schlecht als recht – zum gleichen Ergebnis einer Bevölkerungsreduktion. Die entsprechenden zeitnahen Beispiele liefern die Deutschen (West) seit der Besseren Zeit, als durch Pille und Vollbeschäftigung das Leben interessant und lebenswert wurde, was sich sehr schnell in, bis heute anhaltender, drastischer Reduktion der Geburtenrate im Vergleich zur drückend-miefigen Adenauerzeit vorher niederschlug, u.a. die Italiener und Spanier (nach Franco) taten es den Westdeutschen gleich. (Auch die DDR-Bevölkerungszahl sank trotz Familienförderungspolitik im Sinne Stalins von über 18 Millionen 1950 auf etwa 16 Millionen 1990, was mit dem leidlichen und stabilen Lebensstandard trotz ärgerlich eingeschränkter Lebensgenuß-, z.B. Reisemöglichkeiten korreliert.) Wer Geschmack am lebenswerten Leben gefunden hat, läßt davon nicht so leicht, ob Grieche, Römer oder Jetztzeitler, zum Gegenteil braucht's dann Hirnwäsche und/oder Elend. Schon dem römischen Dichter Juvenal (60–140 u.Z.) fiel auf, was genauso jedem unbefangenen Zeitgenossen auffällt: »Diese [ärmeren Frauen] nehmen dennoch das Risiko der Geburt auf sich und ertragen auch alle Mühsal der Ernährung, bedrängt vom Schicksal. Doch kaum eine wirft im goldenen Bett.«

Deshalb wird unter Bedingungen von Hartz-IV und Ein-Euro-Job der Prozeß des Geburtenrückganges sich sicher umkehren und die Gebärfreude sich tendenziell der indischen nähern, denn keine Elendshütte ist zu klein für eine schmuddelige Kinderschar! Wer mit seinem Leben nichts anzufangen weiß, der wirft. Wer Bücher und Geist schätzt, den stört ein Hosenscheißer, und Reisen ist allemal interessanter als Ärsche putzen! Wenn also auf dem gezielt hergestellten Elendsboden die Gebärpropaganda absehbar greifen wird, dann wird auch die Geburtenrate eben nicht stagnieren, sondern leider steigen, was die Zahl des Arbeitslosenüberschusses von ohnehin 7,8 Millionen (5 = Iststand + 2,8 prognostizierter Zuwachs) noch zusätzlich weiter erhöhen muß – mal ganz abgesehen davon, daß das Einwandererheer ohnehin aus traditionell armen Regionen mit den dafür typischen Kinderscharen kommt und die Statistik auch ohne die Deutschen in die genannte Richtung drückt (umgekehrt sank die Kinderzahl der Einwanderer infolge der Besseren Zeit, wenn sie hier eine Weile von dieser profitieren konnten). In jedem Steigerungsfall aber gilt: arme Natur, arme Schmetterlinge, arme Hasen, schönes EU-Grün allenthalben! (Felder sind wesenhaft naturfeindlich, von jeder »Umweltverschmutzung« durch Abgase ganz abgesehen.)

Die Prognose einer weiter steigenden Lebenserwartung ist gleichfalls bewußt unrealistisch angesetzt: Die Zerstörung der Gesundheitsversorgung, zunehmendes Elend und nicht zuletzt der bei maximaler Erpreßbarkeit durch Lohndrückerheerscharen bis an die Belastungsgrenze erhöhte Arbeitsstreß wird absehbar zu sinkender Lebenserwartung führen. Die im Sinne der Herrschenden optimale Lösung des Renten»problems« lautet in anvisiertem Klartext: Eine chronisch überquellende Weltbevölkerung legt dauernd nach und versaut damit verläßlich sich und anderen das Leben – daß ein Teil der Brut wieder vor der Zeit stirbt, fällt wie bei den heutigen Entwicklungsländern nicht ins Gewicht –, zahlt auf dem Wege dahin jeden Überschuß (Mehrwert) an die Herrschenden und stirbt pünktlich bei Komplettverschleiß, auf jeden Fall bis zum bezugsberechtigenden Renteneintritt. Da dieser Verschleiß bei den derzeit Alternden hierzulande, wo diese von vergangenen, »goldenen« Zeiten profitieren und parasitieren konnten – sie selbst haben die Errungenschaften der Arbeiterbewegung jedenfalls weder selbst erkämpft noch wirksam und illusionslos verteidigt –, noch (!) relativ spät anzusetzen ist, schraubt man bis dahin das Rentenalter einfach herauf, damit das schöne Geld nicht am Ende in den Taschen derjenigen landet, die es erwirtschaftet haben.

Natürlich ist bei aller Deutschlandbetrachtung für die Demographie der Weltmaßstab entscheidend, denn unter globalisierten, zunehmend in Ami-Händen monopolisierten Weltwirtschaftsverhältnissen ist eine regional niedrige Geburtenrate ja ausschließlich modellhaft zu betrachten. Schaut man die »Pyramide« der Weltbevölkerung und deren vorausgesagte Entwicklung genauer an, so fällt auch hier die gleiche absichtlich lügenhafte Fehlprognostik auf. Im Moment zeigt die demographische Kurve der Weltbevölkerung die klassische, für Entwicklungsländer typische Pyramidenform mit breiter Basis und mehr oder weniger flachem Anstieg, was für hohe Geburtenraten bei hoher Sterblichkeit in allen Altersgruppen und niedriger Gesamtlebenserwartung spricht – die relativ wenigen Europäer wirken hier nur mit einer gewissen Winkelzunahme an der Pyramidenbasis ein. Bei aller hiesigen Rentnergespensterei entspricht das statistisch relevante Weltbild viel eher der Beschreibung eines Reiseführers (Know-How) über Honduras: »Wegen des hohen Bevölkerungswachstums von durchschnittlich 3,2 % pro Jahr ist über die Hälfte der Bevölkerung **weniger** als 18 Jahre alt. Im Straßenbild (…) fällt auf: Kaum trifft man eine Person, die über 50 Jahre alt ist… « Selbst wenn also bei uns auf wundersame Weise – ein Wunder müßte es angesichts der obigen Rechnung sein! – der

Arbeitsmarkt einmal plötzlich von Arbeitskräften leergefegt sein sollte, dort stehen die Kolonnen bereit. Bei einer jährlichen globalen Wachstumsrate von 2 % verdoppelt sich die Weltbevölkerung übrigens in 37 Jahren. Nun, auch für die Welt prognostizieren die dafür bezahlten »Spezialisten« eine Wachstumsrate von jährlich 1,5 % bis 2050 (die Verdopplungszeit der Weltbevölkerung betrüge dann 48 Jahre), das heißt einen tendenziellen Rückgang der Geburtenrate und eine Erhöhung der durchschnittlichen Lebenserwartung. Die Weltbevölkerungspyramide werde dementsprechend zunehmend Pagodenform annehmen, und dann werde ab 2050 die Bevölkerungsentwicklung bei etwa 10 Milliarden Menschen stagnieren. (Dann soll es sogar eine Schrumpfung geben, nach der wir um 2150 bei 3,6 Milliarden Menschen ankommen sollen.) Grundvoraussetzung für diese wundersame Entwicklung ist die stillschweigend angenommene Angleichung des Lebensniveaus und folglich des Gebärverhaltens in Richtung europäische Norm (alternativ würde nur das verteufelte chinesische Modell weltweit zum prognostizierten Ergebnis führen). Diese ganzen Rechnungen sind schon deshalb so abgrundtief verlogen, weil gleichzeitig weltliche (d.h. Ami-Herrschaft) und geistliche Macht (hier stehen sich Katholika und Mullahs in nichts nach) genau diese Voraussetzung so eisern und finster bekämpfen und zerstören. Aber jeder, der nachrechnet, soll sich mit diesen Prognosen eingelullt zurücklehnen und darauf vertrauen, daß die Mathematik irgendwann einmal zum ruhigen Ausgleich kommt, wobei die Ruhe bei 10 Milliarden Erdenbürgern wahrlich keine Idylle wäre. In Wahrheit wird nach dem Willen der Herrschenden der europäische Lebensstandard auf koloniales Negerniveau gesenkt werden, mit den bekannten Folgen für Gebärverhalten und Lebenserwartung; die demographische Pyramidenform wird erhalten bleiben – die ganze Welt, vielleicht mit Dämpfungen für das calvinistisch-baptistische Herrenvolk, eine Dritte Welt. *Diese* Gleichheit weltweit wollen wir nicht!

Abb. 3:
Weltbevölkerungspyramide; mit geschärftem Blick ist ein schmaler Strich in der Mitte zu erkennen, der dem soo bedrohlichen deutschen Rentnergespenst entspricht.

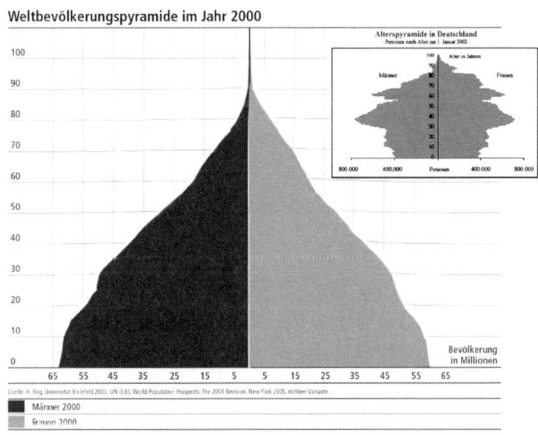

Warum aber wird angesichts dieser ohnehin absehbaren Weltbevölkerungs-
entwicklung von Staatsseite hierzulande zusätzlich noch so penetrant an der
Gebärschraube gedreht, wo es doch auf die Deutschen oder sogar die Europäer
statistisch gar nicht wirklich ankommt und für den Fall, daß diese sich nicht zum
Werfen breitschlagen ließen, nur die Grenzschleusen noch ein Stückchen weiter
aufgemacht werden müßten und das Ganze nicht einmal Kindergeld kosten würde, das man dann doch gleich in militärische bzw. US-Kanäle leiten könnte? Hier
schließt sich die Frage an, warum im Zeitalter der Verhütungsmittel überhaupt
jemand Kinder bekommt. (Das Postulat eines Fortpflanzungstriebes ist leicht
erkennbar biologischer Unsinn, denn der Trieb zielt ausschließlich auf sexuelle
Lust, Tiere sind keine Dynasten, eine Lust also, deren Folge, die für keinen Vogel,
Affen oder Frühmenschen jemals vorhersehbar war, der Nachwuchs darstellt.
Kann man ersteres allein haben und zudem bei Folgenlosigkeit viel besser und
verläßlicher genießen, was soll dann außer in seltenen Fällen des Wohlstands und
ungetrübter Sicherheit der lästige Anhang?)

Nun, die Fördergelder sind es fraglos nicht, die dazu wirklich motivieren,
denn so ungerecht sie sind, und in ihrer Höhe gewiß auch kein Pappenstiel (z.B.
zahlt ein Ehepaar mit Nachwuchs bei durchschnittlichem Steuersatz von 27 % minimal 1600 Euro weniger Steuern pro Kind und Jahr, und demnächst sollen die
Werfprämien noch ein bißchen steigen), davon ist kein Kind wirklich versorgt. Bei
aller Umverteilung zuungunsten Kinderloser bleibt ein finanzieller Nachteil bei
den anderen zurück, vom täglichen Nervenverlust einmal abgesehen.

An dieser Stelle behauptet reflexhaft und mantramäßig so ziemlich jeder, der einmal in diesen sauren Apfel gebissen hat, daß Kinder ja nun wirklich das »größte Glück« seien – ich höre diesen Satz berufsbedingt sogar zum Erbrechen häufig. Nun, wenn dies so ist, wird schwer verständlich, warum ausgerechnet diejenigen dafür latzen sollen, die Kinderlosen nämlich, denen dieses »Glück« entgeht. Dann sollten doch die soo Glücklichen mit ihrem Glück soo glücklich sein, und dafür freilich auch bezahlen – richten sie doch zu all ihrem Glück, das ihnen diesen Preis dann schon wert sein sollte, ja einen objektiven, die natürlichen Ressourcen zerstörenden Schaden an! – und die anderen, mit ihrem »Unglück« genug gestraft, in Ruhe lassen. Auffälligerweise sind aber immer diese angeblich sooo Glücklichen die bösartigsten Neider, wenn es darum geht, anderen in die Suppe zu spucken, z. B. in Form des klopfenden Besenstieles bei Musik- oder Sexualgeräuschen aus der Nachbarwohnung, die bei leider oft dünnen Wänden der Mietswohnung nicht immer zu vermeiden sind. Mitunter kann man den inneren Gehalt dieses vorgeblichen Glücks allerdings recht unverblümt vernehmen: so lautet eine gar nicht so seltene säuerliche Antwort in meiner Praxis auf die Frage nach der Verwendung von Schwangerschaftsverhütungsmitteln: »… die Pille vergesse ich nicht, … mein **Soll** habe ich ja erfüllt.« Die Kinderkriegerei wird im Kern als Auftragserfüllung im Sinne der Anpassung, als Gehorsamsleistung (»Soll«) empfunden. Der Verzicht auf die persönliche Unabhängigkeit zugunsten steter Rödelei für andere, Familie und Kinder, sichert die wohlwollende Anerkennung der Mächtigen – dafür sind die demonstrativen Fördergelder da – und knüpft mit diesem Unterwerfungs- und Loyalitätsbeweis subjektiv am zentralen Gebot des Über-Ichs (jenes Introjekts der Gewalt, welches seit frühen Kinderjahren unbewußt das Handeln bestimmt) an, welches in der Selbstaufgabe, im Zentrum der sexuellen Selbstaufgabe besteht. Sowenig dies zwangsläufig so sein muß – jedem, der im Kampf gegen den äußeren und inneren Anpassungsdruck die Waffen nicht gestreckt hat, seien die Erkenntnisse der Psychoanalyse dringend ans Herz gelegt –, so sehr wirkt der organisierte gesellschaftliche und soziale Druck in diese Richtung. Wenn jemand um die 30 keine Kinder hat, nimmt die Fragerei, wann es denn endlich »soweit« sei, inzwischen enorm zu, und etliche Patienten berichten von einer zunehmenden sozialen Isolation, wenn sie als einzige kinderlos im ehemaligen Freundeskreis »übrigbleiben«. (Man vergleiche dies einmal mit der gesellschaftlichen Atmosphäre der Besseren Zeit, als jemand, der eine politische Diskussion mit irgendwelchen Hausfrauenanekdoten störte, nur peinlich und »out« wirkte – genau wie zu Zeiten der Enzyklopädisten Diskussionsteilnehmer, die durch penetrante Banalität und Unlogik auffielen, zu den entsprechenden Geselligkeiten nicht mehr geladen wurden!) Um die Zementierung und den Ausbau der gesellschaftlichen Atmosphäre in Richtung Selbstaufgabe, die durch den penetrant breitgetretenen Familiensumpf als Norm suggeriert wird – wenn alle so sind, spinne dann nicht doch ich? –, geht es bei den entsprechenden Familienförderungsprogrammen. Das dafür notwendige Geld raubt man denen, die dem Anpassungsdruck widerstehen, was offen ausgesprochen eine Strafe eben dafür sein soll und auch als solche empfunden wird. Gehorsam dagegen wird demonstrativ belohnt, Mami und Papi und Vater Staat streichen lobend über den Kopf, und mit dieser Rückendeckung klopft der Besen umso aggressiver. Persönliche Selbständigkeit, sexuelle und geistige Unabhängigkeit und durch entsprechend höheres Zeitkontingent tendenziell damit verknüpfte intellektuelle Aktivität und Erkenntnis stehen als Ich-Leistungen unter unbewußtem (Über-Ich-)Verbotsverdikt. Die verläßliche Grundlage dafür bereitet die in der Familie obligate ödipale Situation, und genau dafür erhält sie den staatlichen Segen. Hier greift das »schlechte Gewissen« an, deshalb wirken die Unangepaßten oft so defensiv, die Angepaßten dagegen so auftrumpfend frech, aggressiv und dumm, was jeweils durch die entsprechenden Staatsdirektiven gezielte Förderung erfährt. Vernunft und Geist auf der einen und genügsame Unterwerfung auf der anderen Seite sind natürliche Antipoden und in der Regel umgekehrt proportional an den entsprechenden Exempeln zu beobachten. Die Kinder dienen den geistlosen Eltern nach erfolgtem Gehorsamsakt dann als sichere, die Langeweile verscheuchende Reizquellen (das Zuwendung heischende, genetisch verankerte Kindchenschema wirkt zweifellos verstärkend; und dann folgt über Jahre kumulierte Aufwandsrechtfertigung), die verläßlich jede Ruhe und Introspektion verhindern und darüber hinaus gegenüber der Glotze den »Vorteil« aufweisen, daß man an ihnen nach Belieben sein Mütchen kühlen, das heißt Frust ablassen kann, denn dieser bleibt bei allen Glücksbeteuerungen und belohnenden Kindergeldern angesichts des übrigbleibenden dürftigen Daseins zurück. »Wir gebären euch tot!«, warf kürzlich eine frustrierte Gebärmaschine einem von den Früchten seiner Arbeit lebenden Apotheker hin. Mag schon sein, aber der Apotheker lebt doch länger und vor allem besser. Die Entscheidung trifft vor der Errichtung von Vergewaltigungsgefängnissen dennoch jeder selbst, die persönliche Anpassungsverweigerung gegen den in Zukunft sicher noch massiver werdenden sozialen Druck in Richtung Familiensumpf bleibt das Modell für die Integrität der eigenen Person und damit für ein humanes, auf Anstrengung und Leistung fußendes gesellschaftliches Programm: Staat und Familie müssen langfristig »ihre historische Mission erfüllen, verwelken und verschwinden« (Trotzki in ›Verratene Revolution‹). Sollte die Menschheit *wirklich* auf eine allzu geringe Zahl absinken, sich ihrer endlich nachgewachsenen Papageien, Auerhähne und Nashörner gar nicht mehr erwehren können, läßt sich immer noch eine Lösung finden – aber **erst** dann.

Auffällig bis schizophren ist übrigens das Fehlen jeden, aber auch allen und jeden Gedankens zur Umweltfrage in der Behandlung des vorliegenden Gedankens

in den Propaganda-Medien – den gleichen, die uns jahrzehntelang mit wirkli-
cher bis imaginärer Umweltthematik bearbeiteten, erst zu Greenpeacespendern
zu erziehen suchten und dann durch synchrone Propagandaattacken dasselbe
Greenpeace von der leidlich nützlichen zur Narrenorganisation von Sisyphos-
fans und meschuggenen Kapuzinerpredigern mit zentralem Tabuthema prügel-
ten; das Tabuthema war natürlich die Bevölkerungsreduktion als einzig kausa-
les und dauerhaft erfolgversprechendes Mittel des Umwelt- und Naturschutzes.
Wie man Renten sichert und nicht durch nachgezeugte oder importierte Arbeitslose aushöhlt, ist zweifellos ein gesellschaftlich-politisch interessantes
Thema; daß aber der engstens an eine erfolgreiche, globale Geburtenkontrolle
geknüpfte Umweltschutz, über den es doch sonst so viel Gedöns gibt und der
für tausend schwächlich bis gar nicht sinnvolle Verzichtserzwingungen und
-propagierungen den schwachen bis absurden Vorwand zu liefern hat, und das
weder knapp noch selten, hier auf einmal wie durch ein Wunder weggezaubert
ist, obwohl kein Thema so eng und organisch mit ihm verknüpft ist wie eben
die für ihn einzig ernsthaft heilsame Bevölkerungsreduktion – eben die, über
welche gejammert wird, obwohl sie als einziger Hebel durch die Senkung der
ja auch aus dem Rententopf bezahlten Arbeitslosenzahl die Renten stabilisieren
bzw. sichern könnte –, das müßte jeden, der dem STERN und den sonstigen
Medien in seinem Kielwasser Logik statt einen Propagandaauftrag zuschreibt,
zum unaufhörlichen Staunen bringen. Da Dressur Wunder tut, tritt dies seltsa-
merweise nicht ein.

In der entsprechenden Propagandanummer (STERN 13, 23.3.2006) tritt das
sonst beliebte Umweltthema daher gar nicht auf – es scheint gegenüber so etwas Ernstem wie der Rentenfrage wohl doch nur Feiertagsfirlefanz und Luxus-
thema zu sein, nicht wahr?! (Dabei gab der europäische Bevölkerungsrückgang
der Umwelt bzw. Natur dieses Subkontinents, wenn er nicht durch Einwande-
rungserlaubnis und -anwerbung wirkungslos gemacht wird, eine aller-, allerletzte Chance.) Und so tönt schon der STERN-Titel: »Weniger Kinder, weniger
Rente!« – Zwar bleibt dort noch in der Schwebe, ob Regierungsübergriff oder
Kausalzusammenhang gemeint sein soll, aber das für die Mehrheit der mei-
nungsrelevanten Deutschen repräsentative Editorial läßt keinen Zweifel: »Aber
genausowenig kann jemand erwarten, daß die Kinder anderer Leute [wieso eigentlich nicht Kinder so vieler Ausländer, wenn sie den Gastarbeiter machen,
falls wirklich freie Stellen auftreten?! – ist doch geradezu faschistisch, junger
Mann, wenn man die dafür anders als bisher, wo man sie nur als Lohndrücker
holte, aussperren wollte?] später voll und ganz für seine Rente aufkommen.
Denn wie oben gesagt: Die Beiträge, die er heute bezahlt, fließen nicht in seine eigene Altersvorsorge – er bezahlt sie für die Rentner von heute. Wer aber
soll morgen für ihn zahlen?!«, tönt Chefredakteur Österkorn. – Nun, junger

Mann, die Gastarbeiter wie bisher natürlich! Aber seit wann ist **Veruntreuung von Geldern**, Staatskriminalität also, wie im Hauptartikel ganz realistisch bis brutal zugegeben[6], eigentlich eine Rechtfertigung für neue Mißregierung und Plünderungswirtschaft, von flagranter, fanatisch umweltfeindlicher Tyrannei ganz zu schweigen?

Aber den Vogel schießt dann, offenbar von Psychologen schon lange für strukturell ähnlichen Propagandabedarf »designed«, der dann folgende »Minderheitsartikel« ab, sozusagen das volksbesänftigende »Minderheitsvotum« eines chronisch unlogischen und ungerechten Obersten Gerichts, das den Abgewatschten Balsam sein soll. Hier darf ein »STERN-Autor Röhl« (S. 54 ff.) alle hier von mir vorgetragenen Argumente in aller Klarheit und Breite nachschieben, vor allem, daß die angeforderten zu zeugenden Massen durch ihre erwartbare Arbeitslosigkeit die Renten ja nur beeinträchtigen statt »schaffen«, womit alles zur Sache gesagt und nur die Umweltfrage verschwiegen ist. Aber gepackt in ein ach so freiheitlich gewährtes Minderheitsvotum, nachdem die Machtworte von Editorial und Leitartikel schon gefallen sind, ist das nur ein psychologisches Gutsele für die längst und unwiderruflich weichgeprügelten Kinder bzw. Leser und Gleichschaltungsobjekte.

Die staatliche Rentenversicherung, die Bismarck abgetrotzt wurde, war keine schlechte Sache, bevor sie veruntreut und zweckentfremdet wurde. Jetzt ist sie nur noch eine zusätzliche Steuer für beliebigen Staatsbedarf. Ihre Abschaffung zugunsten einer Restitution des alten Liberalismus wäre deshalb ein Fortschritt und das kleinere Übel. Jedenfalls muß jeder, der seit einer Weile eine menschenwürdige Rente wünscht, an allen doch nur zu Raub und Verpulverung bestimmten Sozialabgaben vorbei, so er oder sie kann, selber auf seine Rente sparen und sich dabei vor den staatlichen Räubern so viel wie möglich hüten. Die lohndrückende Arbeitslosigkeit aber wird vom Staat gerettet, die Umwelt vollgeknallt, Natur und Wohlstand, diese beiden Grundlagen von Klugheit und Würde, zerstört.

Aber seit wann will ein Neobyzantinismus mehr davon bei seinen Opfern und Untertanen als der bewährte und unendlich lange des Mittelalters?!

---

[6]   Siehe S. 48, Spalte 1–2: »Die gegenwärtige Rentenklemme hat gar nichts mit Kindermangel und nur wenig mit der steigenden Lebenserwartung zu tun. Wenn Politiker heute die Demografie für die Finanzprobleme der Sozialkassen verantwortlich machen, wollen sie nur von ihren eigenen Fehlern [??] ablenken. So wurde z.B. die Wiedervereinigung zum großen Teil mit Geldern aus den Sozialversicherungen finanziert…«

Bund fördert Familien mit rund 100 Milliarden Euro

Berlin. Über ein Dickicht von Förderinstrumenten zahlt der Staat pro Jahr rund 100 Milliarden Euro an Familien. Größter Posten in der Auflistung des Finanzministeriums ist das Kindergeld plus Freibeträge mit geschätzten 36,1 Milliarden Euro in diesem Jahr. Familienministerin Ursula von der Leyen will die bestehenden Förderinstrumente sichten und gegebenenfalls neu ordnen. (AP)

Sächsische Zeitung 3.3.2006

Zum Vergleich: Die jährlichen Ausgaben der Rentenversicherungsträger betragen 215 Mrd. Euro; bei Umlage der Familienförderung auf die Rente würden die monatlichen Renten um 416 Euro höher ausfallen! Bonze müßte man sein…

Kerstin Steinbach

Flugblatt Mai/Juni 2008

Bund gegen Anpassung

www.bund-gegen-Anpassung.com
Mai/Juni 2008

Ohne Geburtenkontrolle sinkt der Lebensstandard immer weiter und weiter.
Aber mit Geburtenkontrolle würden die Löhne steigen.

Und das wäre nach Auskunft unserer Zeitungen (STERN etc.) ja das Allerschlimmste. Denn solange es übervölkerte und vor allem große und elende, jedenfalls schlecht lebende Weltecken gibt, gibt es unerschöpfliche Lohndrücker-Reserven. Diese werden gegen Streiks – die ohne Überbevölkerung ja Erfolg haben können – entweder importiert (»Das Elend geht zum Kapital«) oder die Firmen ins erbärmlich lebende Ausland verlagert (»Das Kapital geht zum Elend«, der sogenannte »Kapitalexport« oder »das Out-sourcen«). **Das** ist der Grund, warum wir »Gleichheit weltweit!« in unserem Emblem haben, keineswegs irgendein bekloppt »moralischer« oder »sozialer«. Der Stand der Transportmittel (auch für sperrige und schwere Güter) macht ohne diese Gleichheit jeden Streik ziemlich sinnlos, andererseits stellt die Weltherrschaft der USA bzw. ihrer Konzerne, neben denen letzte Mohikaner wie Roche oder Bayer auf der Abschußliste stehen, sehr wohl eine weltweite Gleichheit her, nämlich die der alten Industriestaaten mit den Billiggebieten der Welt – billig, weil sie nie eine auch nur teilweise erfolgreiche Arbeiterbewegung hatten (die einmal einem Bismarck und einigen seiner Kollegen in anderen Industriestaaten der Zeit **echte** Kranken- und Rentenversicherungen hatte abzwingen können, deren Einzahlungen **nicht** veruntreut wurden), dafür aber schon lange Zeit eine drückende und eben auch lohndrückende Überbevölkerung. **Diese** Gleichheit – die Gleichheit der Armut und Bevormundung – wollen wir **nicht**; wir wollen eine Gleichheit des **Wohlstands**, und **die** geht nur mit Geburtenkontrolle. Das ist der Grund, warum die Nutznießer der gegenwärtigen Verhältnisse und daher auch ihre seit Stammheim endgültig gleichgeschalteten Zeitungen und Schulen, auch Plakatwände von unseren Steuergeldern, Gebärpropaganda verbreiten (und entsprechend scheußliche Gesetze mit grob blödsinnigen Begründungen machen) sowie gegen die Geburtenkontrolle stänkern.

Aber ohne Geburtenkontrolle gibt es keinen Wohlstand für viele (nur Reichtum und Vorteile für ganz, ganz wenige), und außerdem geht unsere Biosphäre »nachhaltig« vor die Hunde, verwandelt sich unerbittlich von einer schönen und interessanten Natur in einen Freßnapf für gegängelte und erbärmliche Massen. Dieser Prozeß ist übrigens auch jetzt schon sehr weit fortgeschritten; als Zeugen in diesem Prozeß seien als erste Sumatranashorn und Jangtsedelphin geladen, wenn sie nur kommen könnten! (Weltweites Bettlerniveau plus einem Wald von Verbotstafeln statt Bäumen hätte sie auch nicht gerettet: gerade Bettler vermehren sich fleißig, und dann geht das Geschrei oder Gejammer gerade wieder los.)

Mit dem »Bio-Diesel« hat die Umweltzerstörung eine neue, galoppierende Gangart erreicht; bei der gegebenen Riesenbevölkerung ist »Bio-Diesel« schlimmer, viel schlimmer als tausend Tschernobyls. Er bedeutet ja nur, daß nach – weitgehend sinnloser, weil durch rechtzeitige Geburtenkontrolle fast vermeidbarer – Vergeudung unseres Erdöls und der Kohle (der sog. »fossilen Brennstoffe«, d.h. der in Pflanzenrückständen gespeicherten Sonnenenergie von Hunderten von Jahrmillionen) die Pflanzen **jedes einzelnen Jahres der Gegenwart** für den gleichen Zweck angezapft werden sollen, und Felder und Natur schließen sich gegenseitig aus, allen Idioten zum Trotz. »Bio-Diesel« heißt, daß die Menschen der Natur ihren Platz jetzt nicht nur für jene Pflanzen wegnehmen, mit denen sie fressi-fressi machen, sondern auch zum Verbrennen. Die Pflanzen zum Verbrennen konkurrieren jetzt mit denen zum Fressen (und natürlich auch mit dem bißchen Restnatur, die gewöhnlich und perverserweise als deren Quasi-Lösegeld auch noch Eintritt kosten soll und von Verbotstafeln überwuchert ist), und verbrennen muß sein, denn sonst gibt es für Menschen, Nahrungsmittel und andere Güter keinen Transport (zur Erinnerung: weil die Hilfstruppen des englischen Imperialismus den größten Teil des russischen Schienennetzes zerstört hatten, verhungerten Millionen Menschen – auch »fressi-fressi« geht oft nur, wenn die Nahrung auch ankommt. Nebenbei: diese Verwüstungen hinterließen keine wirklich gute Grundlage für eine »Überflußgesellschaft«, d.h. für eine mit ökonomischen Pufferzonen, die sich auch freiheitliche Experimente leisten kann statt bloß Zwang). Und wenn man Kohle und Erdöl schon verbrannt hat und daher die jährlichen Pflanzen verbrennen muß, dann nicht nur für den Transport, sondern auch für alle anderen Maschinen, ohne deren Einsatz etwa 98 % der gegenwärtigen Riesenmenschheit tatsächlich und buchstäblich verhungern müßten; **den** Preis hätte die Rückkehr ins technische Mittelalter auch für den beknalltesten »Grünen«. Und die Heizung war noch gar nicht in der Rechnung…

Schlimm ist, daß durch die naturwissenschaftliche Unbildung im Volk – die Schule vermittelt an *dieser* Stelle fast nur Scheiße – nicht einmal das Gesetz der Energieerhaltung in den Köpfen klar ist, so daß echte Wunder (im Sinne knallharter Religionen) an neuen Energiequellen von den gleichgeschalteten Medien versprochen werden können (»IQ ist gefragt« und ähnliche Parolen, aber auch kein zweiter

Einstein könnte eine Umgehung des Energieerhaltungssatzes austüfteln), wo es doch nur um das irgendwie geleistete Verbrennen des jährlichen Pflanzennachwuchses und somit einen mäßigen Teil der auf unseren Planeten entfallenden Sonnenenergie geht. (Jede Energieform läßt sich in jede andere umwandeln, auch das besagt unser unabänderlicher Satz.) Alle Energie auf der Erde ist umgewandelte Sonnenenergie, selbst diejenige, mit der Sie gerade Ihre Augen öffnen oder schließen; nur deshalb müssen Sie hin und wieder essen, die Umwandlung haben die Pflanzen besorgt, Sie selbst verbrennen nur die Ergebnisse, wobei es zwar so wenig eine Flamme gibt wie z.B. an einem normalen Elektrogerät, aber den Sauerstoff zum Verbrennen brauchen Sie doch (deshalb das irreführende Geschwätz von der »CO_2-Bilanz«, das zu Ende gedacht nur lauten könnte: »Lebt nicht!« – Für das Individuum eine schlechte Lösung, für die Kontrolle der Zahl dieser Individuen auf lange Zeit zu deren Wohl die allerbeste). Die Atomenergie ist die einzige Ausnahme; aber obwohl AKWs tausendmal harmloser sind als der Bio-Diesel (das ist schon bedenklich genug), auch und gerade im Langzeiteffekt, sind die Uranvorräte sehr begrenzt, und Energiegewinnung durch Fusion leichter Kerne wird mutmaßlich niemals möglich sein, so sehr die Medien (die uns z.B. vor 20 Jahren vollmundig einen alsbaldigen AIDS-Impfstoff versprachen, schon vergessen?) wider besseres Wissen das Gegenteil suggerieren. (Kein Stoff kann die zur Kernfusion nötigen Temperaturen aushalten; die ihn ersetzenden künstlichen Magnetfelder verbrauchen wesentlich mehr Energie als die Kernfusion in ihnen liefern kann.)

Bleibt also nur die Geburtenkontrolle, aber diese hätte bei weltweiter (und nur dadurch nachhaltig wirksamer) Anwendung unerbittlich Lohnsteigerungen zur Folge, nicht nur Inflationsausgleiche (deren Unterlassung seit der Euro-Einführung unseren Lebensstandard übrigens mehr als halbiert hat – erst seit zwei Jahren stimmen die amtlichen Inflationsziffern wieder, deshalb läßt die Regierung sie ja auch durch den mit ihr verbandelten STERN ausschreien; aber vorher waren sie maßlos heruntergelogen). Wo bleibt sie denn, wo bleibt sie denn, die Preis-Lohn-Spirale?!? Aber höhere Löhne, gar ein Lebensstandard wie vor zwanzig Jahren sind ja etwas sooo Schreckliches…

Wer anderer Meinung ist und allgemeinen Wohlstand sowie ein Ende der Bevormunderei (und sei es nur der Raucher – was übrigens hier ein Nichtraucher seit Geburt schreibt, er schwört es!) als Ziel statt Ärgernis betrachtet, sollte endlich sein Zögern gegen die Kenntnisnahme von uns, dem »Bund gegen Anpassung«, aufgeben. Denn die einzige sonstige echte Opposition gegen das weltweit dirigierte Parteienkartell außer uns ist die NPD, und deren Programm ist durch seine nationale Beschränktheit – auf dem heutigen Stand der Transportmittel sowie der amerikanischen Bomben ein wahres Selbstmordprogramm! – sowie ihrer mit dem Regierungskartell geteilten Gebärpropaganda das genaue Gegenteil des unseren, von ihrer törichten Undankbarkeit gegenüber der historischen Arbeiterbewegung, ihrer Religionsnähe und ihrem verrückten, in der Tat sehr abstoßenden Antisemitismus ganz zu schweigen. Eine andere Linke als uns gibt es nicht; was sich sonst noch so nennt, ist gefälscht und Retortenkind der Medien und ihres Staatsapparates. Und daß die »Grünen« immer nur Zwang und Verzicht, niemals aber den Schutz der natürlichen Umwelt im Sinn hatten, beweist jede einzelne Sekunde ihrer gesamten Existenz, sobald das Stichwort »Geburtenkontrolle« fiel oder fällt.

Der Kampf für Freiheit und allgemeinen Wohlstand hat vor achthundert Jahren in gewissen Städten begonnen, die sich von der Feudalherrschaft erfolgreich freistrampeln konnten; mit der Entartung und schließlich dem kläglichen Zusammenbruch der Sowjetunion ist er in Mißkredit geraten; wir müssen ihn leider ganz klein und grundsätzlich von vorne anfangen, obwohl zu seinem Erfolg heute unvergleichlich mehr Wissen und Technik zur Verfügung steht als zu seinem Beginn. Allerdings sind beide ohne Bevölkerungsabbau weitgehend wertlos.

Natürlich ist diese Einsicht nicht sehr attraktiv. Aber etwas Besseres als Verzicht und Bevormundung findet man jederzeit.

Allerdings nicht ohne uns, und weder alleine noch mühelos. Aber sogar Begreifen noch vor jeder Machtchance ist angenehmer als perspektivlos fressen, fressen und gehorchen…

Wer uns sucht, kann uns finden.

www.bund-gegen-anpassung.com

V.i.S.d.P.: Bund gegen Anpassung, C. Müller, Postfach 254, D-79002 Freiburg
Spendenkonto: Postgiroamt Karlsruhe, BLZ 660 100 75, Konto 186 435-758,
(Bunte Liste; bitte ohne weitere Zusätze)

(aus: KETZERBRIEFE 153, Mai/Juni 2009)

Ein unterschlagener Erfolg: Geburtenkontrolle in Iran

Während Presse und Glotze tagtäglich und unisono dröhnen, wie wunderbar es doch sei, Kinder zu bekommen, man sich vor den als Vorbild vorgeführten zahllosen, angeblich »heilen« Familien und glücklich grinsenden Schauspielerinnen mit »Babybauch« kaum retten kann, alles mit dem Ziel, die höchstmögliche Zahl an Lohndrückern zu erzielen und unseren überfüllten Planeten mit möglichst noch viel mehr Menschen zuzuknallen, wird kaum ein Europäer je erfahren haben, daß in einem Land in den letzten zwei Jahrzehnten eine der erfolgreichsten Geburtenreduktionen stattgefunden hat, die es je gab: In Iran sank die Fertilitätsrate von 7 Kindern pro Frau in den frühen 80er Jahren auf aktuelle 1,7; und diese Entwicklung, die alle Provinzen des Landes und alle Schichten umfaßt, hält weiterhin an – damit ist ein Wert erheblich unter der Reproduktionsrate erreicht, nicht wenige westeuropäische Länder liegen darüber![1]

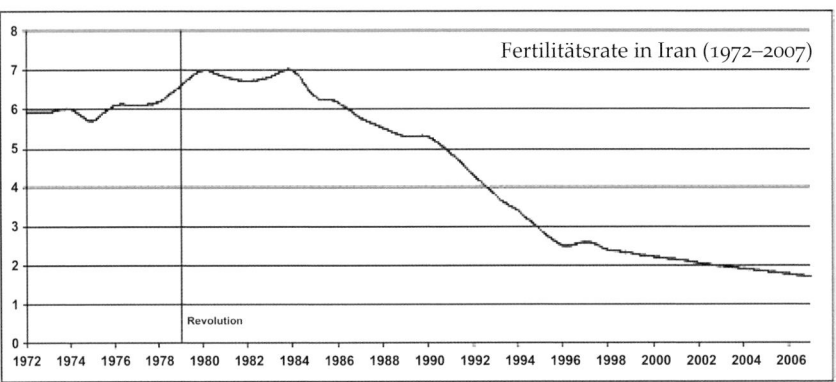

1   Fertilitätsrate bezeichnet die durchschnittliche Zahl der Kinder einer Frau im gebärfähigen Alter (meist wird 15–49 Jahre angenommen). »Die Gesamtfertilitätsrate (*total fertility rate*) ist ein genaueres Maß der Fertilität als die reine Geburtenrate [die sich auf die Gesamtbevölkerung bezieht, Anm. d. Verf.], weil sie sich auf die Geburten pro Frau bezieht«, so das »CIA World Factbook« (die US-Imperialisten möchten über die Welt, die sie beherrschen wollen, schließlich ordentlich informiert sein), aus dem die vorliegenden Daten neben mehreren Artikeln von Mohammad Jalal Abbasi und anderen Demographen entnommen sind (Literaturangaben s. am Ende des Artikels). Die UNO gibt eine Fertilitätsrate Irans für 2007 von 2,03 an; die Angaben des »CIA World Factbook« dürften genauer sein, zumal diese mit den Statistiken Abbasis korrelieren, der schon für das Jahr 2000 eine Rate von 2 angab.

Irans Geburtenrate ist damit innerhalb von etwa zwei Jahrzehnten sogar niedriger geworden als die des wegen seiner »Ein-Kind-Politik« vielgeschmähten und verhetzten Chinas, das diese Politik aber leider nie konsequent durchführte, denn z. B. wurden die – angeblich doch so verfolgten und unterdrückten – Minderheiten davon ausgenommen und andere Extrawürste zugelassen, die in der letzten Zeit so überhand genommen haben, daß von einer Einstellung dieses menschenfreundlichen Programms Chinas in weiten Teilen des Landes auszugehen ist.[2]

Wie China trotzdem immer noch, kann jetzt auch Iran als Modell für eine effektive Geburtenkontrolle dienen, weist es doch zumindest auf den ersten Blick eine ganze Reihe struktureller Gemeinsamkeiten mit vielen Ländern Asiens und Afrikas auf. So läßt sich heute im Falle Irans sozusagen in vivo beobachten, wie eine erfolgreiche Geburtenkontrolle durchgeführt werden kann.

Wie aber kam es zu dieser hier so eisern verschwiegenen und für viele wohl unerwarteten – denn bekannterweise wuchert Religion am besten auf der Grundlage von elendem und menschenunwürdigem Leben – Bevölkerungsentwicklung unter den Mullahs?

Unter dem vom Westen gepäppelten Schah war 1967 ein sogenanntes »Familienplanungsprogramm« eingeführt worden, das allerdings Bevölkerungswachstum und nicht -beschränkung zum Ziel hatte; die Begrenzung des Bevölkerungs-

---

[2] Die chinesische Regierung hat sich weit von Maos Programm der effektiven Geburtenkontrolle, das allerdings auch schon viel zu spät begonnen wurde (dies war wohl Maos größter Fehler), entfernt. Ihre inzwischen sehr zwiespältige Position in dieser Frage belegt etwa eine Meldung, die vor einiger Zeit in der chinesischen Zeitung »China Daily« zu Taiwan, dem Flächenstaat mit der weltweit niedrigsten Fertilitätsrate mit 1,13 Kindern pro Frau – dessen Bevölkerung, nicht Regierung, hat offensichtlich die Notbremse gezogen –, zu lesen war (s. www.chinadaily.com.cn/english/doc/2005-03/11/content_423824.htm): »Frauen verschieben Schwangerschaften wegen Arbeitsplatzsorgen: 65 % der berufstätigen Frauen in der Provinz Taiwan sagen, daß sie Bedenken haben, ein Kind zur Welt zu bringen, da Kollegen oder Vorgesetzte sie benachteiligen könnten, berichtet www.huaxia.com. Bei der Studie wurde auch herausgefunden, daß mehr als 80 % glauben, daß Schwangerschaften ihre beruflichen Entwicklungspläne entschieden beeinflussen können. Fast 29 % sagen, daß sie wegen dieser Vorurteile Geburten verschieben würden. Taiwanesische Beamte sind besorgt wegen der niedrigen Geburtenrate auf der Insel in den letzten Jahren und ihrer Auswirkungen auf die Bevölkerung in der Zukunft.« – Nun handelt es sich bei Taiwan bekanntlich um eine abtrünnige chinesische Provinz, aber muß man sie ausgerechnet hier kritisieren? Denn Taiwan leidet keineswegs an Bevölkerungsmangel, sondern weist bei etwa gleicher Fläche eine doppelt so hohe Bevölkerungsdichte wie *Belgien* auf. (Waren Sie schon mal in Belgien? Es ist entsetzlich voll!) Der Wunsch taiwanesischer Frauen, ein eigenständiges Berufsleben zu führen, anstatt das kleine Land weiter mit Menschen vollzustopfen, ist mehr als berechtigt – nicht aber aus der Sicht der taiwanesischen und leider auch der chinesischen Regierung. Taiwan gehört historisch zu China und könnte in diesem Bereich aufgrund seines höheren Lebensstandards bei sehr ähnlicher Kultur ein Beispiel für China bilden, eben bei der Einstellung von Frauen zu einem selbstbestimmten Leben mit möglichst wenigen oder auch keinen Kindern. Diese taiwanesischen Frauen könnten bei zunehmenden Kontakten oder auch bei einer Wiedervereinigung Vorbilder für chinesische Frauen sein, dies macht offenbar auch der chinesischen Regierung eher »Sorgen«.

wachstums aus demographischen Gründen war sogar explizit verboten. Die
schon zuvor hohe Fertilitätsrate änderte sich dadurch zunächst kaum, blieb auf
dem hohen Niveau von ca. 6 Kindern pro Frau und stieg dann in den Jahren
vor der Revolution noch an. Nach ihrer Machtergreifung im Februar 1979 setzten die Mullahs diese Politik der Bevölkerungssteigerung fort, beim Ausbruch
des Iran-Irak-Krieges 1980 wurde sie sogar noch verstärkt. Zunächst gelang es
den Ulema auch – die furchtbaren Lebensverhältnisse in dieser schwarzen, von
Tschador, Repression und massiver Verfolgung geprägten Zeit werden ihren Teil
dazu beigetragen haben –, die Fertilitätsrate weiter zu steigern: Bis 1984 stieg sie
auf 7 (!) Kinder pro Frau an, und die Bevölkerung wuchs jährlich um 3,2 %. Dann
jedoch, **bevor** die Ulema irgendwelche Maßnahmen ergriffen, die in unmittelba-
rem Zusammenhang mit Bevölkerungskontrolle standen, setzte ein deutlicher
Abwärtstrend ein, und 1989 waren es immerhin schon knapp zwei Kinder weniger pro Frau – wie gesagt ohne Zutun der Mullahs.

Allerdings sollte man in diesem Zusammenhang wissen, daß, im Gegensatz
zu seinem ebenso finsteren päpstlichen Kollegen, sich Khomeini nie gegen Kontrazeptiva aussprach, verschiedentlich befürworteten er und seine Mit-Ayatollahs
diese sogar, Ehepaare hatten deshalb zumindest in städtischen Bezirken in entsprechenden Kliniken Zugang zu kostenlosen Verhütungsmitteln wie Anti-
Baby-Pillen, Kondomen und Pessaren. Andererseits förderten die Mullahs frühe
Heiraten und Familiengründungen – das Heiratsalter wurde von 18 auf 15 für
Jungen und von 15 auf 13 für Mädchen heruntergesetzt, sogar schändliche 9 Jahre
wurden unter Umständen erlaubt – und verließen sich dabei durchaus nicht allein
auf Appelle an entsprechende islamische »Tugenden« und Gebote, sondern legten
auch finanzielle Köder aus. Die Mullahs setzten also alles daran, frühe Heiraten
und frühe Geburten herbeizuführen, die Iraner aber bissen nicht in diesen üblen
Köder – das durchschnittliche Heiratsalter von Frauen blieb zwischen 1976 (19,52)
und 1986 (19,73) annähernd gleich (1996 lag es dann aber schon bei 22,09 Jahren).

1985 setzte also der Umschwung ein, und 1989 war die Fertilitätsrate auf 5,3
gesunken. Den Iran dieser Zeit kann man sich kaum finster und die religiöse
Unterdrückung kaum groß genug vorstellen – einen recht treffenden Eindruck vermittelt Betty Mahmoodys damaliges Buch »Nicht ohne meine Tochter« und auch
der dazugehörige Film. Aber an einigen Stellen war zu bemerken, daß sich die Iraner
und die – hier paßt es einmal – Iranerinnen nach und nach einige Zugeständnisse
der Mullahs erkämpft hatten, vor allem bezüglich des Tschadors – das Kopftuch
blieb immer noch Zwang – und des öffentlichen Lebens, allerdings immer noch
äußerst beschränkt und unter ständiger Bedrohung durch die Pasdaran, die weiterhin willkürlich verhaften konnten und dies auch taten. Aber hier und da mußten die Mullahs nachgeben: Iran war seit der Machtergreifung Khomeinis und
seiner zum Ärger des Monoimperialismus solcherart zurückeroberten staatlichen

Souveränität ein von den USA und deren Vasallen gehaßtes Land. Das ist es bis heute. So nützlich eine klerikale Machtergreifung für den Vatikan und selbstverständlich auch dessen monopolistische Bündnispartner, die dumpfe und freudlose Massen brauchen, gewesen sein mag – Fatwa und Inquisition, ein Mullah- und Pfaffenrecht, lautete das Programm, weshalb sich insbesondere die katholische Kirche auch ganz ausgezeichnet mit dem schiitischen Klerus versteht –, der Vorbehalt gegen einen nicht unter den amerikanischen Stiefel gezwungenen Staat blieb. Aufgrund dieser ständig drohenden Gefahr, durch die USA gestürzt und durch ein Quislingsregime von deren Gnaden ersetzt zu werden, mußten und müssen sich die Mullahs die Loyalität der eigenen Bevölkerung zumindest teilweise sichern. Aus diesem Grund sind sie gezwungen, beispielsweise minimale Zugeständnisse im Falle des islamischen Kleidungszwangs für Frauen zu machen. Auch können sie ihr Land nicht völlig verelenden lassen, denn ein verelendetes Volk mag sich zwar vor der Knute beugen, ist aber auch kaum bereit, die eigene Regierung zu unterstützen, eine Erfahrung, die die spätrömischen Kaiser machen mußten, bis der letzte in einem germanisch kontrollierten Militärgefängnis endete. Als nach einem 1986 durchgeführten Zensus die Bevölkerung Irans seit der Revolution 1979 durch die vorangegangene Politik und das gesellschaftliche Elend um fast 13 Millionen auf 50 Millionen gestiegen war, hatten die Mullahs diesen immensen Anstieg zunächst noch als »gottgegebenes Geschenk« bezeichnet. Dann begannen einige von ihnen aber doch, sich Gedanken über die voraussehbaren Auswirkungen dieser Bevölkerungsexplosion zu machen, die sich aus den angeführten Gründen gegen sie selbst richten konnte. Und so sprangen die Mullahs schließlich in der Frage der Geburtenkontrolle auf den bereits anrollenden Zug auf und begannen, diese zu befürworten und zu fördern, allerdings mit einem Erfolg, den sie selbst nicht erwartet hatten. Im Dezember 1989 wurde im Rahmen des »Ersten Fünfjahresentwicklungsplans« vom Parlament ein Programm der Bevölkerungskontrolle und Familienplanung beschlossen und 1993 dann ein entsprechendes Gesetz.

Welche Maßnahmen wurden dabei getroffen? Nicht viele:

- Kostenlose Bereitstellung von Verhütungsmitteln, auch auf dem Land,
- Förderung von Kleinfamilien, obligatorische Beratung über die Anwendung von Verhütungsmitteln für Heiratswillige,
- Einbeziehung von Fragen der Bevölkerung und Familienplanung in die Lehrpläne,
- keine staatlichen Vergünstigungen mehr ab dem vierten Kind (mit dem dabei eingesparten Geld sollten Werbung und Unterrichtung des Programms finanziert werden),
- eher zurückhaltende Werbung für das gesamte Programm.

Das war alles! Die Erwartungen in dieses Programm von offizieller Seite im Jahr 1989 waren entsprechend niedrig angesetzt: Man nahm an, daß die Fertilitätsrate von 6,4 (1986) in 25 Jahren lediglich auf 4 (2011) fallen und das Bevölkerungswachstum damit von 3,2 % auf 2,3 % (2011) zurückgehen würde. Einzelne iranische Demographen hielten selbst diese Berechnungen für zu optimistisch; aufgrund der Erfahrungen in Ländern wie Pakistan, Indien und Bangladesch gingen sie davon aus, daß die Fertilitätsrate noch weniger sinken würde (auf 3,85 für die Jahre 2016–2021). Auch die UN erwartete keinen wesentlich stärkeren Fall der Raten: 1996 sollte sie danach immer noch bei 4,77 liegen, erst im Jahr 2000 gestellte neue UN-Prognosen nahmen für die Jahre 2010–2014 Fertilitätsraten von 2,6, 2,1, 1,6 für Iran an (hohe, mittlere und niedrige Varianten). Zur Erinnerung: Schon jetzt (2008) liegt die Fertilitätsrate bei 1,7, sie ist damit so hoch wie die von der UN für 2014 in der niedrigsten Variante erwartete.[1]

Es ging aber keineswegs einfach nur um falsche Prognosen: Obwohl ein weiterer Zensus 1996 bewies, daß die Fertilitätsrate entgegen aller Erwartungen für eben dieses Jahr bereits auf 2,5 gesunken war, gab die UN 1996 noch den o. g. viel zu hohen Wert von 4,77 an – es kam ihr offensichtlich gar nicht gelegen, daß in einem Land eine so sichtbar effiziente Geburtenkontrolle durchgeführt wurde, denn sonst wären doch die Überlegungen und Planungen der Perser öffentlich bekannt gemacht und erörtert worden, wobei die Weltbevölkerungskonferenz, die mit großem Getöse 1994 in Kairo abgehalten wurde, ein ganz hervorragendes Forum für eine entsprechende Bekanntgabe und Diskussion des iranischen Programms geboten hätte (cf. KB 52 u. 53). Warum wurde dort kein iranischer Vertreter eingeladen, um auf dieser Konferenz in einer »keynote speech« die so ermutigende iranische Bevölkerungspolitik und die damals schon absehbaren Ergebnisse und Erfolge vorzustellen? Nichts von alledem – diese Politik Irans soll nicht gehört werden, UN und gleichgeschaltete Presse schwiegen und schweigen bis heute.[2]

In Iran wurde darüber hinaus eine Reihe von Maßnahmen beschlossen, die keinen unmittelbaren, aber sehr wohl einen mittelbaren Einfluß auf die Geburtenentwicklung haben und die im Rahmen der täglichen Haßpropaganda des amihörigen Westens gerade ebenso verschwiegen werden: Reduzierung der Kindersterblichkeit, Förderung der Bildung und Arbeitsmöglichkeiten

---

[1]   Das immer noch bestehende Bevölkerungswachstum von 0,792 % ist bedingt durch den hohen Anteil an junger Bevölkerung, der durch die zuvor fehlende Geburtenkontrolle verursacht wurde.

[2]   Die *eine* Ausnahme, die es geben muß, damit immer jemand behaupten kann, daß die Presse doch nicht gleichgeschaltet sei, war diesmal **ein** winziger Bericht in der »Neuen Zürcher Zeitung« vor einigen Jahren – aber Hand aufs Herz: wer hat ihn gelesen oder jemanden darüber berichten hören?

von Frauen, Verbesserung der Sozial- und Rentenversicherung, die unabhängig von der Anzahl der Kinder sein soll. Auch dieses Programm hat für den Erfolg der Geburtenkontrolle eine wichtige Bedeutung gehabt. Um es kurz auszudrücken: Verhungern muß niemand in Iran, jeder hat Zugang zu medizinischer Versorgung – deshalb müssen Medizinstudenten nach Abschluß ihres Studiums einige Zeit auf dem Land arbeiten. Lag 1977 unter der US-Marionette, dem Schah, der Anteil der ländlichen Haushalte mit Leitungswasser bei 12 % und der mit Elektrizitätsanschluß bei 15 %, so hat heute auch das letzte Dorf im Zagrosgebirge Elektrizitäts- und Telefonanschlüsse; schon 1997 verfügten 80 % aller ländlichen Haushalte über Leitungswasser (die städtischen alle), zwischenzeitlich dürften es noch erheblich mehr geworden sein, und Iran besteht wie bekannt zum Großteil aus Wüste. Wichtig ist, daß praktisch jedes Kind zur Schule geht, vor allem jedes Mädchen. Die Alphabetisierung liegt aktuell bei etwa 88 % (♀) und 77 % (♂). An den Universitäten fällt der hohe Anteil der Studentinnen auf, teilweise liegt er bei über 60 %, auch der Anteil von Frauen in den Fakultäten ist hoch. Im Vergleich mit ihren männlichen Kollegen kann man sich oft nicht des Eindrucks erwehren, daß die »Minderheit« der Frauen (natürlich sind die Iranerinnen keine Minderheit, aufgrund ihrer besonderen Unterdrückung weisen sie aber einige ähnliche Merkmale wie Minderheiten in repressiven Gesellschaften auf) fleißiger und disziplinierter studiert und arbeitet. Wie dem auch sei: Neben der medizinischen Versorgung, dem kostenlosen Zugang zu allen Kontrazeptiva (auch Sterilisationen werden umsonst durchgeführt), der entsprechenden Beratung und der (bescheidenen) Werbung für die Geburtenkontrolle, dürfte in der hohen Bildung der iranischen Frauen der Schlüssel für den Erfolg des iranischen Bevölkerungsprogramms liegen: Bildung schützt vor (zu vielen) Kindern.

Die Mullahs fördern die Geburtenkontrolle, um die Bevölkerung nicht verelenden zu lassen – und die Teilung der (nicht nur in Iran) begrenzten Ressourcen durch immer mehr Menschen führt zwangsläufig zu einer solchen Verelendung, mögen unsere Lehrer auch noch so zetern – und sich ihrer teilweisen Solidarität angesichts der Bedrohung durch die USA zu versichern. Der Freiheitsgedanke, der durch die vernünftige und auch selbstgewollte Bevölkerungspolitik gelegt ist und auch durch andere Quellen, wie den Zugang zur Bildung, gefördert wird, kann sich freilich irgendwann auch gegen die Mullahs selbst richten. Iran hat eine eineinhalbtausendjährige Geschichte vor dem Islam (Persepolis existiert, man kann diese Geschichte also noch sehen), und die meisten iranischen Frauen legen den elenden Tschador sofort ab, wenn sich ihnen die Gelegenheit dazu bietet. Zwar sind angesichts des amerikanischen Jochs und eines unter diesem gleichgeschalteten Europas die Aussichten auch für einen selbstbestimmten Iran nicht gut. Aber Iran hat bewiesen, daß eine Geburtenkontrolle auch in einem relativ zurückgebliebenen Land ohne große Schwierigkeiten durchgeführt werden kann. Es geht also, und es ist eine Schande für Europa, daß die klerikalen Finsterlinge Irans dieses Modell vorführen mußten.

P. S.: Zur Anschauung über Empfängnisverhütung in Iran und deren Funktionieren, z.B. die Beratung für Heiratswillige, sei abschließend ein im Internet zugänglicher kurzer Dokumentarfilm[3] erwähnt. Obwohl der Film über weite Strecken hämisch und schmierig kommentiert ist, bleibt eine Szene äußerst angenehm im Gedächtnis: Am Ende des Films erscheint eine Gruppe von Kindern eines Kindergartens oder einer Grundschule, die Schilder auf Englisch in die Kamera halten. Das eines Dreikäsehochs lautet: »Family planning is the key for the world of tomorrow.« Wer konnte in einem europäischen Kindergarten oder in einer Grundschule einen solchen Satz jemals hören oder lesen? Derartiges wird westlichen Kindern nicht gelehrt, die bekommen nur das ewige Lied vom säckeweisen Kinderkriegen zu hören. Die iranischen Lehrer oder Kindergärtner, die diese kleine Demonstration gegenüber dem ausländischen Fernsehteam durchgesetzt haben, können jedenfalls nur gelobt werden und stehen moralisch meilenweit über den Kommentatoren des Films. Immerhin existiert der Film, aber groß ist die Zahl derjenigen, die ihn gesehen haben und damit wissen, daß in Iran eine Geburtenkontrolle existiert, gewiß nicht.

P. P. S.: Loyalität wird selten durch Freiheit, immer aber durch Wohlstand erreicht. Im durch eine kleinbürgerliche Revolution (die ca. 500 Jahre zuvor in Genf und Holland noch der menschheitlich größtmögliche Fortschritt gewesen war) von monarchistischem Dreck wie von US-Bevormundung und vor allem -Aussaugung befreiten Iran reifen anscheinend jetzt in Gestalt relativen Wohlstands die Früchte dieser relativen Freiheit. Das könnte der Grund dafür sein, daß der Monoimperialismus – zwecks Schonung seiner andernorts so geplagten Bodentruppen – in Gestalt der atomaren Ermordung der iranischen Bevölkerung eine Art Mega-Auschwitz ausgerechnet jetzt *in petto* hat, wobei im moralisch entsetzlichsten Fall offenbar Israel den benötigten Provokateur abgeben soll. Presse wie Galionsfiguren des US-Imperialismus geben jedenfalls seither so wenig Ruhe wie etwa eine Schwindelfirma à la TELE2 gegen einen armen Kunden, der ihren Betrügereien keinen Tribut bringen will.

Ralph Vogel

---

[3]   www.youtube.com/watch?v=Xm_KLyi9W9U

Literatur

Mohammad Jalal Abbasi-Shavazi, Fertility decline in the Islamic Republic of Iran: 1972–2000, in: Asian Population Studies, 2/2006, S. 217–237

id., The fertility revolution in Iran, in: Population et Sociétés 373/2001
www.ined.fr/fichier/t_publication/544/publi_pdf2_pop_and_soc_english_373.pdf

id. et al., Revolution, war and modernization: Population policy and fertility change in Iran, Journal of Population Research 19/2002, S. 25–46
www.jpr.org.au/upload/JPR19-1pp25-46.pdf

Meimanat Hosseini-Chavoshi, Peter McDonald, Mohammad Jalal Abbasi-Shavazi, Fertility and contraceptive use dynamics in Iran: Special focus on low fertility regions, ADSRI Working Paper No. 1, Canberra 2007
http://adsri.anu.edu.au/pubs/ADSRIpapers/ADSRIwp-01.pdf

A. M. Sardari, R. Keyhan, The prospect of family planning in Iran, in: Demography 5/1968, S. 780–784

Cyrus Schayegh, Familienplanung in Iran – Gratwanderung zwischen Pragmatik und Moral, in: Neue Zürcher Zeitung, 20. Oktober 2004

World Bank
www.worldbank.org

The World Factbook
https://www.cia.gov/library/publications/the-world-factbook/

UNO World Population prospects
http://esa.un.org/unpp/

(aus: Ketzerbriefe 182, September/Oktober 2013)

Ist der »Klimawandel« ein Schwindel?

Auf die Titelfrage dieses Beitrags kann ich keine abschließend sichere Antwort geben. Aber ich kann dafür die sicheren Kriterien ins Gedächtnis rufen, die zur Beurteilung jeder *denkbaren* Antwort auf sie nötig sind, und auf einige wenig bekannte Tatsachen hinweisen, deren Kenntnis die richtige Antwort sehr erleichtert, vielfach sogar deren Voraussetzung ist.

Zunächst einmal ist unabdingbare Grundlage jeglicher entsprechenden Diskussion, daß jeder, der sich an ihr beteiligen will, weiß, was in ihr das Wort »Klimawandel« bedeuten soll. Denn stabil ist das Klima nie für längere Zeit geblieben, seit es eine Atmosphäre gibt (und ohne diese kann es auch kein Klima geben), nicht erst seit den letzten Eiszeiten, welche *Homo sapiens* miterleben konnte, sondern auch in wesentlich früheren Erdzeitaltern, ja sogar bevor überhaupt mehrzellige Lebewesen existierten, geschweige denn Wirbeltiere. Also soll hier, genau wie jahrelang in Zeitung und Glotze, das Wort »Klimawandel«

1) bedeutungsgleich sein mit dem englischen Wort »global warming«, d.h. mit der Behauptung, daß die oberflächennahe Temperatur der Erdatmosphäre in gemessen an vorangegangenen Klimaschwankungen sehr kurzer Zeit im Durchschnitt überall auf dem Planeten (»global«) um etwa 3° C ansteigen werde, und

2) dies die Folge der Überbevölkerung sei, jedenfalls jener menschlichen Aktivitäten, welche mit der Versorgung dieser Riesenmenge zu tun haben und dabei Verbrennungsprozesse benötigen. (Daß das Wort »Überbevölkerung« dabei in den Memverbreitungsmaschinen aus propagandistischen Erwägungen unterdrückt wurde, spielt dabei sachlich keine Rolle, denn nie konnte etwas anderes als Grundlage besagter Verbrennungsprozesse, die als einzige jenes CO_2 in und aus aller Munde erzeugen, gemeint sein.)

Diese von nun an von mir und hoffentlich allen Lesern, die sonst ja nur ihre Zeit verschwenden, eisern durchzuhaltende Bedeutung des globalen Reizwortes

(daher auch »climate change«, »changement climatique«, »气候变化«) mußte fest-
gehalten werden, weil sich, erkennbar zentral gesteuert, in der neueren Debatte
einige Bedeutungsaufweichungen eingeschlichen haben, welche alle in ihr möglichen Beiträge von vornherein unfalsifizierbar bzw. sinnlos machen. So soll
»Klimawandel« neuerdings auch bedeuten können, daß es auch mal ungewöhnlich kalt werden könne, seltene Wetterereignisse häufiger als früher seien, oder
auch Wetteränderungen rascher aufeinander folgen würden als gewohnt usw.,
d.h. lauter Aussagen, die von der ursprünglichen und als solche ganz schön nachhaltig eingebimsten Aussage nach allen Richtungen hin abweichen und als solche
selbst im günstigsten Fall eine unübersehbare *neue* Meß- und Überprüfungsarbeit
erfordern würden, während derer, die ja vor ihrer möglichen Validierung zahlreiche Jahre und Gelder verschlingen müßte, sie längst wieder geändert worden wäre, wie ein Proteus, bis von ihr nur noch der freilich äußerst wahre Satz
übrigbleibt:

>»Wenn der Hahn kräht auf dem Mist
ändert sich's Wetter oder bleibt, wie's ist.«

Zu dieser letzteren Einsicht gelangte die Menschheit allerdings schon unendlich
lange vor dem Klimagetön, und sie wird auch noch unendlich lange nach diesem
wahr bleiben, ohne daß man sie deswegen herauskrähen, gar ob ihrer asketisch
und hysterisch werden müßte.

Der Grund für diese plötzlichen Subreptionen, d.h. heimlichen Bedeutungs-
änderungen des Zentralbegriffs in der Debatte, ist natürlich, daß wir von der
vorhergesagten drastischen Erwärmung nichts mitbekommen, sondern daß es
zumindest auf jenen großen Festlandsflächen, auf denen die meisten Beobachter
sitzen, zumindest kürzlich eher zu einer Abkühlung gekommen zu sein scheint,
der Begriff bzw. das dröhnende Schlagwort aber aus irgendwelchen Gründen offenbar nicht entsorgt werden darf. Töricht wäre aber, uns an dieser Stelle schon
auf eine Empiriedebatte einzulassen, denn auf jede Beobachtung hin, daß es irgendwo kälter geworden sei, wird sich jemand melden, der uns entweder erzählt,
daß es irgendwo wärmer geworden sei (was für irgendeinen Punkt der jeweils
entgegengesetzten Halbkugel, gemessen am Vorjahr oder, wenn selbst das nicht
zutrifft, an irgendeinem Durchschnittswert willkürlich addierter Vorjahre *immer*
stimmt) oder daß es »nur deshalb« kälter geworden sei, »weil… «; und dann
kommt eine ziemlich lange und verwickelte Geschichte, die sich mitnichten sofort überschauen, geschweige denn überprüfen läßt. Derlei ließ sich in den letzten
Jahren immer wieder im »Spektrum der Wissenschaft« und ähnlichen Medien beobachten, wo ein mittelrangiger Fachmann in einem mittellangen Leserbrief recht
vernünftig und dem Anschein nach überzeugend gegen die These argumentierte,

eine erhebliche Erwärmung der Atmosphäre stehe demnächst bevor, und ihm dann ähnlich rational, aber fast nie *ganz* genauso überzeugend, ein höherrangiger Fachmann widersprach. In diese Falle sollten wir Nicht-Fachleute nicht tappen; auf dieser Ebene *können* wir in der Sache einfach nicht entscheiden, aber wir dürfen auch nie vergessen, daß **kein einziger Fachmann** der ganzen Welt bei all seinem bloßen *Wissen* über genügend *Meßdaten* verfügt, um die Frage auf dieser Basis mit Sicherheit entscheiden zu können. Leicht trügt der Augenschein; besser, als diesem immer weiter hinterherzulaufen, ist die Festeinstellung der Frage, wie man zu der Aussage oder Vermutung, um deren Nachweis oder Widerlegung es gehen soll, überhaupt gekommen ist. (Diese Haltung killt ganze Religionen, nur diesmal ist das nicht das Thema, aber sie ist auch außerhalb derselben unabdingbar, wenn man zur Wahrheit vorstoßen will. Ihr Name ist »Hypothesenminimalismus« oder »Occam's razor«.) Die Aussage selber, die immer mehr mit der Empirie zusammenzustoßen scheint, ist also, daß eine erhebliche Durchschnittserwärmung der bodennahen Erdatmosphäre begonnen habe, rasch fortschreite und durch menschengemachten Kohlendioxyd-Ausstoß, also versorgungsbedingte Verbrennungsprozesse, verursacht sei. Auch letzteres festzuhalten ist deshalb wichtig, weil jetzt auf einmal nicht nur die *Tatsache* der Erdatmosphären-Erwärmung bzw. deren Behauptung aufgeweicht werden soll, ohne deshalb das Schlagwort mit all seiner Stimmungsmache und Notstandsrechtfertigung zu ändern, sondern auch deren *Ursache* auf einmal ausgetauscht werden soll, egal ob das dazugehörige Phänomen überhaupt existiert oder anderweitig, nämlich natürlich statt durch menschliche Aktivität, verursacht wurde, wobei die nachgeschobenen Ursachen, die in Presse und Leserbriefen auftauchen, auffälligerweise allesamt *auch*, ganz wie die besagten Verbrennungsprozesse, menschengemacht sein sollen, etwa vermehrter Methanausstoß durch explodierte Landwirtschaft beispielsweise oder gesteigerter Einsatz kurzer Sendewellen. All dies ist nicht unser Thema, und es ist auch nicht dasjenige staatlicher Reglementierungen, die ausnahmslos um die »CO_2-Bilanz« kreisen und sonst nichts.

. — .

Die Grundlage aller Äußerungen zum »Klimawandel« – so wie oben ein für allemal definiert, also nicht für irgendeinen menschenunabhängigen Prozeß – ist die Vermutung, die gegenwärtige, an Ausmaß unstrittig jede frühere weit übertreffende menschliche Aktivität produziere ein Ausmaß an Kohlendioxid, das die Pflanzen nicht mehr verzehren könnten. (Dieses bewirke dann als »Treibhausgas« eine Behinderung des Rückflusses der in der Atmosphäre vorhandenen Wärme in das Weltall, was es zweifellos tut, egal ob es mehr wird oder nicht; die Frage bleibt *quantitativ* und als solche nicht leicht zu entscheiden.) Angesichts der erdrückenden und sogar noch weiter aufgestockten Überbevölkerung des Planeten mit Menschen, welche zwecks Transport, Produktion, Kochen usw. eine ungeheure Menge Kohlendioxyd produzieren muß – *jede* Verbrennung produziert Kohlendioxyd, auch ohne Flamme, z.B. unser Atmen sowie dasjenige aller anderen Tiere –, erscheint und ist diese Vermutung *a priori* keineswegs unvernünftig. Die Frage ist nur, ob sie auch stimmt, und das ist eine *empirische* Frage, die an *quantitativen* Parametern hängt. Und *deren* Beantwortung ist schwierig, denn sie läßt sich nur durch *Messungen* beantworten, deren Durchführung ihrerseits schwierig und aufwendig ist.

Leider ist, wie ich oft beobachten konnte und mußte, die naturwissenschaftliche Unkenntnis im Volk, auch dessen akademischen Teils, so ungeheuer, daß es sinnvoll erscheint, bevor wir an dieser Stelle auch nur einen Zentimeter weitergehen, erst einmal ein paar fundamentale Zusammenhänge ins Bewußtsein zu rufen, ohne deren klopffeste Verinnerlichung jede weitere Debatte sinnlos bleibt. (Deshalb haben unsere Gewalthaber und Nutznießer der Lüge und Gewalt, die ja auch die Lehrpläne bestimmen, kein Motiv, das übersichtsstiftende Grundwissen in den Schülerköpfen zu verankern – jeder kann meine Behauptung, daß dieses im Volk fast immer fehlt oder durcheinandergeht, mühelos in seiner sozialen Umgebung überprüfen. Wer ansonsten in einfachen Wissensfragen schon sattelfest ist, kann den folgenden Abschnitt überspringen.)

Leben ist eine Homöostase und daher chronisch defizitär, ganz wie ein Wasserfall, dessen Existenz – auch er ist eine Homöostase – sofort aufhört, wenn von oben kein Wasser mehr nachfließt. Das Leben muß also sowohl die Materie, aus der seine Träger (es ist ja selber kein Stoff, sondern ein Prozeß) bestehen, von außen holen, ebenso alle Energie, die nötig ist, um diese Materie für den »Eigenbedarf« umzubauen oder überhaupt zu erlangen, loszuwerden usw. Neben einer Stoffzufuhr braucht es also auch Energienachschub, und seit es nach bescheidenen Anfängen, in denen Prokaryoten andere Energiequellen nutzten, Lebewesen gibt, welche die Sonnenenergie in verglichen mit ihren Vorgängern großem Stil anzapfen können, um aus chemisch einfachen Stoffen kompliziertere herstellen zu können (in deren chemischen Bindungen, die jetzt zahlreicher sind als vor ihrer Herstellung, ein erklecklicher Teil dieser umgelenkten Energie steckt), haben sich auch weitere Lebewesen gebildet, welche ihnen diese neuen Stoffe für den Eigenbedarf zu entreißen suchen, d.h. sie »fressen«, damit *ihre* Homöostase erhalten bleibt, am Ende sogar durch Kopien vermehrt werden kann. Jene freßbaren Lebewesen, die die Sonnenenergie auf die angedeutete Weise für ihre »Zwecke« anzapfen können, heißen »Pflanzen«; sie stellen aus dem unser Zentralthema liefernden Kohlendioxyd (CO_2) sowie Wasser (H_2O) Glucose ($C_6H_{12}O_6$) her. Mittels der Sonnenenergie schaffen sie das unter Anwesenheit von »Chlorophyll«; dabei verbinden sich sechs Wassermoleküle und sechs Kohlendioxydmoleküle am Schluß des Prozesses, dessen Einzelheiten und Fortsetzung hier nicht zur Sache gehören, zu einem Glucosemolekül, und wer nachrechnet, wird bemerken, daß dabei zwölf Sauerstoffatome übrigbleiben; diese werden als sechs Luftsauerstoffmoleküle (O_2) abgegeben. (Es könnten natürlich auch vier Ozonmoleküle (O_3) werden, werden es aber nicht aus Gründen, die hier keine Rolle spielen, ebensowenig wie alle weiteren, sehr zahlreichen Einzelheiten, die sich ganz leicht in Büchern und dem Internet finden lassen.)

Pflanzen *ernähren* sich also von H_2O und CO_2, jedenfalls soweit die Substanzseite ihrer Ernährung betroffen ist (die energetische kennen wir ja schon). Dies erlaubt anderen Lebewesen, die es sonst nicht geben könnte, sich ihrerseits von Pflanzen zu ernähren, ihnen die Ergebnisse ihrer Chemikerarbeit sozusagen »fertig« zu rauben; diese Lebewesen (und noch ein paar), *Tiere* genannt, behalten am unteren Ende ihrer Stoffwechselprozesse, die mit jener Ernährung verbunden sind, wiederum Kohlendioxyd, das sie loswerden müssen, und das tun sie mittels eines Prozesses, den wir bei ihnen *Atmung* nennen und zu dem sie Luftsauerstoff brauchen, also O_2 (wie jene Handyfirma mit der scheußlichsten Ansagerinnenstimme also), und von diesem wissen wir mittlerweile, wo es herkommt. Die Tiere konnten also aus mindestens zwei Gründen nicht vor den Pflanzen (oder deren analog funktionierenden Vorläufern) entstehen. Sie entnehmen den benötigten Luftsauerstoff entweder dem Wasser (in dem er »gelöst« ist) oder später auch der Luft (in der er zwischen etwa viermal so vielen Stickstoffmolekülen und wenigen weiteren im Zweierpack, selten Dreierpack herumfliegt, also als O_2 und O_3) und in beide, Luft wie Wasser, ist er als Abfallprodukt der Pflanzenernährung hereingekommen. Danach atmen die Tiere, darunter wir, unser unnützes Kohlendioxyd endlich aus – wie das möglich wurde, läßt sich wiederum nachlesen –, und die Pflanzen »freuen« sich, da es wieder was zu »essen« gibt. Das ist der O_2/CO_2-Kreislauf, und alle Neunjährigen, gar Älteren sollten ihn kennen. (So sehr ihnen manche Kinderbücher – bei mir z.B. war es »Die Welt, in der wir leben« – dabei helfen können, so wenig tut das die Schule, welche Schande! Allerdings hat es keinen Wert, wenn besagte Kinder vorher nicht den Unterschied zwischen Atom und Molekül begriffen haben, was aber auch nicht schwer ist, freilich bei konsequenter Anwendung stets ideologiefeindlich, mindestens religionsfeindlich wie schon bei Lukrez, was einen Teil der Unterrichtsminderwertigkeit erklären mag.)

Die Pflanzen konnten nun für ihr Hauptnahrungsmittel CO_2 nicht auf die Tiere warten, es ist klar, warum das nicht geht, aber sie bekamen es ja durch Vulkanismus und andere von Lebewesen unabhängige Verbrennungsprozesse von vornherein in großer Menge. Natürlich »war ihnen egal« – und ist es bis heute –, ob an der Produktion »ihres« CO_2 andere Organismen beteiligt waren oder nicht. Jedenfalls wurden sie so zahlreich, wie es ihnen die Menge ihrer beiden »Nahrungsmittel« und sonstigen Lebensvoraussetzungen, z.B. Temperaturen, erlaubte; die Frage des menschengemachten »Klimawandels« ist ja nur, ob wir durch die von uns genutzten Verbrennungsprozesse so viel CO_2 produzieren, **daß die Pflanzen mit dem »Fressen« nicht mehr nachkommen**, und ferner, ob das sich dadurch in der Atmosphäre ansammelnde Kohlendioxyd ausreicht, um den vorhergesagten Treibhauseffekt auszulösen.

Die erste Frage ist äußerst schwer zu beantworten, die zweite dagegen wird von allen Fachleuten einhellig mit NEIN beantwortet. (Merkwürdig ist nur, daß sie das nur so leise sagen und selbst dazu gewöhnlich genötigt werden müssen!) Selbst wenn alles Brennbare auf Erden in einem Rutsch verbrannt würde, könnte durch das freigesetzte CO_2 als solches der beschworene Effekt nicht eintreten. Dieser Eintritt wird vielmehr aufgrund spekulativer Überlegungen bezüglich *sekundär* durch dieses Zusatz-CO_2 *möglicher* Folgeeffekte vorhergesagt, die, wenn ich das mit meinen bescheidenen Kenntnissen richtig beurteilen kann, zwar *allesamt* auf der Basis dessen, was chemisch ablaufen **kann**, *korrekt* ausgedacht sind, doch niemand kann gegenwärtig sagen, ob sie auch *wirklich* eintreten oder aber von anderen, ebenfalls möglichen Abläufen gebremst oder gar umgekehrt werden.

An dieser Stelle kommt – neben der mutmaßlichen Überraschung vieler Leser, doch die Sache selber ist unstrittig – die Empirie ins Spiel. Gibt es – durch Meßergebnisse belegte – Vorgänge, die dafür sprechen, daß die befürchteten und chemisch möglichen Abläufe in Gang gekommen sind? Wie zwingend sprechen sie dafür, wenn sie es tun?

Hier verlassen mich – und wahrscheinlich auch Dich, lieber Leser, dessen Hautfarbe oder gar embryonale Klitorisentwicklung hier einfach nichts zu suchen hat – die Fachkenntnisse. Was wir aber beide bemerkt haben werden, ist, daß es Daten gibt, die wir aus den Medien kennenlernen und gegen deren Korrektheit zunächst nichts spricht, welche *dafür sprechen*, daß die Vermutung stimmt, und andere, die wir z.T. selber bemerken, z.B. die ungewöhnlich kühle erste Hälfte (! – das ist viel) dieses Jahres, aber auch tausendundeine mindestens manchmal erkennbar seriöse Internetmeldung, die der aktiv und zur Rechtfertigung so vieler Verbote und Verzichtsappelle verbreiteten Behauptung *widerspricht*. Auf diesem Wege also kommen wir nicht weiter, und wenn wir eine *aufgeregte* Debatte zulassen, dann werden sich totsicher auch viele Unberufene einmischen, welche *gegen* die von der Regierung bzw. UNO gestützte Behauptung mit Argumenten zu Felde ziehen, welche besagte Unberufene lächerlich machen und damit auch auf andere, vielleicht ernster zu nehmende Kritiker zurückwirken, die ihrerseits dann ohne eigene Schuld als Besatzung eines Narrenschiffs wirken. (So las ich einmal bei einem Gegner der *global-warming*-These, dessen Name die Nennung nicht verdient, die Folgen eines Abschmelzens der Polkappen könnten keine Küstenstädte schädigen, weil durch die unterschiedlichen Ausdehnungskoëffizienten von Eis und flüssigem Wasser dessen Spiegel in einem Gefäß auch dann gleichbleibt, wenn ein in ihm schwimmender, also diesen Spiegel aufgrund seines geringeren spezifischen Gewichts überragender Eiswürfel geschmolzen ist bzw. schmilzt. Der Depp hatte vergessen, daß der größte Teil des Kappen- und Gletschereises gar nicht im Meer schwimmt, sondern auf festem Land lagert, was natürlich auch das Zurückweichen der irdischen Küsten nach der Eiszeit erklärt [und das verbliebene Resteis den Golfstrom, die Aalwanderung und die Nützlichkeit des Panamakanals].)

Wie gesagt: mit unseren Mitteln können wir die Frage nicht entscheiden, wahrscheinlich nicht einmal, wenn wir Fachleute sind und, was *nie* der Fall ist, wozu später, alle je erhobenen Daten zur Hand haben. Das fängt schon mit der Frage 1 an: können die vorhandenen Pflanzen das durch die Überbevölkerung und deren Versorgungskonsequenzen hinzukommende CO_2 vollständig verwerten oder nicht? – Zweifellos hat ihre Kapazität dazu durch einen *anderen* Effekt der Überbevölkerung in jedem Fall nachgelassen: große Bäume verbrauchen mehr CO_2 pro Flächeneinheit als fast alle angebauten Nutzpflanzen, und da das, womit die vielen *Homo-sapiens*-Exemplare Fressi-Fressi machen, die Bäume verdrängt, besonders die riesigen in Äquatornähe, die Felder also die Wälder, muß die entsprechende Kapazität in jedem Fall zurückgegangen sein und weiter schrumpfen. Aber um wieviel und um wieviele Prozent? Das weiß niemand, da der Großteil der pflanzlichen Assimilationsprozesse in den Ozeanen stattfindet, weswegen es – über das sog. Plankton – dort Fische, Kraken und sogar Wale geben kann, und ein verblüffend großer weiterer Teil der Pflanzenernährung, also CO_2-Vertilgung, geschieht sogar zwar wiederum auf dem Festland, aber in scheinbaren Wüsten, die dennoch allerhand Grünalgen und was nicht alles in ohne Mikroskop meist unsichtbaren Gesteinsritzen und Sandlücken aufweisen. Alle diesbezüglichen Zahlenangaben erweisen sich ausnahmslos als *sehr* grobe Schätzungen und weichen noch dazu oft drastisch voneinander ab; sie müßten aber das Fundament der Überlegung bilden, wenigstens einen erheblichen Teil davon.

Kurzum: *so* ist die Entscheidung nicht möglich. Daß die Bevölkerungsschrumpfung die dringendste Aufgabe der Menschheit ist, kann nur bestreiten, wer sich gehorsam dazu zwingt wie früher zum Gottesglauben – denn beides hat oder hatte die Gewalthaber hinter sich, und wer das *sacrificium intellectus* verweigert(e), eckt oder eckte rasch an. Daß besagte Überfüllung des Planeten durch ihre agrarischen und technischen Voraussetzungen vieles an diesem ruinieren kann, darunter vielleicht auch das Klima, so daß es im schlimmsten Fall wieder wird wie vor 120 000 Jahren, als Nilpferde im Unterrhein schwammen, die Zahl der Eisbären so drastisch zusammen mit ihrem Lebensraum geschrumpft war, daß es höchstens zwanzigmal so viele gab wie heute, und ferner der Ärmelkanal breiter war, ist keine von vornherein abwegige Vorstellung.

Aber wie gesagt: Daten und Kenntnisse reichen für uns Nicht-Spezialisten nicht zur Sachentscheidung.

Aber dafür legt uns etwas anderes diese Entscheidung nahe. Daß alle Regierungen (und »Medien« in deren Umfeld und Kielwasser) die »Klimakatastrophe« durch rasche, anthropogene Erdatmosphären-Erwärmung in grellen Farben an die Wand malen, kann niemand bestreiten, der als geistig gesund gelten will. DANN ABER GIBT ES KEINEN GRUND, MESSERGEBNISSE ZU UNTER-DRÜCKEN ODER ZU FÄLSCHEN, WENN DIE WOHLBEKANNTE THESE WAHR IST. Selbst ein paar scheinbar widersprüchliche Ergebnisse würden sich bald zugunsten der *richtigen* These erledigen, wenn man einfach der Wahrheit ihren Lauf ließe. Genau das tut »man«, also die US-abhängigen Regierungen und Institutionen, aber nicht, und *das* läßt sich beweisen und sagt fast alles.

Die Beweise finden sich im Buche eines ausgewiesenen Fachmanns, Horst-Joachim Lüdecke, des angesehenen Professors für Physik und Informatik an der Hochschule für Technik und Wirtschaft des Saarlandes. Als Koautor des Standardwerkes »Strömungsberechnung für Rohrsysteme« ist er gerade als Spezialist für Klimafragen wissenschaftlich als erstrangig kompetent ausgewiesen; denn alles, was wir »Klima« nennen, ist ausschließlich Resultat von Strömungsvorgängen und kann auch nichts anderes sein. Des weiteren können alle Prognosen irgendwelcher Veränderungen desselben nur Ergebnis von Berechnungen dieser Strömungsvorgänge auf der Basis ermittelter Daten (und der längst, längst bekannten dazugehörigen Naturgesetze) sein, und daß unsere Presse oder auch nur ein anderer Spezialist über *mehr* den Wissenschaftlern zugängliche Daten verfügt(e) als unser Saarländer Professor, ist äußerst schwer phantasierbar. Einander ausschließende Ergebnisse der Berechnungen verschiedener Spezialisten können nur, neben der extrem unwahrscheinlichen Annahme der von ihresgleichen so leicht entdeckbaren und korrigierbaren Rechenfehler, durch unterschlagene oder hinzugedichtete Daten verursacht sein, egal ob diese von Lüdecke oder dessen Gegnern unterschlagen oder hinzugedichtet wurden. Dieser Logik kann man sich nur, wie jeder anderen, durch Geschrei, Gewalt oder, wenn das nicht geht, drucksende selektive Hirnabschaltung entziehen; verzichtet man darauf, muß man sich fragen, *wer* unterschlagen oder hinzugedichtet hat, denn eine von beiden Seiten muß es ja gewesen sein. Die Neugier darauf bleibt dann für alle Leser mit gesunder Hirnfunktion unausweichlich.

Diese Neugier befiel auch Lüdecke laut Selbstdarstellung; ihm fiel in seinen Seminaren etwas auf, und damit, daß einem etwas auffällt, dem »Staunen« nach Aristoteles, beginnt ja jede Wissenschaft. Lassen wir den Autor selbst zu Worte kommen: »Bei den Klimathemen fiel mir [sc. an meinen Studenten] regelmäßig das Fehlen von ordentlichen Quellen auf. So wurde nie die, als selbstverständlich vorausgesetzte, ›Tatsache‹ belegt, daß Extremwetterereignisse zugenommen hätten. Meine Nachfrage an die Vortragenden nach den Quellen ergab jedes Mal Fehlanzeige. Seltsam! [Das ϑαυμάζειν also, F. E. H.] Daher begann die eigene Suche mit dem Ergebnis, daß keine Nachweise für zunehmende Extremwetter existieren. Die Fachliteratur weist sogar auf den entgegengesetzten Befund hin. So haben z. B. die maximalen Windgeschwindigkeiten schwerer Stürme über dem Nordatlantik in den letzten Jahrzehnten des vorigen Jahrhunderts signifikant abgenommen. Hier war offenbar etwas unstimmig« (Zitat von der ersten Seite der Einleitung).

Was folgt, ist eine anspruchsvolle, aber bei einigem Fleiß auch für den gewöhnlichen Menschen, der nur wenige Jahre Physikunterricht hatte wie ich z. B., jederzeit durchsichtige Darstellung der Sache unter allen relevanten Gesichtspunkten bei gleichzeitigem Eingehen auf die allerorten verbreiteten Störargumente; sie sei dem Leser wärmstens empfohlen. Weiterhin lernen wir die hilflosen Versuche des Verfassers zum politischen Verständnis der tobenden Klimapropaganda, AKW-Verteufelung und Taubheit gegenüber der dringlichen Forderung nach Geburtendrosselung statt Gebärpropaganda kennen (letztere etwas zaghaft, aber immer vernünftig, siehe Kap. 8.2) – wir brauchen sie nicht ernstzunehmen, denn Lüdecke teilt als typischer bürgerlicher Liberaler die Blindheit dieser Ideologen gegenüber der Existenz des Klassenantagonismus (der sich inzwischen konzentriert hat zum Antagonismus zwischen den Großaktionären der US-Monopole sowie deren Dienern einerseits und buchstäblich allen anderen Menschen, denen nach dem globalen Stützpunktverlust der Arbeiterbewegung und manchen ähnlich knalligen Ursachen das Darben beizubringen ist, und den Kapitalisten darunter, welche keine US-Bürger sind, die Unterwerfung unter jene. Zumindest für die größere Untermenge der zweiten Menge ist die Schürung der Klimahysterie ein zentraler Dressurhebel; dazu später mehr). Aber wir brauchen ja Lüdeckes politische Unwissenheit und Scheuklappen so wenig zu teilen wie er selber unsere Beschränktheit bis Hilflosigkeit auf dem beim vorliegenden Thema alles entscheidenden Gebiet der Strömungslehre wie der Physik überhaupt – und wenn wir sein Buch ruhig gelesen haben, hat sich diese unsere Hilflosigkeit wenigstens ein Stück weit verringert, so wie sich seine politische verringern würde, läse er in der gleichen Art etwa mein Buch über Marx (Marx selber will ich ihm nicht zumuten), was freilich weniger wahrscheinlich ist.

Liest man sein Buch nun (eingedenk der erwähnten, aber für die Frage nach Existenz oder Ursachen des »Klimawandels« irrelevanten Mängel) weiter, was keine hier mögliche Inhaltsangabe ersetzen könnte und daher auch nicht versucht wird, dann stößt man am Schluß auf äußerst harte Belege folgender Tatsachen:

1. Die Behauptung anthropogenen Klimawandels (im hier einzig geltenden Sinne, s.o.) wird von der **Mehrheit** aller auch **offiziell** als kompetent geltenden Fachleute, gerade US-Amerikanern, für schlichtweg falsch gehalten (Beleg: S. 212–218).

2. Deren für die Öffentlichkeit bestimmte Äußerungen, auch wenn gut organisiert und einhellig vorgetragen, werden von der gesamten Weltpresse ebenso einhellig verschwiegen (oder in sehr seltenen Fällen verstümmelt und veralbert), d.h. dem Volk lückenlos verheimlicht, was auf zentrale Steuerung hinweist.

3. Diese Steuerung wird vom »IPCC« betrieben bzw. koordiniert. »IPCC« heißt ausgeschrieben »Intergovernmental Panel on Climate Change«. Es untersteht formal der UNO, faktisch natürlich der US-Regierung und schaltet die Zeitungen und Universitäten der Welt gleich, wofür Lüdecke zahlreiche, ebenso unbezweifelbare wie anschauliche Belege bringt (z.B. S. 34f. für Deutschland, aber noch viele mehr). Die Gleichschaltung der Universitäten und Institute geschieht mittels Geldsperre, Geldzuteilung, Beförderung oder Entlassung. Einige entlarvende E-Mails von IPCC-Funktionären fanden 2009 auf geheimen Pfaden aus dem wichtigsten Klimaforschungsinstitut Englands (CRU Hadley Center) den Weg ins Internet – sie belegen alles Nötige. Ich zitiere ein bißchen:

1. Der (voll unter IPCC-Kontrolle stehende) Chef des Hadley-Zentrums Phil Jones an Prof. Michael Mann, der wegen zweier ihm nicht genehmer Studien verärgert war: »**Ich kann nicht sehen, wie eine von diesen Studien in den nächsten IPCC-Report kommen kann** [der arme Blinde! F. E. H.]. **Kevin** [sc. Trenberth] **und ich werden sie irgendwie draußen halten – selbst wenn wir dafür neu definieren müssen** [!!! – ei, ei…], **was peer review bedeutet**« (S. 159). »Peer review«, also »Durchsicht [sc. eines Manuskripts] durch Gleichrangige [sc. Wissenschaftsbeamte]«, fast immer drei, ist das allmählich überall übliche Verfahren der Vorzensur bzw. des Entscheids über Veröffentlichung oder Nicht-Veröffentlichung wissenschaftlicher Beiträge. Das Fiktive an diesem Verfahren ist die »Unabhängigkeit« der drei »Gutachter«; kann »man« deren Auswahl bzw. diejenige der Zeitschriftenherausgeber durch Steuergelder (oder, seltener, Firmen»spenden«) dahingehend lenken, daß wenigstens zwei von den dreien den Geld- und Ehrenfluß zur eigenen Person höher veranschlagen als das Wissenschaftsethos – *sine Cerere et Baccho non solum Venus friget, sed etiam Minerva,* weshalb Lüdecke an anderer Stelle mit Recht sichere und auskömmliche Professorengehälter fordert –, dann hat man mittels haargenau derselben Struktur wie Stalins anfänglichem »Block«, die ihm den Weg zur unumschränkten Diktatur öffnete, die lückenlose Zensur der Wissenschaft erreicht, wie sie selbst im Mittelalter nicht funktionierte. (Was ist die Drohung mit dem Scheiterhaufen trotz allem gegen ein Leserinteresse großer Massen, wie es heute nicht mehr besteht, unabhängig von anderen

Ursachen des Rückganges jedenfalls wegen der immens angeschwollenen notwendigen Vorkenntnisse, die inzwischen zum urteilsfähigen Lesen genuin wissenschaftlicher Schriften nötig sind? Mittels des verheuchelt »peer review« genannten Verfahrens, das selbst Einsteins Erstpublikationen abgewürgt hätte, gewinnt die heutige und künftige Wissenschaftszensur eine Perfektion wie etwa der Stalinismus, der z. B. mit Telefonen arbeiten konnte, gegenüber der plumpen Tyrannei Iwans des Schrecklichen, der bei aller Brutalität weniger gezielt operieren mußte.)

2. »Wenn Du [*sc.* Michael Mann] glaubst, [James] Saiers [i. e. der Herausgeber der »Geophysical Research Letters«] gehöre zum Lager der Klimaskeptiker und wir dokumentarische Belege dafür finden können, könnten wir offizielle AGU-Kanäle benutzen, um ihn von allen Verbindungen abzuschneiden [to get him ousted].« (Prof. Wigley an Prof. Mann, der ebenfalls von den Wissenschaftlern zu den Propagandisten übergelaufen war und, wie die nächsten Zeilen beweisen, einer der schlimmsten und intrigantesten davon wurde – doch das lese jeder einfach selbst nach, es reicht jetzt eigentlich schon lange.)[1]

Bei aller politischen Naivität, die in ihrer rückhaltlosen Art etwas rührend Kindliches hat – z. B. »Politiker [*sic*], die ihren Wählerauftrag ernst nehmen, sollten sich den folgenden Vorschlägen dieses Buches anschließen: Die IPCC-Berichte sind der Begutachtung unabhängiger Experten zu unterziehen (…) Das IPCC ist aufzulösen!« –: die Belege reichen vollauf aus zu der Aussage, daß diejenigen, welche die Behauptung vom anthropogenen »global warming« verbreiten, diese selber nicht glauben, so wenig etwa wie die CIA und der US-Präsident an »irakische Massenvernichtungswaffen« (da dieser die Suche nach jenen, welche angeblich das Ziel der Besetzung des gequälten Landes sein sollte, schon nach einer Woche einstellen ließ, und zwar sichtlich genervt, weil nicht alle seine Knechte erraten hatten, daß sie sofort von Amnesie hinsichtlich des Themas befallen sein und bleiben sollten, um mit dieser religionsartig anzustecken) oder Hitler an den polnischen Überfall auf den »Sender Gleiwitz«.

Dann aber spricht alles dafür, daß es diesen anthropogenen Klimawandel nicht gibt, von allen wissenschaftlichen Überlegungen und aller fehlenden Empirie zur Sache einmal abgesehen. Er ist also höchstwahrscheinlich reine Propaganda, um – als ein Mittel von mehreren – die von Europa aus zäh ertrotzten Errungenschaften

---

[1]   Wer einen Bericht kennenlernen will, der sicher nicht von Lüdecke dokumentiert oder gar beeinflußt ist, findet einen notgedrungen anonymen, aber sehr authentisch klingenden – von einem sog. Meßknecht – im Internet unter http://www.zeitenschrift.com/news/sn-9508-klimawandel.ihtml. Leider verliert sich dessen Verf. schnell in *neuen* möglichen Ursachen eines anthropogenen Klimawandels, die bisher nirgends ernsthaft zur Debatte standen, sei dies zu Recht oder zu Unrecht.

der Arbeiterbewegung überall rückgängig zu machen, d.h. den Lebensstandard endlich weltweit wieder gemäß dem »Wertgesetz« auf Vegetierstufe zu bringen und unter den verblödeten und vereinzelten Besitzlosen ungebremst mit Peitsche und Zuckerbrot schalten und walten zu können. (Die AKWs dienten der *Verzögerung* dieser Helotisierung *im Westblock*, ohne zwecks dieser Verzögerung die Mehrwertabschöpfung drosseln zu müssen; ihre Verteufelung begann, als sich mit der Im-Stich-Lassung Grenadas durch die UdSSR sowie dem monströs verzögerten Abschuß des südkoreanischen Provokateursflugzeugs das Ende des Ostblocks abzeichnete. Ich selbst sagte es damals, genau damals, auf das Jahr genau voraus, aus eben diesen Anlässen heraus; dann muß das jeder US-Militäranalytiker genausogut gekonnt haben.) Diese einfache Erkenntnis ist einem bürgerlichem Liberalen aber verriegelt, so sympathisch ein Vertreter dieser aussterbenden Art gegenüber Religiösen oder den echten Faschisten unserer Zeit, also den auf Pogrombereitschaft setzenden Grundgesetz- und Rechtsstaatlichkeitsverächtern der Kartellparteien, auch sein mag. –

Sie sollte sich aber ins Volk durcharbeiten. Wie sehr fehlt uns doch seit Hitler und Stalin – und in den USA schon immer – eine Kommunistische Partei, die als einzige dieses leisten könnte!

PS: Ich habe jetzt immer zum Lesen von Lüdeckes Buch aufgerufen (»CO_2 und Klimaschutz«, Bouvier-Verlag, Bonn [3]2010), aber das ist gar nicht so einfach. Seit aufgrund immer kälterer und auch als solche erlebter Jahre der Glaube im Volk an die Klimapropaganda erstmals zu bröckeln begann, d.h. seit zwei Jahren, ist es einfach nicht mehr zu haben, außer teuer und selten – die Nachfrage ist erkennbar groß – antiquarisch. Eine erweiterte Neuauflage war für Ende 2012 angekündigt, erscheint und erscheint aber nicht. AHRIMAN nähme es gerne in sein Programm, ohne die allergeringsten Zensurgelüste gegen irgendein Wort, auch nicht gegen noch so kindliche und wirklichkeitsfremde Liberalismen des Autors. Zu letzter Haltung vgl. einerseits diejenige Lenins zu *allen* in auch nur *einem* Punkt, wenn nicht mehr verhandelt war als dieser, aufrichtigen Bündnispartnern, andererseits diejenige *aller* heutigen Verlage zu ihren Autoren unter besonderem Einschluß der angeblich »linken« Verlage, z.B. des in letzter Minute wortbrüchigen »Zambon«.[2]

Eine Kurzfassung von Lüdeckes Buch aus seiner Feder findet sich im Internet – noch – unter: www.oekologismus.org/wp-content/upload/CO2_Bericht.pdf

---

[2]   Anm. d. Red.: Unmittelbar nach Redaktionsschluß für die vorliegende Nummer erfuhren wir, daß im Mai dieses Jahres im expert-Verlag ein neues Buch von Lüdecke unter dem leider langweiligen und nichtssagenden Titel »Energie und Klima; Chancen, Risiken, Mythen« erschienen ist. Es ist zu hoffen, daß Lüdecke nicht irgendeinem Druck nachgegeben hat, sei es dem des Verlags oder anderer Kräfte – das Urteil kann der Interessierte mit Hilfe des vorliegenden Artikel wohl leichter fallen als ohne ihn.

Nachschrift

Nach Abschluß dieses Artikels wurde mir ein sehr bemerkenswerter Aufsatz von
Otakar Kudrna in die Hände gespielt (es ist doch gut, Menschen der verschieden-
sten Professionen zu kennen, darunter Universitätsbiologen!), der die Aussagen
Lüdeckes von einer ganz anderen Seite bestätigt. Das bemerkenswerteste an
besagtem Aufsatz ist der Verfasser: Kudrna ist **der** ausgewiesene Spezialist für
Verbreitung und Ökologie der europäischen Tagfalter, bekannt für seine Sorgfalt
und Unbestechlichkeit und sogar – man bedenke den geographischen Rahmen! –
in eben diesem Entdecker neuer Arten. Sein Name wird mit Recht in Fachkreisen
nur mit größtem Respekt genannt. Und dieser Kudrna soll nun gemeinsam
mit anderen anerkannten Autoritäten zur Frage des (angeblich katastrophalen)
Einflusses unseres oben präsentierten »Klimawandels« auf die Zukunft der europäischen Tagfalterarten ein saudummes, knalle-ignorantes und schrill propagan-
distisches Buch geschrieben haben!

Erstaunlich. Hören wir ihn dazu einfach selbst[3]:

»Vor etwa vier Jahren, nämlich im Spätherbst 2008, wurde im Brüsseler
Hauptquartier der EU der ›Climatic Risk Atlas of European Butterflies‹ von
J. Settele, O. Kudrna, A. Harpke, I. Kühn, C. van Swaay, R. Verovnik, M. Warren,
M. Wiemers, J. Hanspach, T. Hickler, E. Kühn, I. van Halder, K. Veling, A. Vlie-
genthart, I. Wynhoff und O. Schweiger herausgebracht. (Ich nenne dieses Buch
von nun an entweder ›CRAEB‹ oder ›Settele et al. 2008‹.) Ich habe zu diesem
Atlas insofern beigetragen, als ich die Verbreitungsdaten für ›Mapping European
Butterflies‹ (ab jetzt: MEB-1) zur Verfügung stellte (d.h. die Verwendung meines Werkes ›The distribution atlas of European Butterflies‹, Oedippus 20, vol. I,
S. 1–342, gestattete) sowie durch meine Bereitwilligkeit, die meisten Fragen
zur Taxonomie zu beantworten. Die Datenbank von MEB-1 enthielt zu diesem
Zeitpunkt etwa 250 000 Belege; ich habe zu ihrer Auswertung und Aufarbeitung
über sieben Jahre unbezahlter Arbeit verbracht. Mit irgendeinem anderen Aspekt
des [EU-]Werkes hatte ich niemals etwas zu tun, wurde auch nie darum gebeten und hatte niemals vor, an ihm mitzuwirken; tatsächlich hörte ich von dem
Vorhaben zum allerersten Mal, als CRAEB schon praktisch fertig geschrieben
war. An seiner Präsentation habe ich nicht teilgenommen, obwohl man mich darum gebeten hat. (…) Die Liste der CRAEB-Autoren umfaßt 17 Namen; ich bin
überzeugt, daß meine Mit-Autoren in erdrückender Mehrheit mit dem Projekt
kaum etwas zu tun hatten. [Man muß dazu wissen, daß einige davon schon lange vorher mit Kudrna zusammengearbeitet hatten, z.B. für das Standardwerk

---

[3]   In: O. Kudrna, »European butterflies, global warming and predicting future – Science or business?«, Entomologische Zs. 3, Jg. 2013, S. 103–113. – Ich habe mir erlaubt, alle Zitate aus diesem ausgezeichneten, sehr erhellenden, aber dem Laien kaum zugänglichen Artikel ins Deutsche zu übersetzen.

Kudrna et al., ›Distribution Atlas of Butterflies in Europe‹, Halle 2011, aus dem die pseudowissenschaftlichen EU-Agenten neben Kudrnas schon zitiertem früheren Werk die Masse der von ihnen verwendeten relevanten Daten erschlichen haben, F. E. H.] Viele Namen als Ko-Autoren aufzulisten ist eine für unsere Zeit charakteristische Modegewohnheit. Es wird unterstützt durch das gegenwärtig gängige Verfahren der ›Veröffentlichungs-Evaluation‹. Verschmitzt und mit einem Schuß gesunder Ironie möchte ich diese nicht-beitragenden Autoren ›menschliche Schutzschilde‹ nennen« (S. 103, also die Eröffnung seines zitierten Aufsatzes). In der Folge führt Kudrna die totale Haltlosigkeit und Unwissenschaftlichkeit des mit unseren Steuergeldern in die (Medien-)Welt gesetzten CRAEB vor. Am besten liest man seine einfachen und zwingenden Argumente selbst, da hier der Platz dafür fehlt. Nur so viel sei gesagt: die einzigen Arten, die das herausorakelte »global warming« *wirklich* schädigen könnte, nämlich gewisse Endemiten mit winzigen, an Höhenstufen gebundenen Verbreitungsräumen, kommen, da unpopulär und daher ohne Propagandawert, in jenem ominösen, doch steuergeldfressenden CRAEB gerade **nicht** vor (vertreten in dem exakten Drittel der **nicht** im CRAEB behandelten europäischen Arten, d.h. dem im Zusammenhang fast einzig interessanten). Aber selbst diese haben ja das mittelalterliche »Klimaoptimum« notwendigerweise überstanden, d.h. die Erwärmung des behandelten Gebiets um genau jene Celsiusgrade, welche unsere bezahlten und zentral gesteuerten Unglückspropheten vorhersagen (siehe dazu S. 110, mittlere Spalte). Fast der gesamte Rest der Arten **profitiert** dagegen von besagtem »Klimawandel«, so er eintritt; für die Gefährdung *irgendeiner* sonstigen Tagfalterart durch besagte mögliche Ursache existieren keine rationalen Anhaltspunkte (außer für ziemlich genau zwei Arten, die man umsiedeln müßte, da ihre im Tiefland liegenden Verbreitungsgebiete zerstückelt sind). Extrem gefährdet sind sehr viele davon aber natürlich durch eine wesentlich evidentere Ursache, wie jeder minimal rational denkende Mensch schon längst weiß; sagen wir sie in den Worten Kudrnas:

»Die globale Erwärmung, die in den letzten etwa 10 000 Jahren eingesetzt hat, ist ein Segen nicht nur für die europäischen Tagfalter. (…) Es ist auch interessant zu beobachten, wie erstaunlich wenig Aufmerksamkeit in unserem Zusammenhang der fortschreitenden menschlichen Bevölkerungs- bzw. Überbevölkerungsexplosion gewidmet wird, die unsere Existenz bedroht, besonders, wenn man sie mit dem politischen Schlagwort des ›Klimawandels‹ vergleicht« (S. 112).

– Wie immer bei hervorragenden Spezialisten sind Kudrnas Vermutungen, warum solcher Mist in unsere Gehirne abgeladen wird, hilflos; er vermutet Geldgier verantwortungsloser Einzelpersonen, die für ihre Lügen und Verdrehungen sogar die Desorientierung der »verantwortlichen« Machthaber in Kauf nehmen. Na ja, geschenkt, ähnliches kennen wir schon von Lüdecke, und umgekehrt wird ein Schuh daraus. Aber das sollte uns nicht hindern, vor jenen Wissenschaftlern Respekt zu zeigen, die dem entsetzlich und bedrohlich stinkenden Scheißhaufen der alles verpestenden Regierungspropaganda die reine Luft der Vernunft und Sachkenntnis entgegenblasen, eine vor dem Rentenalter so gefährliche, aber in jedem Falle ehrenhafte Aktion – nur leider wenig mehr als ein Ventilator gegen einen Orkan. Es ist die Aufgabe vieler Freiwilliger im Volk, koordiniert den schweren Kampf gegen die ausgezeichnet koordinierte globale Propaganda mit größter Kraft und Masse aufzunehmen.

Fritz Erik Hoevels

(aus: KETZERBRIEFE 209, Juni/Juli 2018)

Rezension: Susanne Dohrn

Das Ende der Natur

Ch. Links Verlag, Berlin 2017, 272 S.,
ISBN 978-3-86153-960-5, € 18,-

You cannot have a cake and eat it too.
Englisches Sprichwort

Ein Gesetz nach dem anderen schränkt unsere Bewegungsfreiheit ein, senkt unseren Lebensstandard und läßt unser Leben verarmen – alles im Namen der »Umwelt«, aber soweit wir unter diesem Wort sinnvollerweise den nicht menschengemachten Teil unserer Umgebung verstehen, also die Natur, wird diese davon wundersamerweise nicht größer, wie sie es einmal war, oder wenigstens ein bißchen größer und stärker, sondern schwindet immer mehr dahin, bis sie, zumindest längst für die allermeisten Menschen, gar nicht mehr da ist. Erfolgreiche Artenrettungen in abgesperrten, reglementierten, teuren und dem Alltagserleben entzogenen Naturschutzeckchen, eine Polizeinatur unter Glas sozusagen, ändern daran wenig; für *so* viele Tier- und Pflanzenarten, wie sie ohne uns existieren und uns erfreuen und belehren könnten, sind diese Noahsarchen in der Sintflut nicht aus Wasser, sondern aus Menschen einfach zu winzig, und genau wie die Arche der Sage sind sie ja nur als Provisorium sinnvoll, bis die Flut sich verlaufen hat. Die erlebbare, ohne Pädagaga direkt und heilsam wirkende Natur ist aber so gut wie verschwunden, zerstört mitnichten durch Atomkraftwerke, schon etwas eher durch Windräder und Solarfelder, auch und schon mehr durch Wohnraum und Wege, aber am meisten selbstverständlich durch die Landwirtschaft, da, man glaubt es kaum, das Fressi-Fressi für die Antibabypillenmuffel und die Folgen ihrer Aktivität herbeimuß, und deshalb trägt das hier präsentierte Buch mit Recht den nicht überall beim Thema zentral genug plazierten Untertitel »Die Landwirtschaft und das stille Sterben vor unserer Haustür«. Das ist das erste Plus, das es verbuchen kann.

Das zweite besteht darin, daß es irgendwo im Text, was normalerweise unterdrückt wird, den wunden Punkt aller sorgenvoll-»wissenschaftlichen« (und staatsabhängigen) Bestandsaufnahmen des Naturschwunds benennt: sie verschieben jedesmal den Referenzzeitpunkt, wodurch eine Art Homöopathie (= serienmäßige Verdünnung) entsteht: sind z.B. seit 1992 (bezogen auf Deutschland, aber der Ort ist egal) 75 % der Natur vernichtet (das kommt etwa hin und erleichtert das Rechnen), dann verdunkelt diese Aussage die Tatsache, daß ebenda seit der ausschlaggebenden »Flurbereinigung« nach dem 2. Weltkrieg, nehmen wir als Stichjahr 1955, bis 1992 etwa 80 % der Natur verschwunden waren (in der DDR etwas weniger, da ihre Bevölkerung segensreicherweise nicht wuchs, wohl aber auch deren Lebensstandard, nicht nur derjenige auf der bis zu ihrer Verfinsterung von der US-Sonne beschienenen Gegenseite), d.h. von diesem Zeitpunkt an, der vernünftigerweise, denn die Zivilisation funktionierte auch damals schon prächtig, als spätester Referenzpunkt zu nehmen ist, **95** % der Natur vernichtet wurde. (Genauere Zahlen bietet der Text, aber die Größenordnung stimmt.) Das ist fürs Überleben zu schlimm, und die Vernichtung geht »natürlich« weiter. Und Dohrn sagt völlig treffend, daß, wenn sogar in ihrem Garten (den freilich nicht jeder hat) noch Bäume stehen, die ihr Urgroßvater als junger Mann gepflanzt hat (und sie ist selber schon ziemlich alt), es doch besser sei, *diese* Zeit als Referenzpunkt zu nehmen und nicht diejenige der verheerenden, doch ihrerseits schon vor einer von Feldern und Forsten umzingelten Natur stehenden großen »Flurbereinigung«. Darin ist ihr meiner Ansicht nach restlos zuzustimmen.

Andererseits ist die Natur nicht aus Zucker; es ist ganz erstaunlich, *wie* geringe Reste von ihr ausreichen, um sich wieder zu erholen, wenn die widrigen Umstände aufgehört haben; das demonstrieren z.B. recht gut die tropischen Regenwälder im Zusammenhang mit der letzten Eiszeit, ebenso die Wiederausbreitung der z.B. europäischen Fauna von den letzten eisfreien Flecken aus (seit dem ganzen langen Pleistozän ist z.B. nur eine einzige europäische Amphibienart ausgestorben), und damit hatte unsere Tierart nichts zu schaffen. Nimmt man der Natur, wie sie ohne jene wäre, einfach die Hälfte weg, selbstverständlich unter Berücksichtigung lokaler Besonderheiten bei der Planung (so sah das z.B. noch vor maximal zwei Generationen in Brasilien aus, und es hat niemandem geschadet), dann kann man auf dieser Hälfte nach Herzenslust wirtschaften und bringt die Natur doch nicht um, macht sie auch nicht zum Krüppel, sondern problemlos erlebbar wie noch zu jener Zeit, als Heinrich Heine in den Pyrenäen auf Bärenjagd ging, und wenn der eine oder andere Wagehals dann vom Bären gefressen wird, macht das so wenig wie heute die gleiche Zahl vom Blitz oder der Elektrizitätsleitung Erschlagener, über welche keine Zeitung jammert.

Selbstverständlich hat eine Landwirtschaft, welche die Produktivitätsoptima verwirklicht, zerstörerische Wirkungen auf die Natur nicht nur jener Fläche, die sie einnimmt, sondern auch auf die angrenzenden. (Welche das im einzelnen sind, zählt das vorliegende Buch besser und verläßlicher auf als jedes andere zum

Thema, das ich bisher in der Hand hatte; es ist auch übersichtlich nach den betroffenen Biotopen gegliedert, von welchen nur die Fließgewässer des Festlands fehlen.) Bei einigen Techniken, welche die Produktion oder vielmehr die Produktivität (= Produktion pro Arbeitsstunde bei gleicher Qualität) um, sagen wir, 5 % steigern, aber die Schäden an der Natur vielleicht verzehnfachen, wäre in der Tat zu überlegen, ob man diese nicht auch auf den der Natur weggenommenen Flächen unterdrücken sollte, selbst wenn das notgedrungen eine Preissteigerung um 5 % bedeutet, was, wenn Landwirtschaftsprodukte nur die Hälfte des persönlichen Budgets ausmachen, nach Adam Riese den Lebensstandard nur um 2,5 % senkt, die Sache, also die Anschaulichkeit, Vollständigkeit und Zugänglichkeit der Natur auch in Stadtnähe, sicherlich wert wäre. (Willkürabzüge in Gestalt von Verbrauchsteuern, die sich als Preisaufschläge auswirken, werden wegen ihres Willkürcharakters statt ökonomischer Mechanik hier selbstverständlich aus der Rechnung verbannt. Von den weitaus höheren Kosten der Zerstörung und Verelendung Syriens, Libyens und des Iraks von den uns vom Apparat geraubten Geldern sollte ich hier wohl schweigen, aber ich schaffe und will es nicht.)

Mit dem Thema der Produktivität enden die Pluspunkte des Buches, und die Minuspunkte beginnen. Denn alle in ihm geäußerte Kritik läuft auf die Forderung nach Produktivitätssenkungen heraus, und zwar ganz entschieden höheren als um 5 %. Gewiß ist Dohrn darin zuzustimmen, daß eine Nußschale Noah in Gestalt des eigenen Hausgartens, wenn man ihn verwildern läßt, die ein oder andere Lebewesen-Art ein Weilchen vor der Sintflut retten kann, in ihrem Fall den Aurorafalter, wenn man das Wiesenschaumkraut wachsen läßt und auch danach dem Mähtrieb widersteht. (Das ist genau der Grund, warum ich seit ca. 30 Jahren meinen eigenen Vorgarten ungepflegt lasse, was mir viel Ärger und Streit einträgt und noch dazu wenig Erfolg, weil er mitten in der Stadt liegt; aber ich bin zäh und außerdem neugierig darauf, was dabei herauskommt, mache aber kein Aufhebens davon, weil es von der geringen Sache her unberechtigt wäre.) Zweifellos kann ein Schiffbrüchiger auch eine Nußschale gebrauchen, wenn er so klein wie ein Aurorafalter und die nächste echte Wiese nicht gar zu weit ist, aber diese als Kontrapunkt zum eigentlichen Text des Buches durchgehaltene nette Kleinigkeit ist doch mehr von freilich bei den meisten Leuten bitter nötigem pädagogischen Wert als von substanziellem (da sie fast alle gegenüber der Natur so kenntnislos und abgestumpft sind wie die Rindviecher und glauben, es gäbe sie nur in Glotze oder GEO; man vermißt ernstlich aber nur, was man kennt, der Mehlwurm im Mehl vermißt z. B. nichts, am wenigsten eine andere Natur als die seine). In eine Nußschale Noah paßt nun einmal kein Ökosystem aus Vielzellern, und es ist schlecht, hier etwas wohlhabenderen Lesern eine gefällige Hintertür im Kopf zu öffnen, um Adam Riese auszuweichen. Erster Minuspunkt, trotz unzweifelhaftem pädagogischem Vorteil, den es durchaus zu unterstützen gilt.

Aber das benannte Problem ist ein anderes, nämlich dasjenige der Produktion, egal ob diese extensiv oder intensiv betrieben wird; da sollte man nicht mit diesen beiden Alternativen Hase und Igel spielen. (Zweifellos ist es sehr verdienstvoll, wenn einige leidlich wohlhabende, denn sonst könnten sie es nicht, Bauern große Verzichte bringen, um ein bißchen halbwegs lebensfähige Natur zu retten wie jener hochherzige Bauer im Norden Hokkaidos, der eine seiner zwei Wiesen den nur in geringer Zahl geretteten endemischen Kranichen als Balzplatz zur Verfügung stellt und dort füttert, wofür ich ihm hiermit meine Hochachtung ausspreche; aber dieser private Ansatz führt zu keiner vertretbaren Lösung und verlangt überdies erhebliche Opfer, die nur wenige überhaupt bringen können – so verdienstvoll es war, einige wenige Juden aus Hitlers Zugriffsbereich nach den sicheren USA individuell durchzuboxen, so viel besser wäre eine generelle Einreiseerlaubnis des betreffenden Staates an alle gewesen, deren Nachteil freilich war, daß sie *wirklich* einen Fluchtgrund hatten statt beispielsweise schmarotzen zu wollen.) Um eine Einsparung um Marginalwerte, deren zusätzliche Ergatterung wegen ihrer durchschlagenden Nebenwirkungen unterbleiben sollte, geht es bei Dohrn in den seltensten Fällen; wenn wir beispielsweise erfahren, daß Kühe der entsprechenden Züchtung auf gedüngten (und damit der natürlichen Flora und Fauna restlos beraubten) Wiesen *dreimal* so viel Milch geben wie auf natürlichen (S. 141), dann bedeutet das unweigerlich eine Verdreifachung des Milchpreises bei Naturerhaltung, also schon ein bißchen mehr als einen 5 %-Aufschlag, da beißt keine Maus keinen Faden ab. Und das ist noch nicht einmal die ganze Rechnung: schwere Mähmaschinen zerstören dabei den allerletzten Naturrest, wie wir auf der nächsten Seite wahrheitsgemäß erfahren, aber sie sparen nun einmal auch eine Menge Arbeit (und, was die Bauern angeht, auch Bandscheiben und Gesundheit). »Früher habe er oft tagelang auf dem Traktor gesessen. Nun kommt einer und lege ›alles in ein paar Stunden nieder‹, schreibt ein Landwirt begeistert in einem Blog«, erzählt uns Dohrn zutreffend, aber offenbar mißbilligend.

Tja, was tun… ?! – Nun, ganz schwierig ist die Aufgabe nicht. Entweder man wäscht den Pelz nicht, oder man muß ihn naß machen. Als hätte er geahnt, welche Idioten sich einmal (in der »Studentenbewegung«) auf ihn berufen werden, schärft Marx seinen Lesern unermüdlich ein, daß jede Ware, um einen Tauschwert haben zu können, erst einmal einen Gebrauchswert haben muß (d.h. geeignet sein oder wenigstens scheinen, irgendein menschliches Bedürfnis zu befriedigen, über dessen moralische Berechtigung uns kein Urteil zusteht). Das gilt selbstverständlich auch für landwirtschaftliche Produkte, sobald sie zu Kaufe stehen; will sie keiner essen, weil er schon satt ist, dann will sie auch keiner kaufen. Und wieviel in einen Menschen reingeht, selbst den verfressensten und qualitativ anspruchsvollsten, läßt sich berechnen. Ist dieser Wert bekannt, muß man nur noch die gar nicht so schwierige Kunst des Multiplizierens anwenden, und wenn man auch noch das Dividieren bemüht, hat man schnell heraus, wie groß die Menschenmenge sein darf, für die bei bester Versorgung nur die halbe mögliche Landwirtschaftsfläche bebaut werden muß, wenn die Produkte verkäuflich bleiben sollen. Dies (vielleicht unfreiwillig?) illustriert uns Dohrn durch die wenig überraschende Mitteilung, daß die, wenn auch anders motivierte, bei weitem, weitem wirkungsvollste Maßnahme der Gewalthaber, welche eine verblüffend rasche und solide Regenerierung der Natur zur Folge hatte, die Stilllegung vieler Landwirtschaftsflächen war, freilich durch tendenziell endlose Ausgleichszahlungen auf Kosten des Volkes statt einmaliger Enteignung mit Entschädigung, und als damit Schluß war, brach die kaum zurückgekehrte Natur erwartungsgemäß noch drastischer zusammen als zuvor.

Vielleicht – ich will ihr kein Unrecht tun, aber wer weiß? – wird Dohrn jetzt neunmalklug darauf hinweisen, daß man landwirtschaftliche Produkte, für die sich nicht genug Esser im eigenen Land finden (was leider nicht einmal der Fall ist) auch exportieren könne. Nun, das kann nur bedeuten, daß anderswo auch zu viele Esser sind, und das hätte sich mit Pillen- statt Gebärpropaganda leicht verhindern oder wenigstens zurückdrängen lassen, Europa selbst bewies es trotz hämmernder Gebärpropaganda und Familienförderung mindestens zwanzig Jahre lang ganz leicht durch die Tat, aber merkwürdigerweise nicht zur Freude und Erleichterung der solcherart als ekelhafte Lügner enttarnten »Grünen«, sondern löste nur wütende und unermüdliche Gegenmaßnahmen aus. Komisch, oder?

Ich habe gegen die Autorin einen bösen Verdacht ausgesprochen, und die letzten Absätze ihres Buches erhärten ihn sehr. Zuvor aber ist es nützlich, die ganze Thematik noch einmal in Ruhe und grundsätzlich durch den körpereigenen weichen Computer (= das Hirn) ziehen zu lassen.

Als ich erstmals als Mittelstufenschüler Marx las – denn ich war neugierig, was der schwierige Denker, über den sich die Lehrer so zweideutig, widersprüchlich und manchmal auch neunmalklug äußerten, wirklich geschrieben hatte –, fand ich den Satz: »Man kann die Menschen durch das Bewußtsein, durch die Religion, durch was man sonst will [hier setzte ich stillschweigend die *Sprache* ein, denn Bewußtsein haben auch viele Tiere, und die Religion ist eher ein Mangel, die Folge von Suggestibilität], von den Tieren unterscheiden. Sie selbst fangen an, sich von den Tieren zu unterscheiden, sobald sie anfangen, ihre Lebensmittel zu *produzieren*« (MEW III 21). Ist das nicht abwegigster Unsinn? (Mit dem Original-Nachsatz: »ein Schritt, der durch ihre körperliche Organisation bedingt ist« tatsächlich; auf dieser Basis gilt er eher für die Blattschneiderameisen. Aber quetschen wir ihn noch ein wenig.) Denn jene Menschen, die die längste Zeit unserer Artgeschichte nur jagten und sammelten, also gerade nicht produzierten, und von denen es damals sogar noch ein paar allerletzte Vertreter gab, konnten ja problemlos mit den produzierenden gekreuzt werden (daß das das Artkriterium ist, wußte ich längst und war verblüfft, daß Marx es offenbar nicht gewußt hatte), mehr noch: sie hatten haargenau die gleichen Hirne. Wie konnte Marx nur einen solchen Bockmist schreiben?!

Zoologisch ist die Aussage wirklich nicht zu halten, aber viel später wurde mir klar (auch wenn es Marx selber vielleicht gar nicht so klar gewesen ist), daß sie in *einer* (sehr wichtigen) Hinsicht wirklich richtig und sogar erhellend ist, nämlich in ökologischer. *Einzigartig* an sich ist die Menschenart nicht mehr und nicht weniger als alle anderen Arten von Lebewesen (sonst wären diese Arten ja kreuzbar!), auch wenn deren Leistungen weniger eindrucksvoll ausfallen als unsere, aber das war ja bei der Frage der Einzigartigkeit im Sinne separater Besonderheit nicht der Punkt gewesen; wer zum Wettlauf antritt oder antreten muß, wird auch dann, wenn jeder Läufer eine individuelle Zeit erzielt, nicht dadurch etwas von den anderen Läufern wesenhaft Unterschiedenes, wenn er den Rekordwert erzielt, auch nicht, wenn zwischen diesem und dem zweitbesten Wert ein ungeheurer Abstand liegt. (Allerdings ist der Abstand zwischen der intellektuellen Leistung eines Menschenaffen und eines Menschen viel kleiner als zwischen derjenigen des besagten Menschenaffen und der eines Aals, von Lanzettfischchen ganz zu schweigen.) Aber ökologisch ist unsere Art, *seit sie Ackerbau treibt*, d.h. das natürliche Gleichgewicht bewußt zu ihren Gunsten zerstört, von allen anderen Arten prinzipiell unterschieden. (*Invader species* haben in den letzten vier Milliarden Jahren zwar schon so manches natürliche Gleichgewicht gekippt, aber es stellte sich mit ihnen selber drin unerbittlich wieder her, egal wie drastisch die Katastrophe gewesen war – das ist bei uns völlig anders, denn wir können durch berechnende Begrenzung unserer Zahl das ökologische Gleichgewicht nach Wunsch und Willen zu unseren Gunsten zerstören, schon allein durch Bekämpfung unserer Darm- und Hautparasiten, und trotzdem die Katastrophe vermeiden.)

Landwirtschaft, auch die allerprimitivste, ist nichts anderes als die gezielte Störung der Sukzession zum eigenen Nutzen (zuerst in der Vorgeschichte und noch lange danach durch Jäten), d.h. die Verhinderung jenes Vorgangs, mit dem das natürliche Gleichgewicht sich herstellt. (Dieses von Haeckel benannte natürliche Gleichgewicht entspringt dem Konkurrenzdruck der Lebewesen gegeneinander auf ihrem Lebensraum, am sinnfälligsten repräsentiert durch das Jäger/Beute-Verhältnis; nichts anderes als die nüchterne Erforschung der gegenseitigen grausamen Selektionsdrücke, die ein chronisches »Gleichgewicht des Schreckens« schaffen, ist Ökologie, ganz und gar kein sentimentaler Wolkenkuckucksheimerkram.) Einen größeren Gegensatz als denjenigen zwischen Landwirtschaft und Natur kann es folglich nicht geben, selbst derjenige zwischen Natur und Hygiene reicht nur knapp an ihn heran (und schadet nur ganz wenigen Arten, deren Biotop wir selber sind; das kann ein Nicht-Jain in Kauf nehmen. Die Landwirtschaft dagegen zerstört zumindest zu Lande praktisch jeden Biotop).

Was tun also? Verhungern? Knapsen? Augen zu und »Huch!« sagen, wenn's vorbei ist?

Nun, will man die Natur erhalten, muß man die Produktion einschränken. Das geht einerseits durch Verringerung der Anbaufläche (bis genug für die mit dieser nun einmal konkurrierenden Natur übrig ist), andererseits durch Herabsetzung der Produktivität. Letzteren Weg legt uns Dohrn nahe, und zwar, wie nicht nur das Milch-Beispiel zeigt, in ziemlich radikaler Weise. In beiden Fällen wird die Produktion kleiner, der Bedarf aber nicht. Natürlich kann man auch Menschen für ein Ziel opfern, etwa den Naturerhalt, sei es scheibchenweise, indem man ihren Lebensstandard senkt, sei es direkt, indem man sie verhungern läßt oder umbringt, aber das muß man dann auch sagen. Oder indem man einen Teil mit vermeidbarer Arbeit quält und den übergroßen Rest immer ärger darben läßt. Auch nicht sehr human. Aber das Wort »Antibabypille« oder wenigstens »Ende der Familienförderung!« kommt nicht über die politisch korrekt gepreßten Lippen. Und so selbstverständlich, wie man in einen nach einem Rohrbruch ausgepumpten Keller kein neues Wasser strömen lassen darf, muß man dann die Grenzen dichtmachen wie jahrhundertelang auf der ganzen Welt (außer jenen Teilen derselben, die mangels wirksamer Waffen die Weißen nicht abwehren konnten), vernünftiger- und moralischerweise nur nicht für Leute wie Kemal Altun oder Raif Badawi, die aber erfahrungsgemäß ökologisch nicht ins Gewicht fallen (was nicht einmal Hitlers potentielle Opfer ernsthaft getan hätten, weltweit verteilt). Die Vorbildwirkung einer Wohlstandsinsel mit breit intakter Natur – US-Aggressionen, die sie natürlich hervorriefe, einmal weggedacht –, welche den Grund dieses ihres Wohlstands, nämlich geförderte Gesundschrumpfung, nicht verschwiege, auf den überfüllten, weil dumm gehaltenen Rest der Welt, dessen intelligenteste Bewohner gegen diese Dummheit dann immer lästiger und anstekkender würden, wäre sicherlich enorm. (Er soll ja sogar jetzt, wo er viel geringer ist, auf Soros' und Rockefellers Betreiben zerstört werden, nichts anderes war der Grund zur lange vorbereiteten Erzwingung der falschen »Flüchtlings«lawine.)

Was würde aus den Besitzern jener Hälfte des bebaubaren Bodens, wenn deren Produkte keine Abnehmer mehr fänden, die sie essen müssen oder wollen? Nun, ein paar Härten kämen auf sie zu, die zu mildern, aber nicht zu vermeiden wären. **Aber:** alle zusammen wären *weniger zahlreich* als die vielen Kleinbauern, die seit Gründung der EWG (*sic*) über die Klinge springen mußten, um die Produktivität der Landwirtschaft zu erhöhen, und nach *denen* hat kein Hahn gekräht. (Ihr mühseliges Kleinbauernleben war allerdings in den meisten Fällen gegenüber einem städtischen, wenn auch unfreien, wirklich nicht sehr zu empfehlen.) Dafür aber kann auf der *anderen* Hälfte der Wirtschaftsfläche bei sinnvoller Lokalisierung derselben großzügig Arbeit eingespart werden, die sich bei freiem Markt wie zentraler Planung, den Kartoffeln und Kühen ist's wurscht, in niedrigen Preisen

pro Kilo usw. niederschlagen würde oder eben für Sinnvolleres als ausgerechnet Arbeit zu verwenden wäre. Das wäre doch ein gutes Menschheitsziel, das
noch dazu alles unter einen Hut brächte – außer den Interessen der (zumeist US-
amerikanischen) Megaerben, das ist leider der Wirt, der der Welt die Rechnung
schreibt! Andernfalls wäre *ein* Landwirtschaftsprodukt seltener, auch bei Buch-
autoren mit zunächst guten Absichten, nämlich die Tomaten auf den Augen. Aber
Dividend durch Divisor ist nun einmal Quotient. »Was ist das unter so viele?«
fragt ein Jünger Jesu mit Recht, da er auf die wundersame Brotvermehrung nicht
bauen will, und sie ist auch in der Tat seither nicht mehr oft eingetreten.

Einmal aber doch, nämlich vor etwas mehr als fünfzig Jahren, in Gestalt
der sogenannten »Grünen Revolution«. Damit waren durchaus nicht jene ver-
zichtsgeilen Geburtenkontrollmuffel und Jäger der verborgenen Staatsknete gemeint, die es damals noch gar nicht gab, sondern genau jene Intensivierung der
Landwirtschaft, die Dohrn beschreibt, die Hungersnöte in Indien und anderswo
beendete und der Natur die Todeswunde schlug. Da sie sich auf der Welt einerseits ausbreitet wie ein Ölfleck (andernfalls wäre von den auf dieser Basis nachgeschobenen überflüssigen Milliarden Menschen mindestens die Hälfte längst
in den Startlöchern verhungert), andererseits die Fläche des irdischen Festlands
(leergefischt sind die Ozeane allerdings auch), auf dem sich dieser Ölfleck immer
noch ausbreiten kann, im Vergleich zur Fläche Deutschlands riesengroß ist, kann
Dohrn ihr Buch mit der Empfehlung alles dessen, was sie mit Recht anprangert,
linientreu abschließen: »Ein Blick in die Broschüre ›Welternährung verstehen‹ des
Bundesministeriums für Ernährung und Landwirtschaft belehrt eines Besseren
[*sc.* als des Weiterrechnens]. ›Die Landwirtschaft erzeugt derzeit etwa ein Drittel
mehr Kalorien [*sic* – Maniok und Kartoffel tun's also auch, F. E. H.], als für die
Versorgung aller Menschen rechnerisch benötigt wird – und noch wächst die
Lebensmittelproduktion schneller als die Weltbevölkerung‹« (S. 233). Wodurch
denn wohl, wenn nicht durch Neuland unterm Pflug und Intensivierung des
Anbaus auf jenem Lande, das ihn schon spüren mußte?!

Oh heilige Susanna!

Fritz Erik Hoevels

Nachschrift, oder: *Encomium squaloris*

Zweifellos ist die Fauna Ägyptens seit pharaonischer Zeit drastisch verarmt; herauszufinden, was an dieser Verarmung jeweils das Werk des Menschen oder der
Natur war, ist hier nicht der Ort. Aber ganz erstaunlich ist, wie viel von ihr noch
überlebt hat, mitten in Ortschaften und neben lückenlosen Feldern – und das ist
in erster Linie das Verdienst des *Drecks*, oder wenigstens hat dieser Dreck, der

jede GRÜNE auf die bei uns viel schlechter gedeihende Palme brächte, der Natur deutlich weniger geschadet als unsere grüne Sauberkeit. Jedenfalls verblüffend wenig, wenn überhaupt.

Ich wohnte kurze Zeit in einem nicht verelendeten, aber auch nicht gerade properen Außenviertel Luxors; die Straßen waren ungepflastert, und an ihrem Rand häufte sich jede Menge Müll, vorzugsweise Plastikmüll, und eben dieser schwamm auch in dem kilometerlang neben ihr verlaufenden Nilkanal. Kein schöner Anblick, sehen Sie selbst einen typischen Ausschnitt:

Ebenso liefen in den Kanal etliche Abwässer. Man sollte meinen, dieser geballte Dreck hätte der Fauna (die Flora blieb wirklich erbärmlich, ganz wie bei uns auch) massiv geschadet, *noch* mehr als bei uns, und zweifellos werden die Ägypter sie auch noch kleinkriegen, ihre gruselige Geburtenrate ersetzt jede Menge falscher Flüchtlinge im Land, aber noch ist es nicht so weit: unter und neben den Müllbergen und Feldern gedeiht ihre Fauna besser als unsere, und seien Sie ehrlich: im Anblick allen diesen Unrats hätten Sie, genau wie ich auch, mit so viel überlebender »Biodiversität«, wie man die Faunen- und Florentrümmer heutzutage hochgestochen zu nennen beliebt, doch gewiß nicht gerechnet! In dem trüben Wasser schwammen genügend winzige Fischlein, um den Gefleckten Eisvogel (*Ceryle rudis*) zu ernähren (wenige Meter neben der oben präsentierten Müllstelle), hundert Meter weiter tauchten oder krabbelten drei Nilwarane (*Varanus niloticus*), der größte davon mindestens anderthalb Meter lang. Smaragdspint (*Merops orientalis*) und Wiedehopf (*Upupa epops*) fehlten auch nicht neben jener staubigen und verdreckten Straße am von Häusern und Feldern eingekesselten Kanal, und die ungeheure Menge von Spatzen, Nebelkrähen und Tauben mußte jedenfalls vor keiner sauber grünen Fassadenisolation um ihre Nistplätze bangen. (Wann sahen

Sie Ihren letzten Eisvogel, gar Wiedehopf im eigenen, sauberen, grün betüttelten und bevormundeten Land?! Und da es bei uns keine Warane gibt: wann Ihre letzte Blindschleiche? Als Vorschulkind fand ich eine in einem Frankfurter Hinterhof, mitten in der Stadt!)

Selbstverständlich will ich hier nicht für allgemeine Verschmutzung plädieren (und auch nicht für die primitiven Landwirtschaftsmethoden – säen per Hand beispielsweise –, welche im beobachteten Gebiet das Überleben zahlloser Seidenreiher ermöglichen und das meiste Gemüse, wenn es nicht zu lange im Laden gelegen hat, viel schmackhafter werden lassen als alles Biozeug, aber den Bauern das Leben furchtbar schwer machen). Dazu ist in obiger Buchpräsentation alles Nötige gesagt. Aber ich plädiere gegen die eingebimste grünlastige Idee, der verbissene Kampf gegen jedes weggeworfene Papierchen, gar Plastikstückchen, sei schon ein Bausteinchen Naturschutz, gar eine Art Dienst an der Natur. Jedenfalls gedeiht sie in Schmuddelecken sichtlich besser als unter der Fuchtel grünen Sauberkeitswahns, wo sie erstickt. (Ihr ausreichend eigenen Platz zu lassen, wäre freilich die beste Alternative.)

F. E. H.

(aus: KETZERBRIEFE 211, Oktober/November 2018)

Warum wir keine Plastikstrohhalme mehr kaufen können und warum das nichts mit dem Plastikmüll im Meer zu tun hat

Das Lamentieren über die armen Fische und andere Meeresbewohner ist groß. Diese sterben durch die Aufnahme von zerkleinertem Plastikmüll, der im Meer treibt. Ja, das ist tatsächlich so (und schlimm genug), aber wozu die Aufregung jetzt, wo das Problem doch bereits seit Jahrzehnten existiert und wohlbekannt ist.

Die Vermeidung von Plastikmüll ist überall in den Schlagzeilen. Auch »Promis« dürfen nicht fehlen, so hat sich Arnold Schwarzenegger, der sich auch sonst für jede Propaganda – aktuell die Anti-Trump-Hetze – hergibt, anläßlich des »World Environment Day« zu einem plastikfreien Lebensstil bekannt. Kürzlich gab es sogar einen »plastikfreien Juli« in Freiburg, inspiriert von einer angeblich internationalen Bewegung namens »No waste for 30 days«. Da durften die Freiburger Studenten natürlich nicht fehlen, wie das Kostenlosblatt »Der Sonntag« am 15.7.2018 berichtete (O-Ton eines Mitinitiators): »Das Ziel der Initiative ist es, eine Zero-Waste-Challenge zu veranstalten, bei der komplett auf Müll verzichtet werden soll (…) Die Leute können sich zu jeder Zeit für einen plastikfreien Lebensstil entscheiden.« Jawoll, zu jeder Zeit kann sich jeder für einen plastikfreien Lebensstil entscheiden. Versuchen Sie's mal! (Und überlegen Sie dann mal, warum Kunststoffe, also künstliche Polymere, überhaupt erfunden wurden… kriegten Sie's raus?!)

Auch McDonalds hat sich diesen Lebensstil auf die Fahnen geschrieben und gibt nur noch einen Plastiktrinkhalm pro Kunde aus, in Großbritanniens McDonalds wird auch dieser demnächst ganz eingespart. Rewe wird die Plastikhalme 2019 durch eine Papierversion[1] ersetzen und Lidl will sie sowie weitere Kunststoffartikel

---

[1] Papier, man glaubt es kaum, wird ebenso aus Holz hergestellt, also Bäumen, wie z.B. Eßstäbchen. Darum gab es vor einiger Zeit eine aufgeregte, mindestens latent antichinesische »Umwelt«-Kampagne, die Chinesen sollten doch endlich nur noch Plastik-Eßstäbchen gestatten, zumal die hölzernen nach Gebrauch ja weggeworfen werden. Wat denn nu?! Um auch brav einen eigenen Ton im Propaganda-Orchester zu blasen, hat vor wenigen Wochen über Nacht der Schweizer Konzern

ganz aus dem Sortiment nehmen. Auch die EU will gegen den Plastikmüll in den Meeren vorgehen und hat eine großangelegte Europäische Plastikstrategie (»Plastics Strategy«) in petto, die zig Millionen Euro kosten wird (aber dafür natürlich mal wieder jede Menge »Arbeitsplätze schaffen« soll). Zahlreiche Produkte aus Plastik (Wattestäbchen, Plastikgeschirr und -besteck, Plastikstrohhalme, Becher und Behälter für Getränke usw., siehe Abbildung oben) sollen künftig verboten werden, für Plastikflaschen soll es eine neue Recyclingquote geben und andere Schikanen mehr. Eine »Plastiksteuer« ist bereits in der Diskussion oder alternativ und ebenfalls von der EU-Drohne Oettinger: »Unser Vorschlag ist, dass jeder Mitgliedstaat pro Kilogramm nicht recyceltem Plastikmüll einen bestimmten Betrag an den EU-Haushalt abführt« (WELT, 27.5.2018). Wofür dieses Geld dann verwendet wird, kann auch jeder selbst erraten und erinnere sich an die so still und wundersam verschwundene Zweckbindung der Mineralölsteuer. Die EU-Richtlinie muß noch von EU-Parlament und -Rat abgesegnet werden, aber wie problemlos das funktioniert, wissen wir aus Max Roths »Moloch's Ableger«. Seit 2018 wird in Deutschland bereits eine von der EU geforderte Reduktion auf 40 Plastiktüten pro Kopf und Jahr umgesetzt, indem Plastiktüten nicht mehr kostenlos abgegeben werden dürfen. Wollte man wissen, warum die Plastiktüte für das Buch, Kleidungsstück etc. plötzlich etwas kosten soll, wo sie doch bislang immer gratis war, erhielt man vom Verkaufspersonal – standardisiert, also offensichtlich weisungsgemäß – irgend etwas von »Müllvermeidung« und »Schutz der Meerestiere« vorgebetet, aber nichts von einer EU-Verordnung. Haben die EU, McDonalds, Rewe und wie sie alle heißen mögen etwa urplötzlich und gänzlich unerwartet ihr Herz für (Meeres-)Tiere entdeckt?

Nein, haben sie natürlich nicht – aber sie wissen, daß das Ende der Erdölvorräte nahe herangekommen ist und befürchten, daß sich diese Tatsache immer schwerer unter den Teppich kehren läßt. Der Aktivismus, der nun mit der Plastikmüllhysterie angeheizt wird, ist nur der Nebenkriegsschauplatz, um vom eigentlichen Hauptkriegsschauplatz, nämlich dem Ende der Erdölvorräte

---

Coop, in Fragen der Erfüllung transatlantischer Wünsche traditioneller Spitzenreiter unseres Subkontinents, die Kundentrenner auf den Laufbändern zur Kasse durch mindestens hundertfach schwerere Holzklötze gleicher Form und Umfangs ersetzt, und Analogien dazu tauchen gröblich suggestiv und zeitgleich an einigen anderen Stellen des täglichen Bedarfs auf, ähnlich wie auf dem Höhepunkt der zentral geschürten Rinderwahn-Hysterie Krokodilfleisch bei einigen verzweifelten Metzgern (zur Erinnerung: selbständige Testung ihrer Rindfleischangebote auf mögliche Erreger, leicht durchführbar, gar nicht so teuer und von ganz wenigen unabhängigen Metzgern auch praktiziert [siehe KB 67], wurde von der allmächtigen Drahtzieherseite gar nicht gerne gesehen, da hysterieausschaltend und somit propagandaschädlich). Selbstverständlich ist der Ersatz der bisherigen Plastikgegenstände durch hölzerne ebenso unpraktikabel wie der des Rindfleischs durch Krokodilfleisch; auch die Wälder unseres Planeten, welche dem Bevölkerungsdruck bis jetzt noch standhalten konnten, wären auf dieser Grundlage in wenigen Jahren weggeholzt, supergrün, wa?!

abzulenken und aufkeimende Bedenken in sinnlose »Zero-Waste-Challenges« abzuleiten. Ein klarer Blick auf das Erdölende würde vielleicht auch so manchen klaren Gedanken nach sich ziehen.

Zur Beförderung dessen wenden wir uns nun dem Hauptkriegsschauplatz zu: Erdöl ist bekanntlich aus Mikroorganismen und Pflanzenrückständen entstanden, die vor ca. 400 Millionen Jahren auf den Meeresgrund gesunken sind und durch Temperatur, Druck und Zeit in Kohlenwasserstoffe umgewandelt wurden, dem Erdöl. Aus Erdöl werden Benzin (größter Anteil), Heizöl, Flugbenzin, Asphalt, Petroleum, Schmieröl und petrochemische Produkte gewonnen. Zu den petrochemischen Produkten gehören auch Kunststoffe (Plastik) wie PET (Polyethylenterephthalat), aus dem die überall gebräuchlichen Plastikflaschen hergestellt werden, oder PE (Polyethylen) für Plastiktüten[2] oder eben Plastiktrinkhalme.

Lange galt die Voraussage »das Öl reicht noch 40 Jahre«, das war Ende der 80er Jahre des letzten Jahrhunderts, und sie soll, auch 30 Jahre später, immer noch genauso gültig sein, wenn man der Lügenpresse glauben will (z.B. ADAC Motorwelt 02/2018, »Öl im Überfluss«).

Wie lange das Erdöl wirklich noch reicht, kann aber deshalb nicht genau gesagt werden, weil konkrete Zahlen über die wirklich vorhandenen Erdölreserven (aus »gutem« Grund) nirgends zu finden sind. Da gibt es angeblich weltweit Erdölreserven – Reservenangaben geben üblicherweise nicht die absolute Gesamtmenge des Öls im Boden an, sondern die Menge, die auch gefördert werden kann –, die seit 1980 von 683,4 Mrd. Barrel bis heute auf 1706,7 Mrd. Barrel angewachsen seien, dem stark angestiegenen und weiter ansteigenden weltweiten riesigen Verbrauch zum Trotz. 1987 lag der weltweite Erdölverbrauch bei einer Weltbevölkerung von 5 Mrd. bei 18,068 Mrd. Barrel pro Jahr; 2017 lag er bei einer Weltbevölkerung von 7,5 Mrd. bei 35,697 Mrd. Barrel (98 Mio. Barrel pro Tag). Im Jahr 2050 wird die Weltbevölkerung die 10-Mrd.-Grenze mutmaßlich erreicht haben, und nach Schätzung der IEA[3] wird der Erdöl**bedarf** auf mind. 43 Mrd. Barrel pro Jahr steigen (etwa 122 Mio. Barrel pro Tag). Wie es dann mit der Erdöl**lieferung** aussehen wird, dazu weiter unten mehr. Der Erdölbedarf steigt also noch schneller als die Weltbevölkerung, was durch die derzeit noch zunehmende weltweite

---

2   Zur Herstellung einer Plastiktüte mit 20 Gramm werden ca. 40 Gramm Erdöl benötigt.

3   Die angegebenen Zahlen sind dem jährlichen »Oil Market Report« der IEA, »International Energy Agency« entnommen. Die IEA wurde 1974 (nach der sogenannten Ersten »Ölkrise«) von den OECD-Nationen gegründet, um u.a. die Energieversorgung ihrer 30 Mitgliedsstaaten durch gemeinsame Maßnahmen zu »sichern« und ihnen bei einer »physischen Störung der Ölversorgung« beizustehen. Sie wird als »Wachhund des Westens auf dem Energiesektor« angesehen und die jährlich herausgegebenen »World Energy Outlooks« sind für viele sozusagen die »Bibel« auf dem Energiesektor (siehe www.iea.org). Ein Barrel (Faß) = 159 Liter.

Technisierung auch zu erwarten ist (es werden ja nicht nur mehr Menschen, immer mehr davon können sich [noch] Autos, Handys, Glotzen, Computer etc. leisten, welche nun mal aus oder mit Hilfe von Erdöl hergestellt werden).

Wie können nun bei einer erhöhten Förderung (bei steigendem Bedarf) die Erdölreserven, wie behauptet, steigen oder auch nur stagnieren?

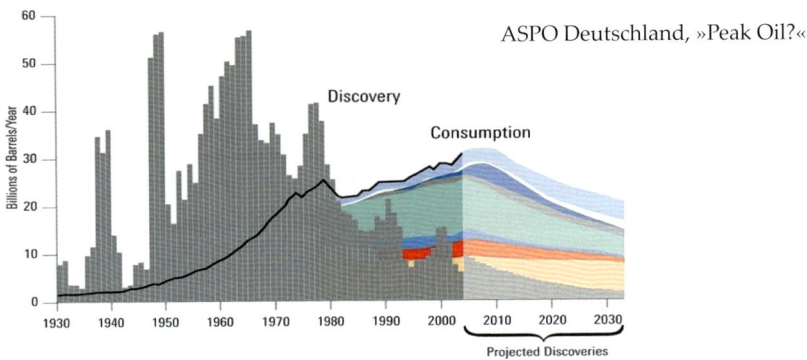

An der Graphik (Angaben in Mrd. Barrel pro Jahr) kann man gut erkennen, daß das Maximum an Erdölfunden in den 60er Jahren des letzten Jahrhunderts lag. Das Fördermaximum liegt etwa 40 Jahre nach dem Maximum der Neufunde (die schwarze Linie zeigt den Verlauf von Erdölförderung bzw. -verbrauch).[4] Seither fand man selbstverständlich immer weniger Erdöl. Der Trick, um die Erdölreserven dennoch zu »erhöhen«, dürfte die in den 80er Jahren eingeführte Förderungsquotenpolitik der OPEC gewesen sein, die den erdölfördernden OPEC-Ländern nur noch eine in einem bestimmten Verhältnis zu den jeweils angegebenen Erdölreserven stehende Menge zu fördern erlaubt. Um sich das Geschäft nicht entgehen zu lassen, machten die Länder einfach überhöhte Angaben zu ihren Reserven, und so konnten sie auch ihre Förderung steigern. Das Ende der 80er Jahre zeichnet sich deshalb durch einen besonders steilen Anstieg der angegebenen Erdölreserven aus (siehe

---

4   Dabei ist der aufsteigende Ast der Kurve größtenteils technisch vorgegeben, der absteigende Ast ist physikalisch bestimmt. Denn es dauert einige Zeit, bis ein Ölfeld mit einer bestimmten Anzahl Bohrungen optimal erschlossen ist. Danach nimmt die Ölförderung in jedem Feld mehr oder weniger kontinuierlich ab, denn es kann nur das vorhandene Ölvolumen gefördert werden (und auch hiervon nur ein Teil, im Mittel etwa 40 %), und je länger die Förderung dauert, umso größer ist der Anteil von Wasser (oder Gas), der in die Fördersonden strömt. Ein einfaches Phänomen der Massenbilanz, denn was dem Untergrund entnommen wird, muß durch etwas anderes (vor allem Wasser, das in den Gesteinsporen im Überfluß vorhanden ist) ersetzt werden (Prof. Dr. Wolfgang Blendinger, Professor für Erdölgeologie und früherer Vorsitzender der deutschen ASPO-Sektion). Auch sein Vortrag »Erdöl – Ein brisanter Rohstoff« ist nicht schlecht, wenn man etwas mehr über die Erdölgewinnung erfahren möchte und das letzte Bild, ein Zugeständnis an die Verzichtsanbeter, ignoriert; https://www.youtube.com/watch?v=50g3nqwFLO0.

Graphik unten, »Peak« bei 1990; Saudi-Arabien beispielsweise gibt seit 1990 stets 261 bis 264 Mrd. Barrel als Reserve an und förderte in dieser Zeit 8 bis 10 Mio. Barrel pro Tag, aber ohne bemerkenswerte Neufunde zu verzeichnen. Das ist ungefähr so, als würde man über Jahre aus einem See täglich Hunderte Millionen Liter Wasser entnehmen, dieser aber immer den gleichen Wasserpegel zeigen, obwohl er keinen Zufluß hat). Ein anderer Trick für die wundersame Vermehrung der Erdölreserven dürfte die Hinzufügung der Ölsande in Kanada Anfang 2000 sein (siehe »Peak« bei 2000), und ein weiterer »Peak« kam um das Jahr 2010 durch die Ölschiefervorkommen in Venezuela dazu – diese »Vergrößerung« der Erdölreserven durch schwer erschließbare und vorher unberücksichtigt gebliebene Ölsande, Ölschiefer etc. nannte man dann »Neubewertungen«.

Die offiziellen weltweiten Erdölreserven, die mit ca. 1700 Mrd. Barrel beziffert werden, beruhen also ausschließlich auf den Angaben der Förderländer selbst und sind dementsprechend wenig aussagekräftig.

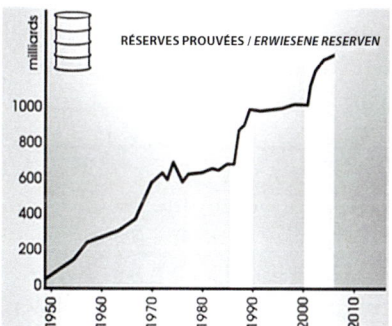

Aus der Filmdokumentation »Das Erdölfördermaximum – Mit offenen Karten«, Arte Frankreich, youtube, 23.4.2017

Aussagekräftiger sind da schon die täglichen Fördermengen an Erdöl. In der folgenden Graphik der IEA bietet die Kurve, die die tägliche konventionelle Rohölgewinnung der in Produktion befindlichen Ölfelder darstellt (»Crude oil: currently producing fields«), ein wahrscheinlich annähernd realistisches Bild (in Mio. Barrel pro Tag).

IEA, World Energy Outlook 2010

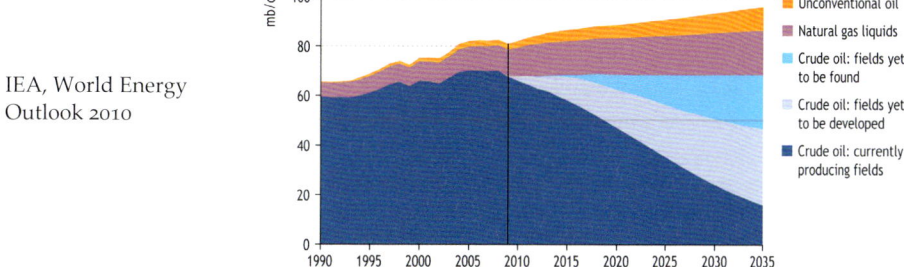

Diese Kurve zeigt um das Jahr 2005 ein Plateau, das sogenannte »Peak Oil« (ande-re Quellen legen dieses früher oder auch später, wie BP, wen wundert's). »Unter ›Peak Oil‹ (Ölfördermaximum) versteht man den Zeitpunkt, an dem die weltweite Ölförderung nicht mehr einer steigenden Nachfrage folgend ausgeweitet werden kann, sondern auf Grund von geologischen und technischen Gesetzmäßigkeiten zurückgeht« (ASPO[5], s. auch Fußnote 3). Selbst die eher konservative IEA gab in ihrem »2010 World Energy Outlook« zu, daß die Produktionsrate für Erdöl ihren Peak 2006 hatte und daß nun sog. unkonventionelles Erdöl, wie beispielsweise aus Teersand gewonnenes Öl, den steigenden Erdölbedarf befriedigen müßte. Nun, einer der größten Funde an Teersanden liegt in Kanada. Um aus Teersand Öl zu gewinnen, muß der Teer mit riesigen Mengen Süßwasser (Heißwasserdampf!) aus dem Sand ausgewaschen werden. Dann wird Erdgas (!) eingesetzt, um aus dem langkettigen Teer kurzkettigeres, dünnflüssigeres Öl herzustellen. Das Öl wird bei diesem Verfahren mehr oder weniger synthetisiert und ist dementspre-chend teuer (80 bis 100 US Dollar pro Barrel), das Verfahren zudem sehr umwelt-schädigend. Die Technik selbst ist seit Jahrzehnten bekannt, wie übrigens auch das »Fracking«, wurde aber aufgrund der hohen Kosten erst in den letzten 20 Jahren vermehrt eingesetzt. Als der Ölpreis 2016 auf ein Minimum fiel, stagnierte auch die Produktion in Kanada, es wurde ein Minusgeschäft (wie war das noch mit der Investition von mehr Arbeit für die Herstellung des gleichen Produktes und dem daraus folgenden geringeren Mehrwertprofit, wenn nicht gleichzeitig eine Preiserhöhung erfolgt? Was sich bei entsprechender Preissteigerung [Teuerung] wieder umkehren kann. Die Förderung des Erdöls lohnt sich natürlich auch dann nicht mehr, wenn genausoviel Energie hineingesteckt wie herausgeholt wird). Das schwer und dadurch teuer zu extrahierende »unkonventionelle« Öl (in der obi-gen Graphik »unconventional oil« im Gegensatz zum »conventional oil«, das mit »klassischen« Methoden recht einfach zu fördernde Rohöl) wird niemals die der-zeitige Fördermenge an Rohöl ersetzen können, es kann die stetig sinkende kon-ventionelle Rohölförderungskurve nur etwas abschwächen. Bei obiger Graphik ebenfalls zu beachten ist, daß der Anteil an »Natural Gas Liquids« (NGLs) kein Erdöl ist, sondern hauptsächlich flüssiges Propan, Butan und Ethan, das nicht zur Benzin- oder Dieselherstellung taugt, aber zu Heizzwecken u.a. verwendet wird und von der IEA irreführend zur Erdölfördermenge hinzugezählt wird.

Auch angebliche sensationelle »Neufunde« können die Erdölreserven nur be-dingt auffüllen bzw. dienen nur zur Vertuschung der wahren Situation. Schauen

---

[5] Die ASPO ist eine von dem britischen Geologen Dr. Colin Campbell im Jahr 2000 gegründete »Association for the Study of Peak Oil and Gas«. Es gibt ASPO-Ableger in vielen Ländern, die ein Netzwerk von Wissenschaftlern und anderen Interessierten bilden, die ein Interesse daran haben, den Zeitpunkt von »Peak Oil« zu ermitteln sowie realistische Daten und Einschätzungen bzgl. Erdöl und Gas zu liefern, z.B. www.aspo-deutschland.blogspot.com.

wir uns ein paar Beispiele der letzten Zeit an: »USA: Riesiges Ölvorkommen in Alaska entdeckt: In Alaska ist ein riesiges Erdölvorkommen von 1,2 Milliarden Barrel entdeckt worden« (Deutsche Wirtschaftsnachrichten, 10.3.2017). Wir erinnern uns: der weltweite jährliche Erdölbedarf liegt bei derzeit 35,697 Mrd. Barrel. 1,2 Mrd. Barrel sind zugegebenermaßen besser als nichts, aber riesig? China hat nach 10 Jahren Erkundung ein »Gigantisches Ölvorkommen« von 1,24 Mrd. Tonnen (das entspricht etwa 9,1 Mrd. Barrel) Rohöl entdeckt und Mexiko nach 15 Jahren (!) Suche ein Ölfeld von 1,5 Mrd. Barrel (Sputnik News, 1.12.2017). Selbst wenn das stimmt – und nur die Lügenpresse ist hier unsere Quelle –, so kann von einem Stoff, der 400 000 000 Jahre Entstehungszeit brauchte, nicht mehr allzuviel nachgeliefert werden, und die Methoden der Erdöl-Prospektion sind schon lange ausgereift und im Einsatz. Man denke immer an den weltweiten Erdölbedarf pro Jahr, dessen Angabe man in den Ankündigungen der sensationellen Neufunde natürlich vergebens sucht. Warum wohl?

Es gibt noch weitere »gigantische« Funde, wie z.B. ein angebliches »Mega-Ölfeld« in Bahrain (80 Mrd. Barrel), welches sich dann in der weiteren »Berichterstattung« als Ölschieferformation unter dem Meeresboden herausstellt, aus dem selbst mit der sehr kostspieligen Fracking-Technologie mutmaßlich nur ein Bruchteil (5–10 %) des Vorrats herausgeholt werden kann; von einer Neuentdeckung kann schon gar keine Rede sein, da das dortige Öl bereits seit 2014 untersucht wird (SPIEGEL Online, 11.4.2018). Auch bei so manchem anderen »Neufund« findet man bei genauerem Hinsehen den Haken, z.B. lagern vor Brasilien im Libra-Ölfeld angeblich 8 bis 10 Mrd. Barrel Erdöl, allerdings in 6 Kilometer Tiefe unter einer gewaltigen Salzschicht, d.h. die eigentliche Produktion liegt noch in weiter Zukunft (ein typischer Fall für die Kurve »Crude oil: fields yet to be developed«?). Im ganzen Becken werden mehr als 100 Mrd. Barrel **vermutet**. In Venezuela, dem Land mit den angeblich größten Erdölreserven der Welt, liegt etwa ein Drittel dieser Reserven in Form von Ölschiefer vor (dessen Erschließung der des Teersands an Schwierigkeit und Umweltschäden mindestens gleichkommt), ein weiterer Teil liegt an schwer zugänglicher Stelle vor der Küste, und nur ein Teil konnte und kann mit vertretbarem Aufwand gefördert werden. Dies also sind die sogenannten Neufunde, die größtenteils noch gar nicht gesichert sind (siehe Kurve »Crude oil: fields yet to be found«, also Prinzip Hoffnung), aber ein unendlich scheinendes Erdölvorkommen suggerieren sollen.

Der »Oil Market Report 2018« (Executive Summary) der IEA konstatiert nüchtern folgendes: »Natürliche Produktionsrückgänge [s.o. »Peak Oil«] haben sich verlangsamt, aber mehr Investitionen sind nötig. Jedes Jahr muß die Welt 3 Mio. Barrel/Tag, die aus den bestehenden Feldern weniger geliefert werden, ersetzen und gleichzeitig den starken Verbrauchszuwachs befriedigen. Das ist äquivalent einer jährlich zu ersetzenden Nordsee (…) Unsere Analyse zeigt, daß die

Entdeckung von neuen Ölressourcen 2017 auf einen weiteren Rekordtiefstand gefallen ist, mit weniger als 4 Mrd. gefundenen Barrel an Rohöl, Kondensaten und NGLs« (Übersetzung direkt aus dem Englischen). Die ASPO nimmt an, daß im Jahr 2030 nur noch die Hälfte der heutigen Fördermengen produziert werden können. Das sieht nicht gut aus, wird man sagen dürfen.

Aber alles nicht so schlimm! Schließlich gibt es ja die »erneuerbaren Energien«, die alle Probleme lösen sollen – doch was heißt hier eigentlich »erneuerbar«? Die beiden einzigen Energiequellen, die Kernfusion (Sonne) und die Kernspaltung (Uran), sind als Energielieferanten beide begrenzt, die »Sonnenlieferung« z.B. durch die Größe der beschienenen, also halben Erdoberfläche (und auf die stärker bestrahlte Venus umzusiedeln wäre wenig empfehlenswert), und die von ihnen gelieferte Energie wird verbraucht, genauer: in eine andere Energieform umgewandelt und keineswegs erneuert, das walte der Energieerhaltungssatz. Damit die Mär von den »erneuerbaren« Energien auch geglaubt wird, werden Leute wie der »Grüne« Anton Hofreiter herangezogen (klebt seit Beendigung seiner Postdoktorandenzeit 2005 in einem weichen Sessel des Bundestages und betätigt sich dort vor allem als Schreier gegen die AfD), der die »grüne« Forderung, ab 2030 nur noch Elektroautos zuzulassen, als Rettung der Welt verkauft. Dazu sein Parteikollege Kretschmann: »Ja, wo sollen die denn alle tanken?« In der Tat, das ist hier die Frage, und auch das »Was« sollte nicht vernachlässigt werden. Denn die von den »Grünen« so eisern behauptete Energieeffizienz eines Windrades ist alles andere als beruhigend: nur wenn der Wind 75–100 % der (für das Windrad) maximal zulässigen Geschwindigkeit aufweist, ist überhaupt eine irgendwie relevante Leistung zu erwarten, die meist auch ergebnislos verpufft, weil sie nämlich **irgendwann** auftritt und nicht dann, wenn man sie braucht, und **Speicher gibt es für diese zufällige Stromproduktion keine**.[6] Außerdem reicht die Menge nicht, egal ob gespeichert oder nicht.

Zitat Prof. Horst-Joachim Lüdecke in seinem Vortrag »Wie muß die Wende der Energiewende aussehen?«: »Es gibt keine Speicher, es wird auch keine Speicher geben, das ist naturgesetzlich. Das ist die Technik und die Physik.« (Ende 2017 installierte Tesla die »größte Lithium-Ionen-Batterie der Welt« für eine Windkraftanlage in Australien. Mit der Batterie lassen sich im Falle eines Stromausfalls 30 000 Haushalte bis zu einer Stunde mit Strom versorgen – Donnerwetter! Der Flächenbedarf für die aus einzelnen Akkumodulen bestehende Batterie liegt in der Größenordnung eines Fußballfeldes, also 6000 m²!)

Und nach jahrelanger Umweltzerstörung und Vogel- sowie Fledermausgemetzel kann man's jetzt ja auch zugeben:

---

6   Einzige Ausnahme sind Pumpspeicherwerke. Diese sind im Moment die einzige ausgereifte Technik, mit der man im großen Maßstab Stromschwankungen ausgleichen kann. Deutschland kommt aber wegen der topographischen Gegebenheiten, von einigen Stellen abgesehen, dafür nicht in Frage.

Was in der Öffentlichkeit aber kaum jemand bisher zur Kenntnis nimmt: Von all diesen geplanten und diskutierten Windrädern wird wohl kein Einziges je gebaut. Nicht des Protestes wegen – es fehlen inzwischen vielmehr die wirtschaftlichen Voraussetzungen. Der Bau von Rotoren auf den Schwarzwaldhöhen wird sich voraussichtlich nie lohnen, der Betrieb dürfte auch über die theoretische Laufzeit von 20 Jahren hinaus unrentabel bleiben.

»Badische Zeitung« vom 8. August 2018

Mit der Effizienz von Solarthermie- und Photovoltaik-Anlagen sieht es nicht besser aus (um etwa die Stromversorgung für Deutschland mit Photovoltaik zu befriedigen, müßte man die doppelte Fläche des Saarlandes mit Photovoltaik-Paneelen bestücken). Weitere Informationen findet der Interessierte in Vorträgen (Internet) oder Büchern von Prof. Hans-Joachim Lüdecke (siehe auch KB 182, »Ist der ›Klimawandel‹ ein Schwindel?«). Kurzum: um nicht zu verelenden, muß die Verbraucher*zahl* gesenkt werden, bis die Sonnenlieferung (zu der auch Wind- und Wasserkraft gehören, kurz mal nachdenken!) für den Bedarf reicht, und zwar auf dem *besten* Niveau. Das Erdöl ist ja dummerweise weg, jedenfalls das allermeiste.

Aber das tägliche persönliche Martyrium kann gar nicht groß genug sein, um die Welt bzw. das Brett vorm Kopf zu retten, wie uns ein Blick auf die Grotesken des »plastikfreien Lebensstils« beweist:

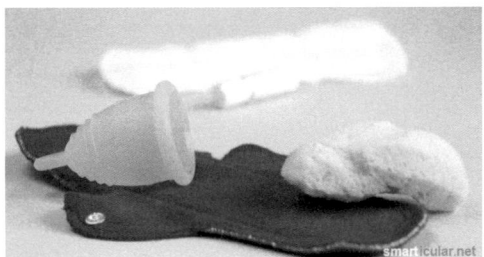 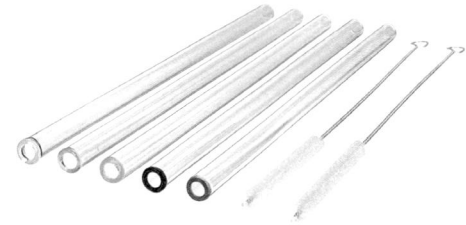

Aus dem einschlägigen Online-Angebot: ökologisch durch die Tage – 3 Alternativen zu Binden & Tampons (alles wiederverwendbar, von der »Menstruationstasse« bis zum Menstruations-»Naturschwämmchen« – da hätten wir einen ganz anderen Vorschlag!)

Glasstrohhalme mit Bürstchen

Die Plastikmüllhysterie soll natürlich nur den Blick verstellen auf die immer drückender werdende Überbevölkerung und deren riesigen Energieverbrauch, der die Ressourcen schneller und immer schneller erschöpft. Ginge sie drastisch zurück, schwände freilich auch die Konkurrenz unter den Besitzlosen, Streiks würden aussichtsreich, und das muß um jeden, wirklich jeden Preis verhindert werden, das ist alles. Die naheliegende Frage, welche Menschenzahl (Verbraucher) denn zu den vorhandenen Ressourcen paßt, muß also auch um jeden Preis unterdrückt werden. Denn sonst wäre die Forderung nach sofortiger Geburtenkontrolle weltweit (Plastikmüll hin, Plastikmüll her, **nur so** überleben die Meerestiere, ansonsten sind sie nämlich bald weggefressen, was sie, ein Blick auf die Fischtheken im Laufe der Jahrzehnte genügt, ohnehin schon weitgehend sind), statt nach Verzicht und Mittelalter mit »Naturschwämmchen«, ebenfalls nicht zu unterdrücken. Das neue, diesmal technisierte, Mittelalter wird spätestens mit dem Ende des Erdöls eintreten, das Ende des Plastikmülls ist **dann** sowieso inklusive und ohne jeden weiteren Aktionismus zu haben. Die auf uns zukommende erdölknappe bis erdöllose Zukunft wird im folgenden Leserkommentar eines US-Amerikaners in aller realistischen Drastik geschildert.[7]

Was für ein Kontrast zur grinsenden Schlaumeierei der deutschen Verzichtsanbeter:

> We now have 7.6 BILLION HUMANS totally dependent upon OIL staying plentiful & affordable but clearly, this will not last & as prices rise as they must, fewer people, especially poor farmers & fishermen will not be able to buy the fuel they need for their irrigation pumps or the engines that power their fishing boats.
> I see NOTHING on the horizon that can replace OIL & our high tech "renewables" are also tightly tied to OIL & they cannot exist without it.
> Those who have been led to believe that "renewables" can replace oil are in for a shocking reality, they can't!
> As oil declines, so will 7 billion of us decline the hard way, wars, starvation, disease, thirst & an increasingly hostile environment.
> We have entered the end of the "good ol' days," party up, the "hangovers" will be a doozy!
>
> »10 years after the oil price spike«, Resource Insights, 8.7.2018, Leserkommentar

Es gibt einen Ausweg, aber den gibt es nur mit uns: »Geburtenkontrolle weltweit«, und zwar zwecks *Reduktion* der Menschenmasse bis zum ressourcenkompatiblen Optimum. Nach nur 5 Generationen Ein-Kind-Familie wäre es erreicht, danach ließe sich weitersehen! (Aber nein, Idioten und Rechenverweigerer setzen auf die Lemming- und Ameisenlösung – ohne Staatsunterstützung wären sie lächerlich, aber da sie sie haben, sind sie gefährlich.)

Ursula Leitner

---

[7] Ein Zufall?, s. KB 183, »Hands Off Syria!« – Stimmen aus Amerika. Und KB 209, Das Ende der Natur.

(aus: KETZERBRIEFE 214, April/Mai 2019)

Aus der Welt der Ideologeme
Was ich schon immer mal kapieren wollte: Erneuerbare Energien

Rückgang der Braunkohle: Erneuerbare Energie ist Deutschlands wichtigste Stromquelle (3.7.2014), **Grüne Energie: Apple ist Spitzenreiter bei Nutzung erneuerbarer Energien** (10.1.2017), **Erneuerbare Energien: Ökostrom überholt erstmals Kohle** (10.7.2018, alles STERN.de), **Sonnige Jahresbilanz: Erstmals mehr als 40 % des Stroms aus erneuerbaren Energien** (3.1.2019, manager-magazin.de) – Diese Schlagzeilen liest man seit einigen Jahren immer wieder. Was aber hat es damit auf sich? Ist Energie überhaupt »erneuerbar«?

Zunächst einmal ist Energie definiert als Potential zur Lageänderung von Materie. Oft wird auch die Bezeichnung »gespeicherte Arbeit« verwendet, aber das läuft letztendlich auf das gleiche hinaus. Es wird zwischen potentieller bzw. Energie der Lage, der kinetischen bzw. Bewegungsenergie und der Feldenergie unterschieden. Potentielle Energie hat ein Körper aufgrund seiner Lage zu einem anderen Körper. Versuchen Sie doch einmal, einen Zug oder auch nur einen Waggon zu bewegen. Selbst wenn Sie Anlauf nehmen, also der Materie, aus der Sie bestehen, dank Ihrer Muskeln, die nebenbei gesagt dabei chemische, also Bindungsenergie verbrauchen, kinetische Energie zuführen, so werden Sie vermutlich keine große Lageveränderung des Waggons bewirken. Allerdings wird die potentielle Energie des Waggons eine Verletzung ihres Gewebes bewirken, die mindestens als blauer Fleck relativ zeitnah an entsprechender Stelle sichtbar werden wird. Also seien Sie vorsichtig! Erst recht sollten Sie aufpassen, wenn sich dieser Waggon, seinerseits mit kinetischer Energie versehen, weil z.B. eine Diesellokomotive, die die in den Kohlenstoffverbindungen des Dieselkraftstoffes enthaltene Bindungs- bzw. chemische Energie in Bewegungsenergie umwandelt, auf Sie zubewegt. Für von E-Loks angeschobene Waggons gilt dasselbe.

Prinzipiell das gleiche geschieht, wenn Licht, also von der Sonne oder einer anderen Lichtquelle ausgestrahlte Teilchen (Photonen) auf unsere Netzhaut (Retina) treffen. Die Teilchen besitzen sowohl kinetische als auch potentielle Energie, aber gerade nur soviel, daß sie beim Auftreffen auf unsere Netzhaut eine Zustands- bzw. Lageänderung von chemischen Verbindungen, hier den Bestandteilen des Moleküls Rhodopsin bewirken, eine Voraussetzung für das Sehen. Aber auch hier ist Vorsicht geboten, denn jeder, der zu lange direkt in die Sonne schaut, verbrennt damit allmählich seine Netzhaut. – Nun, all das gehört zum Physikunterricht der

8. Klasse, nämlich bei der Besprechung des Energieerhaltungssatzes. Dieser besagt, daß Energie bzw. eine Energieform (z. B. Wärme) weder erzeugt noch zerstört werden, sondern lediglich von einer Energieform in eine andere umgewandelt werden kann. Das der Energie vorgesetzte Wort »erneuerbar« widerspricht somit dem unentrinnbaren Energieerhaltungssatz. Und dennoch wird wie selbstverständlich und unermüdlich von »erneuerbarer Energie« gesprochen, als gäbe es keine Physik, keine Eigenschaften der Materie, als schaffe allein das Wort schon eine Tatsache bzw. ein fundamentales Wunder. Oder hat jemand heimlich den Physiknobelpreis für die Außerkraftsetzung desselben Naturgesetzes eingesackt und niemand was davon mitgekriegt?

Legen wir einmal die Physikbücher beiseite und schauen, was Wikipedia dazu schreibt. Da heißt es: »Als erneuerbare Energien oder regenerative Energien werden Energieträger bezeichnet, die im Rahmen des menschlichen Zeithorizontes praktisch unerschöpflich zur Verfügung stehen oder sich verhältnismäßig schnell erneuern (…) Zu ihnen zählen Bioenergie (Biomasse), Geothermie, Wasserkraft, Meeresenergie, Sonnenenergie und Windenergie. Die bei weitem wichtigste Energiequelle ist die Sonne.« (Übrigens wird im Artikel als eine weitere mögliche Energiequelle auch die Muskelkraft erwähnt, diese könne nämlich eine Tretmühle bedienen.) Abgesehen von der Geothermie, der ominösen »Meeresenergie« (mit der die Gravitationswirkung des Mondes gemeint sein dürfte) und der nicht den erneuerbaren Energiequellen zugerechneten Atom- bzw. Kernenergie sind alle genannten Energiequellen letztlich nichts als umgewandelte Sonnenenergie, und diese erneuert sich genausowenig wie die Sonne ihrer Umgebung unbegrenzt als Energielieferant zur Verfügung steht (in ca. 1 Milliarde Jahre ist sie ausgebrannt). Jedenfalls ist die von der Sonne abgegebene Energie mittlerweile gut bekannt.[1]

Neben einer Äquivokation – »Energie« ist auf einmal ein »Energie*träger*« (z. B. Elektrizität oder Wärme) – finden wir auch Bezeichnungen, die sehr suggestiv klingen: »unerschöpflich«, »unbegrenzt«, es gibt also gaaanz viiiel davon. Um diese Suggestion zu nähren, steht weiter unten, daß auf der Erde jährlich das 7500fache – schon wieder gaaanz viiiel! – des Weltjahresenergiebedarfs an Sonnenenergie ankommt. Entscheidend ist aber, ob diese Energie auch nutzbar ist, ob sie uns in Form von Elektrizität auch zur Verfügung stehen kann (dazu später mehr).

---

[1]   600 Millionen Tonnen Wasserstoff wandelt die Sonne je Sekunde in 596 Millionen Tonnen Helium um. Die Differenz von 4 Millionen Tonnen wird zu Energie gemäß Einsteins Formel $E = mc^2$, eine Masse, die die Sonne durch besagte Kernfusion unwiderruflich verliert. Davon erreicht nur das Äquivalent von gerade dreieinhalb Tonnen pro Sekunde unsere Erde. Quelle: Theodore Gray, »Die Elemente«, ein ganz vorzügliches Übersichtsbuch, das in über einem Dutzend Sprachen erschien, nachdem der Autor seiner wohl aufgenötigten Propagandistenpflicht genügt hatte, exakt dreimal die klassischen Glühbirnen schlechtzumachen, genau wie der Autor des analogen, ebenfalls vorzüglichen Buches über die Planeten den »Klimawandel« dreimal im ansonsten tadellosen Text dämonisieren mußte.

Fahren wir mit dem Wikipedia-Artikel fort und spüren einer interessanten »Wendung« im nächsten Absatz nach, der so beginnt: »Der Begriff ›erneuerbare Energien‹ ist **nicht im streng physikalischen Sinne** zu verstehen, denn Energie läßt sich nach dem Energieerhaltungssatz weder vernichten noch erschaffen, sondern lediglich in verschiedene Formen überführen.« Plötzlich entsinnt man sich also doch der wissenschaftlichen Erkenntnisse. (Doch der von den Psychologen entdeckte und den *spin doctors* genutzte *primacy effect* sitzt!) Aber in welchem »nicht strengen physikalischen Sinne« dürfen wir den Begriff denn dann verstehen?

Nun, das wird uns freilich nicht verraten – wer will, kann den ganzen, 23 DIN-A4-Seiten (!) langen Wikipedia-Artikel danach absuchen. Mehr gibt es zum Thema eigentlich nicht zu sagen, aber nehmen wir uns ein wenig Zeit, um auch den ideologischen Inhalt zu betrachten. »Erneuerbar« suggeriert, daß es weder einen Mangel an Energie gibt bzw. geben wird, und da »davon« gaaanz viel da sein soll, spielt es auch keine Rolle, wieviele *Verbraucher*, deren Zahl steigt und steigt und längst maßlos ist, an dieser schier unerschöpflichen Quelle hängen – und das ist des Pudels Kern.

Dieser Tatsache und letztlich so einfachen Überlegung wird konsequent ausgewichen, die Bedeutung ihres Zerquasselns für die herrschende Klasse erklärt die überdimensionierte Textlänge des Wikipedia-Artikels. Schon kleine Kinder beschäftigen sich mit der Frage, wenn auch subjektiv gefärbt, wie groß das Stück der Geburtstagstorte für sie ausfallen wird, nämlich in Abhängigkeit der Gästezahl. Nicht nur strukturell, auch vom intellektuellen Aufwand her ist dies die gleiche Rechnung, die ebenso auf gesellschaftlicher Ebene gilt (und überhaupt überall). Irgendwann wird das Stück Kuchen auf dem Teller nämlich so klein, daß ein zweiter Kuchen nötig wird, wenn man auch im nächsten Jahr noch Geschenke kriegen möchte. Im Gegensatz zu einem zweiten Kuchen gibt es aber keine Möglichkeit, eine zweite Erde zu produzieren.

Anstatt diese einfache Rechnung zu machen, wird so getan, als ob der Schwund der fossilen Energieträger *und* der gleichzeitige Zuwachs an Verbrauchern durch erweiterte Nutzung der auf der Erde eintreffenden Sonnenenergie ausgeglichen werden könnte. Praktisch heißt das, daß seit Jahrzehnten Windkraft- und Photovoltaik-Anlagen gebaut werden, die nicht nur die Landschaft verschandeln, sondern vor allem in Konkurrenz zur Natur und landwirtschaftlichen Nutzflächen stehen, wodurch die Lebensmittelpreise zusätzlich zum Flächenbedarf der unvermeidlich monströs gewordenen Landwirtschaft, also zur bloßen Nahrungsmittelproduktion, drastisch steigen. Bei Wikipedia heißt es dazu lapidar, daß angesichts »der EU-weiten Getreideüberschüsse eine Konkurrenz zur Nahrungsmittelerzeugung nicht zu befürchten« sei. Das Fraunhofer Institut befürchtet diese Konkurrenz aber doch und veröffentlichte 2015 eine Studie über die parallele Flächennutzung von Photovoltaik und Landwirtschaft, wobei die

PV-Anlage einige Meter über dem Boden so installiert wird, daß zwischen den Paneelen noch ein Plätzchen für direkte Sonneneinstrahlung bleibt, was zwar eine Einbuße für die Einzelnutzung von je ca. 20 % zur Folge habe, aber insgesamt 60 % mehr Sonnenenergie nutzbar mache. Generell spricht ja nichts dagegen, Flächen zur *Versorgung* der Bevölkerung möglichst effizient zu nutzen – wenn dann mehr Fläche für die Natur (oder auch zum Wohnen) übrig bliebe. Aber was soll das, wenn der ganze Aufwand nur darauf hinausläuft, den nächsten Menschenmilliarden Platz zu machen (auf der endlichen Ressource Fläche freilich nachverdichtet)?! Wie soll Technik, und sei es diejenige zur bestmöglichen Ausnutzung der Ressourcen, mit exponentiellem Wachstum mithalten können, gar »nachhaltig«?! Das Bevölkerungsoptimum unseres Planeten ist schon lange überschritten!

Daß dies unmöglich und unseren steuergeldfressenden Energie-Optimisten bekannt ist, zeigen bereits etliche Maßnahmen zur Senkung des Energieverbrauchs *pro Kopf*; angefangen bei der Dunkelbirne (siehe KB 151) und der ewig moralisch dröhnenden Klimaschutzphrase werden »intelligente« Systeme entwickelt, die zu Spitzenzeiten den Verbrauch senken sollen. Für Privathaushalte wären das z.B. die Wasch- und Spülmaschine, die sich bald nur noch dann einschalten lassen, wenn die Sonne scheint: »Nutzen Sie die Sonne, *be clever*: Gehen Sie nicht an den Baggersee, schalten Sie die Waschmaschine und den Staubsauger an« – allerdings nur, wenn der Strom Ihnen überhaupt zugeteilt wird. Damit einhergehend ist die Installation zentral ansteuerbarer Stromanschlüsse in den Haushalten (*smart meter*).

Jeder weiß, daß nicht immer der Wind weht bzw. die Sonne scheint. Doch auch hier kann uns Wikipedia in Berufung auf die Studie eines »Sachverständigenrats für Umweltfragen« weiterhelfen: »So könne bspw. Norwegen zeitweise Stromüberschüsse aus Windenergie aufnehmen und dann Strom aus Wasserkraft zur Verfügung stellen, wenn in Deutschland wenig Wind weht.« Puh, Glück gehabt.

Was hier seitens der Presse und der naturgemäß staatsabhängigen Forschungsinstitute suggeriert wird, ist Augenwischerei und dient lediglich der Bahnung der Kognitiven Dissonanzreduktion (KDR), sekundär der narzißtischen Gratifikation (»War ich aber schlau!« – »Denk mit«, »intelligente Energie« usw.), denn die »Tortenrechnung« ist einfach. Um diese zu unterdrücken, werden die eben vorgeführten Ideologeme Tag für Tag eingebimst und jeder, der seine Dunkelbirne einschraubt und seine »intelligente« Waschmaschine auf Amazon bestellt, soll sich dafür innerlich auf die Schulter klopfen.

An der Realität ändert das natürlich nichts. So lange die Bevölkerung wächst statt schrumpft, steigt der Energie*bedarf*; sogar dreimal so viele Bettler brauchen dreimal so viel wie ein Drittel von ihnen, man glaubt es kaum! Da die fossilen Energieträger nahezu aufgebraucht sind und selbst durch intensivste

Nutzung der täglichen Sonnenenergie nicht zu ersetzen sind, heißt das: **Fall des Lebensstandards**, und zwar drastisch. Um dies zu verschleiern, haben die dazugehörenden Propagandabegriffe stets eine euphemistische Konnotation, beispielsweise »Energiewende« (»Wende« ist positiv besetzt und beispielsweise auch ein Begriff für die Annexion der DDR – da wurde dann auch alles besser, gell), »klimaneutral« (was immer das sein mag)[2] und »Erneuerbare Energien« (immer ganz frisch aus der Steckdose, jawoll).

Klein Mäxchen braucht sich also gar keine Sorgen um irgendwelche Energieknappheiten machen, und wenn sehr bald die böööisen Energien infolge unserer mittlerweile zigfachen Überbevölkerung für immer versiegen bzw. nur noch ein Rest für primär militärische Zwecke übrig sein sollte: Selber schuld! Wärt ihr nur früher auf die grüne Energie umgestiegen! Aber habt keine Angst – wer sich fleißig im Verzicht übt, dem wird das nichts anhaben, und »die Wirtschaft« wird dann ganz pfiffig und innovativ und bestimmt ihre jahrelang von der bösen Öl- und Atom-Lobby unterdrückten Energie-Patente aus der Schublade ziehen.

Die hier angestellten Überlegungen sind allesamt sehr einfach, werden aber unterdrückt – komisch, daß Sie diese nie aus professoralem Mund, selbst emeritiertem nur ausnahmsweise, zu hören bekommen, oder?

Jens Harnack

---

[2] Den Vogel schossen kürzlich die Befürworter des Baus eines neuen Stadtteils in Freiburg ab, die diesen »CO_2-frei« machen wollen, was dann »klimaneutral« sein soll. Man fragt sich: Wozu einen Stadtteil bauen, in dem niemand ausatmen darf? Nur Auschwitz schaffte das...

(aus: Ketzerbriefe 216, Juli/August 2019)

Noch einmal: Marx und Malthus

Daß Marx und in seinem Kielwasser Engels geschworene Feinde ihres älteren Zeitgenossen Malthus waren, dürfte allen Gebildeten des Globus einigermaßen geläufig sein. Denn Malthus hatte jenes Massenelend, das schon gegen Ende des 18. Jahrhunderts eingesetzt hatte und sich im ersten Drittel des folgenden, als Marx und Engels zu ihrer intellektuellen und literarischen Aktivität ansetzten, noch einmal gewaltig ausweitete und chronifizierte, zu einer Naturnotwendigkeit erklärt, die durch den Versuch ihrer Bekämpfung nur noch schlimmer werde, und das mit erkennbar abwegigen und willkürlichen Argumenten. Damit erschien ihnen Malthus, noch dazu ein echter »Pfaffe«, nämlich anglikanischer Geistlicher, als zynischer Apologet des schlimmsten Unrechts, zumal er sich, für bekennende Christen ungewöhnlich, auch noch gegen jede materielle Armenfürsorge gewandt hatte (mit der Begründung, die nicht einmal so falsch ist, daß diese nur zur Vermehrung dieser Armen und daher des Elends führen werde, ganz so, wie in natürlichen Habitaten mit Recht vor der Winterfütterung der Vögel gewarnt wird; nur die der Rehe und Wildschweine schadet nicht, da wir einen hübschen Prozentsatz von ihnen wieder aufessen, der dadurch nicht in den anderen Jahreszeiten nach gewohnter Vermehrung verhungern kann). Daß Malthus solcherart zum Haßobjekt Nr. 1 von Marx und Engels wurde, hat diese beiden sonst so scharfsinnigen Geister zu einigen ernsthaft unsinnigen Äußerungen und groben Logikverletzungen veranlaßt, von denen ich in meinem »Marx«-Buch einige vorgeführt habe; es sind nicht einmal alle. Der internationalen Linken haben diese Entgleisungen ihrer Gründerväter schweren Schaden zugefügt, auch als sie noch authentisch war bzw. existierte. (Allerdings hat das ihre besten Vertreter, beispielsweise Lenin, aber auch Reich, Hodann und viele andere, nie daran gehindert, sich für die Freiheit der Abtreibung in vernünftigen Zeitgrenzen als *ultima ratio*, besser noch: den problemlosen Zugang zu sicheren Mitteln der Schwangerschaftsverhütung, einzusetzen; zu einer grundsätzlichen Korrektur ist es aber aus Achtung vor den Gründervätern sowie berechtigter Angst davor, daß deren innere Feinde und Verräter auf einmal heuchlerisch ihre Orthodoxie entdecken und gegen einen wenden, nie gekommen.)

    Diese wohlbekannte Feindschaft hat nun auf der Seite der echten und satten Rechten, nämlich der von den herrschenden Vorteilsnehmern der Gesellschaft in irgendeiner Form – als Professoren, Journalisten oder Modeautoren – wohlbezahlten und sozial gesicherten Parteigänger der bestehenden Verhältnisse, auf denen jene meist erbliche Vorteilsnahme basiert, zu einer spannungsreichen Ambivalenz gegenüber Malthus geführt. Einerseits sind die Feinde meiner Feinde meine Freunde, weshalb Malthus gut wegkommen muß, andererseits wird sein Name mit der Idee der Geburtenkontrolle assoziiert (noch Freud nennt diese schlicht, wie die meisten seiner Zeitgenossen, auch wenn individuell praktiziert, »malthusianische Maßnahme«), welche durch die Lösung der Sexualität von biologischen Fußfesseln und Zeitbomben erst die volle Humanität ermöglicht (deren natürliche Feinde die Verteidiger des bestehenden Erb-Unrechts nun einmal wesenhaft sind, weshalb ich sie und ihre Gesinnungsfreunde abgekürzt stets »Feinde der Menschheit« nenne) sowie die einzige reale und ungelogene »Nachhaltigkeit« allen Wirtschaftens durch Ressourcenschonung und Verbrauchsplanung ermöglichen kann, für die in der Wirklichkeit Platz ist, und vor allem durch Reduktion der Konkurrenz der Besitzlosen untereinander Streiks wieder erfolgreich machen könnte. Deshalb darf Malthus bei den Apologeten der ererbten Zufallsverteilung der guten und schlechten Stellen wiederum nicht allzugut wegkommen. Die Resultante dieser zwei widerstrebenden Vektoren der Memselektion zeigen Zeitungsartikel, Lehrbücher und Wikipedia.

Nun hat Malthus selber, sonst hätte seine Kirche nichts mehr von ihm wissen wollen, unter eventuellen »malthusianischen Maßnahmen« nichts Besseres als sexuelle Enthaltsamkeit verstanden wissen wollen; doch erstens setzten sich schon seine eigenen Zeitgenossen über diese sachlich willkürliche Einschränkung hinweg, da sich das angestrebte Resultat, um das alleine die ganze Argumentation kreist, mit anderen Mitteln sehr viel angenehmer erreichen läßt, wenn auch zu ihrer Zeit noch nicht so sicher und problemlos wie seit der zweiten Hälfte des 20. Jahrhunderts, zweitens aber steht die Kirche – *jede* Kirche – der konsequenten sexuellen Enthaltsamkeit entgegen dem ersten Eindruck, den die ältesten und größten Fraktionen ihrer Religion bieten, keineswegs rückhaltlos bejahend gegenüber. (Die Kirche stehe hier für alle knochenharten und verläßlich in langer Memselektion ausgekochten Humanitätsfeinde.) Der oberflächliche Grund dafür mag natürlich die Tatsache sein, daß ihr bei konsequenter Durchführung besagter Enthaltsamkeit alsbald die zahlenden Schäflein wegsterben, was beispielsweise ihren glühenden, bald jahrtausendealten Haß auf Markion erklärt (und teilweise auch ihren noch glühenderen auf Mani, den auch organisatorisch hochbegabten Gründer der am ehrlichsten religiösen Religion, die es je gab); der tiefere ist aber, daß die Sexualität in entfremdeter und erniedrigter Form, in der sie geschichtlich bei weitem am häufigsten auftritt, ausgezeichnet als Köder und Kette, d.h. Anpassungs-, Entfremdungs- und sogar Verblödungsmittel eingesetzt werden kann, dem sich feinere und auf ihre geistige wie persönliche Integrität bedachte Naturen, wenn nichts Besseres zur

Verfügung steht bzw. naheliegt, mit richtigem Instinkt durch eben deren Meidung zu entziehen trachten, was nichts mit selbstschädigendem Verzicht oder absurdem Schuldgefühl zu tun hat, ganz im Gegenteil. (Die Anziehungskraft der *frühen* Kirche sowie der älteren Erlösungsreligionen, also Buddhismus und Jainismus, beruhte zu einem ordentlichen Teil auf diesem heimlichen Angebot.) Deshalb muß die *entwickelte*, zum Suggestionsapparat der herrschenden Klasse aufgestiegene und fungierende Kirche die konsequente sexuelle Abstinenz auch von diesem möglichen insgeheimen Emanzipations- bzw. Selbstverteidigungsgehalt abkoppeln und massenhaft unattraktiv machen, indem sie sie mit unnützer bis selbstschädigender Askese assoziiert und außerdem fest mit dem sachlich so absurden, aber durch unsere Affennatur mit Rangkämpfen und Sexualkonkurrenz in der Horde so leicht aktivierbaren Schuldgefühl für sexuelles Begehren überhaupt verlötet, das es durch destruktive Buße und Verzichterei zu verringern gilt. (Nur für ihre Funktionäre setzt die bisher erfolgreichste Kirche ihre Akzente anders als wie beschrieben für die Masse ihrer Lämmer, welche jene weiden und scheren sollen: der »Zölibat« soll weniger den Laien als Vorbild dienen als vielmehr die Erpreßbarkeit des »geistlichen Standes« durch die »weltliche Gewalt« herabsetzen, ebenso seine psychische Belastung durch drückende Banalitäten; der eigentliche Sexualverzicht ist dann, sobald dieser Zustand gefestigt ist, nicht mehr prioritär, das Prinzip »*Si non caste, caute*« genügt normalerweise.) Deshalb bewegt sich Malthus mit seinem Zentralprogramm am ideologischen Rande seiner Kirche, und er hätte dies wesentlich früher sowie in katholischen oder lutherischen Ländern, von noch rückständigeren ganz zu schweigen, niemals tun können, schon gar nicht mit noch so ambivalentem Beifall; nur der durchschlagende Sieg und die explosive Ausbreitung der kapitalistischen Produktionsweise, welche den Feudalismus weichen ließ, während ihre unerwartet häßlichen Nebenwirkungen bei aller großartigen Entfaltung der Produktivkräfte wie der Wissenschaft und damit auch Vernunft eine apologetische Antwort »brauchten«, erklärt Malthus' Existenz überhaupt wie auch die eindrucksvoll rasche und anhaltende Verbreitung seiner Schriften, und wie die Genselektion eine stabile Herausbildung weißer Bären nur in Polargebieten zuläßt, so sehr ganz selten auch ein Albinobär in Waldgebieten geboren werden mag und dann meist von seiner Beute zu früh wahrgenommen verhungert, so konnte die Memselektion einen Malthus bzw. dessen Gedankengebäude nur in England entstehen und bestehen lassen, wo die Festigung und Ausbreitung des Kapitalismus samt seiner erschreckenden Nebenwirkungen am frühesten und drastischsten erfolgte. Ein »*typischer* Pfaffe«, wie ihn Marx und Engels sehen wollten, war er gewiß nicht. Nun aber zu seiner Lehre selbst, damit wir die Reaktionen dieser seiner beiden trotz aller Kurzschlüsse klügsten Kritiker auf ihn überhaupt beurteilen können. Leider sind dabei ein paar Ausführungen seiner Argumente nötig, die die meisten meiner Leser schon kennen; ich bemühe mich um Kürze.

Die grundlegende These von Malthus ist die, welche pompös »Bevölkerungsgesetz« genannt wird: die Bevölkerung wachse »geometrisch« (2-4-8-16 usw.), ihre Nahrungsgrundlage »arithmetisch« (1-2-3-4 usw.). Sie ist völlig aus der Luft gegriffen; in Wahrheit besteht zwischen den beiden Größen überhaupt kein Zusammenhang, außer daß bei gleichmäßiger Verteilung aller notwendigen Lebensmittel keine Bevölkerung über deren Maß hinauswachsen kann, bei ungleichmäßiger nicht einmal bis zu deren Maximum. Gut und einfach sieht man diesen Zusammenhang bei echten (d.h. keinen Ackerbau welcher Art auch immer betreibenden) Naturvölkern. In deren Gesellschaften ist die Verteilung ziemlich gleichmäßig (bei einigen wie den »Buschmännern« sogar sehr gleichmäßig), und immer gibt es gerade so viele Mitglieder von ihnen, daß sie in durchschnittlichen Jahren keine arge Not leiden (obwohl sie in den »schlechtesten« Monaten des Jahres zweifellos ernährungs- wie witterungsbedingt die höchsten Sterberaten aufweisen), aber nur ausnahmsweise in ihren (durchschnittlich, aber eben nur durchschnittlich) vier Tagesstunden konzentrierten Nahrungserwerbs je nachlassen dürfen. Wie weit Kranke und Alte mitversorgt werden, ist von Volk zu Volk verschieden; jedenfalls dürfen es nicht zu viele sein, aber mangels wirksamer Medizin werden sie das auch nur selten und dann meist kurz. Von einem Wachstum der Nahrungsgrundlage, sei dieses arithmetisch, geometrisch oder was auch immer, merken wir normalerweise nichts, nur von deren natürlichem Schwanken um einen Mittelwert herum; für die Menschenzahl gilt dasselbe. Da das bei allen anderen Arten der Lebewesen genauso ist, tragen oder trugen die Naturvölker ihren Namen zu Recht. (Hier war Marx, und beileibe nicht er allein, völlig auf dem Holzweg, als er die Erfindung des Ackerbaus dem durch Bevölkerungswachstum entstandenen Druck auf die Nahrungsgrundlage zuschrieb [MEW III 31], sozusagen der Notwendigkeit, angesichts einer praktischen Herausforderung, wie man das nennt, »neue Wege zu finden«; in Wahrheit erfinden bei *dieser* Gelegenheit weder Elefanten noch Menschen noch sonstige Affen den Ackerbau, sondern sterben solange häufiger als zuvor – evtl. keineswegs durch Hunger, sondern durch häufigere Tötungen an den Grenzen der Hordenterritorien bei den Schimpansenkriegen à la Goodall oder der menschlichen Kopfjagd, die bei geringerer Zahl seltener geblieben wären –, bis ihre Zahl wieder zu ihrer Lebensgrundlage paßt. Merkwürdig ist nur, daß der Ackerbau in der Alten wie der Neuen Welt ziemlich gleichzeitig einsetzt, in Australien allerdings überhaupt nicht; doch das dürfte eher der Erderwärmung [= dem Ende der Eiszeit] und den dadurch entfesselten Wanderungsbewegungen zuzuschreiben sein als demographischem Wachstum, das es in den Zwischeneiszeiten ja auch gegeben haben muß, vom entsprechenden Rückgang der Menschenzahl statt »neuer Wege« bei wiederkehrender Abkühlung ganz zu schweigen. Bevor man über Marx ob dieses Patzers die Nase rümpft, bedenke man allerdings das fast völlige

Unwissen der Menschheit zu seiner Zeit über ihre Vorgeschichte, während ihre Ethnographie, weil deren meiste Objekte wie auch ehrliche Neugier noch vorhanden waren, gar nicht so viel schlechter war als jede folgende, erst recht diejenige der letzten fünfzig Jahre.)

Nun, um die primitiven Zustände, über die er ohnehin kaum etwas wissen konnte, ging es Malthus nicht, so sehr in ihnen mancherlei Schlüssel zum Problem verborgen liegen; er hatte seine Zeit, nämlich diejenige der Französischen Revolution, im Auge, und letztere haßte er, insbesondere den (für ihn durch seinen Landsmann Godwin repräsentierten) linken Flügel ihrer geistigen Wegbereiter. Sein Ziel war zu zeigen, daß eine Gesellschaft, in der alle Mitglieder, die nicht gerade eine Bosheit der Natur erdulden müssen, angenehm und würdig leben können – das letztliche Ziel der bürgerlichen wie später der proletarischen Revolution, d.h. jeder auch nur denkbaren echten »Linken« –, unerreichbar sei, und zwar deshalb, weil jeder Fortschritt in der praktischen Verbesserung der realen Lebensgrundlagen, wie er zu seiner Zeit aufsehenerregend durch viele Entdeckungen und Erfindungen eintrat, sofort durch ein Wachstum der Verbraucherzahl überrollt werde, sogar mehr als überrollt. (Das ist immerhin rationaler als ein Stänkern gegen dieses Menschheitsziel, weil seine Verfolgung irgendeinem gasförmigen Oberaffen auf den göttlichen Schlips träte!)

Nun, *eines* ist auf jeden Fall *absolut* richtig: keine menschliche Anstrengung kann die Eigenschaften der Materie ändern (deren Folgen wir als »Naturgesetze« beschreiben), die Technik kann sie nur listig ausnutzen (*natura non vincitur nisi oboediendo*, sagt schon Francis Bacon sehr treffend), keine Gesellschaftsordnung welcher Art auch immer kann aus endlichen Ressourcen unendlich viele Verbraucher versorgen, am wenigsten vollauf zufriedenstellend, und das mußte schließlich auch der späte Engels ein wenig widerwillig zugeben (MEW XXXV 151). Jedenfalls könnte kein wiederauferstandener Lenin und kann erst recht kein grüner Zwangsstaat uns das töricht verpulverte Erdöl zurückbringen, das z.B. *ceteris paribus* für eine siebenmal kleinere Menschenzahl siebenmal länger gereicht hätte. In dieser absoluten Form hätte Malthus unwiderruflich recht, jeder Widerspruch wäre töricht.

Aber das will er ja gar nicht sagen; er sagt vielmehr, daß jeder erreichte Fortschritt der Produktivität *sofort* von der per Vermehrung nachrückenden Verbraucherzahl aufgefressen, sogar mehr als aufgefressen werde, und dazu deliriert er – anders kann man es nicht nennen – sein »Gesetz« vom unwiderruflich schnelleren Bevölkerungs- als Produktivitätswachstum. Nun gilt ein »Gesetz« aber für alle Zeiten: wo bleibt dann aber z.B. das chronische Massenelend des Mittelalters oder der Antike? Tatsächlich finden wir eine schleichende, aber unaufhaltsame Massenverelendung in der Spätantike (ohne welche, nebenbei, das Christentum und andere Mysterienreligionen nie hätten gedeihen können),

vorher aber höchstens regional und imperialismusbedingt in besonders geplagten Ecken des Mittelmeerbeckens, während in beiden Epochen von einem auch
nur arithmetischen Fortschritt der Produktivkräfte wenig zu bemerken ist, in
der letzten Runde sogar eher ein Rückgang; mit der »Völkerwanderung« wird
der Zusammenbruch dann katastrophal, wobei wir über die demographischen
Folgen (außer dem weitestgehenden Verschwinden der Städte) verblüffend wenig wissen. (Da die Städte in unserer Antike eher ökonomische Minusposten waren, kann es sein, daß der mutmaßliche demographische Rückgang viel geringer
ausfiel als derjenige der Produktivität, weil der Prozentsatz der produktiv Tätigen
an der Gesamtzahl durch Ausfall des dicken Packens subproletarischer wie büro-
kratischer Parasiten angestiegen war, d.h. doch so schnell niemand verhungern
mußte, weil diese Verschiebung den Produktivitätsrückgang ausglich oder sogar mehr als ausglich – ein sehr unmalthusianischer Gedanke, der bei Engels am
Ende seiner berühmten Schrift »Der Ursprung der Familie, des Privateigentums
und des Staats« einmal ganz schattenhaft auftaucht, aber nirgendwo entwik-
kelt wird, auch bei Marx nicht.) Im Frühmittelalter merken wir von Malthus'
»Gesetz« überhaupt nichts – unter den Merowingern nimmt die Produktivität
sogar ab statt wenigstens arithmetisch zu, und trotzdem ist von chronischem
Massensterben durch geometrisches Bevölkerungswachstum nichts zu sehen,
während im Hochmittelalter – ein Pluspunkt für Malthus – sich in der Folge des
»Schwarzen Todes« der Lebensstandard des Volkes in kürzester Zeit (d.h. bevor
sich irgendein nennenswerter technischer Fortschritt hätte einstellen, gar ausbreiten können) überall in den betroffenen Teilen Europas drastisch verbessert (und
mit ihm der juristische: die Leibeigenschaft weicht erst einmal auf, bis es wieder
genügend Bauern gibt), regional oft sogar **vervierfacht** (das hat akribisch genau
Le Roy Ladurie, der alte Reaktionär, aber erzkorrekte Archivar und Statistiker, in
seiner Schrift über »Die Bauern des Languedoc« bewiesen und vorgeführt). All
diese Rückgriffe auf die Geschichte, obwohl für Malthus' »Gesetz« vernichtend,
fehlen bei Marx und Engels; z.B. finden wir mindestens vier Generationen lang
nach der Pestwelle ganz und gar kein »geometrisches Bevölkerungswachstum« in
Westeuropa, obwohl ein solches nach Adam Riese die Pestverluste, welche grob
die Hälfte ausmachen, schon nach *einer* Generation hätte ausgleichen müssen,
wovon aber ebensowenig etwas zu merken ist wie von der erst wesentlich später
und mit einiger Mühe, zu der wahrscheinlich auch der durchaus gezielt erzeugte Hexenwahn gehört, möglich gemachten Wiederverschlechterung der Lage der
Bauern. Vielleicht fehlten den Gründervätern der nicht mehr bürgerlich fundierten Linken einfach die statistischen Daten (die uns heute zumindest in repräsen-
tativer Auswahl vorliegen); wahrscheinlicher ist aber etwas anderes:

Was Malthus unterschlägt (und seine Theorie durchschlagend »falsifiziert«),
ist die Tatsache, daß gerade zu seiner Zeit die Produktivität zunächst etwa mit

dem – unbestreitbaren und zweifellos schädlichen, für Indianer und Uraustralier sogar weitgehend tödlichen – Bevölkerungswachstum Westeuropas *Schritt hielt*, nämlich etwa bis zur Französischen Revolution, bald danach – denn Erfinden und Basteln kann, wenn einmal flächendeckend in Schwung gekommen, sogar schneller gehen als die Zeit zwischen Säuglingsexistenz und Fortpflanzungsfähigkeit – sogar *rascher anstieg* als die Bevölkerungsmenge. Wo aber kam dann das unbestreitbare Massenelend her? Etwas Künstliches wie Adelswillkür, häufig vor besagter Revolution, konnte es nicht sein, denn die Leibeigenschaft war in allen damals ernstzunehmenden Teilen Europas abgeschafft. Außerdem fand es sich mehr in den Städten als auf dem Lande (wenn wir die Bergwerksbezirke zu den »Städten« rechnen). Es konnte nicht, oder jedenfalls nicht in erster Linie, die Massenvermehrung zur Ursache haben, obwohl es mit ihr dennoch irgendwie zusammenzuhängen schien, denn der Produktenmenge nach hätte bei gleichem Verteilungsschlüssel der allgemeine Lebensstandard eher steigen statt für einen wachsenden Prozentsatz des Volkes schrecklich fallen müssen.

Bei gleichem Verteilungsschlüssel: hier liegt die Achillesferse von Malthus, und er zieht sie sich keineswegs durch einen zufälligen Fehler zu, sondern durch vorsätzliche Blindheit. Diese erbost Marx und Engels. Sie ist ja auch in der Tat niederträchtig, ganz wie bei heutigen »Volkswirtschafts«professoren und ähnlichem Gelichter. Denn nicht nur die gerade vorhandenen Güter waren (gewöhnlich auf dem Erbweg) ungleich genug verteilt, sondern erst recht die Zuwächse wurden es. Mit dem spätmittelalterlichen Einbruch des zuvor auf die Zirkulation beschränkten Kapitals in die Produktion hatte sich eine *erpreßbare* Masse nicht nur landloser Bauern, sondern auch werkzeugloser Handwerker gebildet, und irgendwann gegen Ende des 18. Jahrhunderts waren besagte Werkzeuge in Gestalt von Maschinen, deren Leistungsfähigkeit allen zum gleichen Produktionszweck eingesetzten Werkzeugen den Gebrauchswert und damit auch den Tauschwert nahm (niemand kauft etwas bekanntermaßen Unbrauchbares), so unerschwinglich teuer geworden, daß ihr gigantisch gewachsener Wert die Zahl dieser werkzeuglosen Handwerker hatte sprunghaft ansteigen lassen. (Anders ausgedrückt: die Maschinen erforderten zwar zu ihrer Herstellung um Zehnerpotenzen mehr Arbeit als die traditionellen Werkzeuge, was ihren Preis entsprechend kometenhaft erhöhte und daher nur sehr wenigen ihre Anschaffung erlaubte, aber dafür ließen sich mit ihnen mehr Gegenstände gleicher Art, wie sie zuvor der Handwerker schuf, pro Arbeitsstunde herstellen, wodurch der Wert [= Tauschwert und damit Preis] dieser Gegenstände, sobald sie den Markt erreichten, so sehr sank, daß der Erlös der vom Handwerker angebotenen zunächst dessen Lebensstandard wie einen angeschossenen Ballon absacken ließ und schließlich nicht mehr zu dessen Weiterleben reichte, d.h. ihn zur Lohnarbeit oder dem Hungertod erpreßte. Damit hatte sich seine Existenz im Vergleich zu vorher sehr verbilligt;

die Differenz wurde der Mehrwert, den der neue, kapitalistische Besitzer der Produktionsmittel behielt, eben weil er sie besaß und daher unter konkurrierenden Anbietern von nichts als Arbeitskraft [statt wie bisher von deren Person getrennten Waren] den Preis derselben gemäß Angebot und Nachfrage bestimmen konnte. So sehr also der Preis der Waren gesunken war und daher »eigentlich« ein Anstieg des allgemeinen Lebensstandards hätte eintreten müssen, da dieser Preisverfall durch Wertverfall – »Wert« ohne Zusatz bedeutet bei allen Ökonomen bis Marx immer nur Tauschwert – viel schneller erfolgt war als der leidige Anstieg der Verbraucherzahl, so verhältnismäßig wenige dieser Waren konnten trotzdem jene kaufen, die ihre Produktionsmittel verloren hatten; daß Malthus *diesen* Zusammenhang willentlich und eisern ignoriert, hat Marx und Engels durchaus nachvollziehbarerweise gegen ihn aufgebracht.) Zugleich wurden auf dieser Maschinenbasis Produktionswege entwickelt, die keine nennenswerte Lehre mehr erforderten: die Lehrzeit mußte nicht mehr indirekt durch den Lohn mitbezahlt werden, er sank also auf das Lebensnotwendige herab. Freilich ließ er sich auf dieses niedrigste Niveau nur drücken, wenn ein – und sei es mäßiges – Überangebot an Arbeitskraft der kapitalistischen Nachfrage gegenüberstand (und noch war sie, so lange vor der Automatisierung, recht hoch); hier hätte eine freiwillige Geburtenkontrolle der Erpreßbaren, am besten auf eine Null-Rate, die Erpreßbarkeit schon in einer Generation beenden können, denn so schnell wuchs die Menge der Sparte für Sparte ruinierten Handwerker nicht an, und auch die Angehörigen der kolonisierten Völker ließen sich – aus Analphabetismus und kultureller Widerborstigkeit, nur die Iren machten eine Ausnahme, reichten aber selbst englandweit nicht aus – noch nicht in die dann eintretende Lücke stopfen, Gott sei's geklagt. Insofern hätte ein ordentlich durchgehaltener, flächendeckender »Gebärstreik« der sogenannten Karnickler (= »Proletarier«) deren Lohnniveau in der Tat alsbald drastisch über den Wert ihrer Arbeitskraft erhöht, ihr Leben noch viel eindrucksvoller verbessert als sogar die hochmittelalterliche Pestwelle dasjenige der überlebenden Bauern und niederen Handwerker (nur die Aufträge für Luxuswarenhersteller waren naturgemäß zurückgegangen, da die Ausbeutung ja vorübergehend klemmte); freilich wäre dieser hypothetische Erfolg erst in einer Generation und nach dem Gießkannenprinzip eingetreten, wenn er sich unwahrscheinlicherweise überhaupt hätte vororganisieren lassen, wozu später. Halten wir aber zunächst ein für allemal fest, daß die beobachtbare Massenverelendung im frühen 19. Jahrhundert **nicht** einem Mißverhältnis zwischen Produktion und Verbraucherzahl geschuldet war, wie Malthus wirklichkeitswidrig behauptet, ganz im Gegenteil, dieses hatte sich, anders als in den letzten Jahrzehnten unserer Zeit, welche durch Rohstofferschöpfung gezeichnet ist, gegen die kein Technikkraut wachsen kann, sogar *verbessert*, sondern ausschließlich durch die strukturelle Erpreßbarkeit wachsender Prozentsätze des

Volkes. Und dabei ist es bis heute geblieben: mit weiter steigender Produktivität hat zwar auch die Masse der Brosamen zugenommen, welche die Besitzenden und zugleich Erpressenden von ihrem Tische rieseln zu lassen für gut befinden, so daß durch die *absolute* Menge dieser Brosamen kein Elend mehr gefühlt werden muß, aber zugleich hat sich der *relative* Anteil des Besitzes der Besitzenden (die von ihrem Besitz leben können) seit den Zeiten der »industriellen Revolution« noch einmal ungeheuer vergrößert (und wächst buchstäblich täglich), während ihre Zahl selber immer geringer wird (und sie selber folglich immer stärker, denn wenige Leute können sich schneller einigen als viele). Anders gefragt: wie viele Leute (gemessen an der Gesamtheit, also *prozentual* wie immer unter Erwachsenen statt kleinen Kindern oder Deppen) können sich heute noch durch den Verkauf mit eigenen Werkzeugen auf eigenem Besitz (Feld oder Werkstatt) hergestellter Erzeugnisse ernähren, verglichen mit der Zeit von Marx oder erst recht Malthus? Selbst »Künstler« (die ich hier definiere als »berühmte Maler o.ä., die ihre Bilder usw. auch gegen Staat und Zeitung jederzeit zu hohen Preisen absetzen können«), welche ja dieser Kategorie angehören müßten, scheint es heute nicht mehr zu geben! Mit dem Verhältnis Produktion/Bevölkerungszahl hat das nichts zu tun...

Zweifellos hätte eine drastische Drückung der Geburtenrate der Besitzlosen (also eine langsam und unspezifisch anrollende Angebotsverringerung an »freier« Arbeitskraft), wenn durchgehalten, deren Lohn- und Lebensniveau kometenhaft angehoben (wie in der Frühzeit der USA die entsprechende Verknappung durch die Ausweichmöglichkeit weißer Einwanderer auf eine freie Bauernexistenz, weshalb die dennoch, aber erst knapp herrschende Klasse des Landes einerseits der Sklavenhaltung lange Zeit Verfassungsrang zusprechen ließ, andererseits die Masseneinwanderung anheizte [in diesen Rahmen gehört die »Freiheitsstatue«, sozusagen der halbsakrale Köder an Onkel Dagoberts Angel], um die Bodenpreise in die Höhe zu drücken und freie Besitzlose zu schaffen, deren Konkurrenz in Schwung kommen sollte und alsbald in Schwung kam). Denn wenn Malthus wortlos und fieserweise das Recht auf Erpressung in seiner Konstruktion bestehenläßt, dann verelenden die Erpreßbaren notgedrungen, wenn sie bei gleichem oder sogar langsamer als ihre Zahl ansteigendem Erpressungsbedarf diese auch noch vergrößern (was sie dummerweise aber tun, weil hoffnungslosen Menschen alles wurscht ist und wodurch sie zu ihrem Klassennamen kamen). Wie gesagt, ein glasklar sichtbarer Mechanismus, der nur mit Wachstums- oder Schrumpfungsrate der Produktion verdammt wenig zu tun hat! Warum aber haben Marx und Engels dem Proletariat – und am besten auch noch dem ebenfalls wenig oder nichts besitzenden Rest der Bevölkerung – nicht zum Fortpflanzungsverzicht (man versäumt ja wirklich so außerordentlich wenig durch ihn!) oder wenigstens zur Ein-Kind-Familie geraten, bis die Erpreßbarkeit gesellschaftlich vorbei ist?

Oberflächlich gesehen: weil diese Parole zu ihrer Zeit, deren Sexualunterdrückung fast so scharf war wie die heutige seit der widerlichen Jagd auf Polanski, von der demonstrativen Straflosigkeit der abscheulichen Verbrecherin Claudia Dinkel und der Kölner Sexualtäter ganz zu schweigen, noch viel mehr Gekreisch ausgelöst hätte als die schon genug anstößigen, die sie tatsächlich ausgaben. Aber es gibt noch zwingendere Gründe:

1) wäre eine Befolgung der Parole in dem Ausmaß, das zu ihrer Wirksamkeit nötig gewesen wäre, völlig unwahrscheinlich gewesen (und ist es auch geblieben).

2) läge zwischen dieser hypothetischen Wirkung, wenn wir sie *for argument's sake* einmal annehmen wollen, und der Befolgung viel zu viel Zeit, um den Kausalzusammenhang massenhaft wahrnehmbar zu halten. Außerdem bliebe sie unspezifisch, käme denen, die sie befolgt, und denen, die sie unterlaufen haben, gleichermaßen zugute.

3) ließe ihre Befolgung, so sie sich beobachten ließe, zu viel Zeit zu Gegenmaßnahmen, da ihre Wirkung erst in frühestens zwei Jahrzehnten eintreten kann. Die Erpresser könnten, wie sie es in unserer Zeit wirklich taten und tun, als sich aus anderen Gründen dasselbe beobachten ließ, ernsthaft und in großem Stil Lohndrückerimporte vorbereiten und durchführen (das war die »Entwicklungshilfe«) und so die massenhafte Erpreßbarkeit mit Leichtigkeit erhalten bis verschärfen.

Aber als wenn diese Gründe nicht mehr als ausreichen würden, gibt es noch einen sehr ernsthaften vierten: wer auch immer die nur angeblich »malthusianische« Parole befolgt, lebt im Normalfall besser als seine weniger klugen Klassengenossen. Seine Erpreßbarkeit ist etwas geringer, zumal seine Beweglichkeit größer ist. Freiheit von den drückendsten Banalitäten macht sein Gemüt froher und weitet seinen Geist. (Natürlich darf keine Neurose aus unbewußtem Schuldgefühl wegen »Strafvereitelung« dazwischenfunken.) Was aber das Wichtigste ist: da sein Lohn, lange bevor sich ein Raubstaat zwecks verbrecherischer »Umverteilung« zugunsten der ihn tragenden Erpresserklasse eingemischt hatte (die Anfänge beschreibt ein gewisser Dietrich Haensch in seinem lesenswerten Buch »Repressive Familienpolitik«), ebenso hoch ist wie derjenige seiner weniger klug handelnden Klassengenossen, da der Wert der Arbeitskraft in Gestalt ihrer anteiligen Reproduktionskosten diese normalerweise mitenthalten muß, kann unser etwas klügerer »Malthusianer« etwas mehr verbrauchen als das bloße Existenzminimum, mit Glück und Disziplin vielleicht sogar Rücklagen bilden. Das muß ihm zwar nicht den Weg zur Mitarbeit an der kollektiven und stabilen Lösung seiner Klassenfrage verlegen, im Gegenteil, es kann durch Rückgang des schlimmsten Existenzdrucks sogar dabei ermutigen und zum nützlichen Kenntniserwerb anspornen, aber es kann genausogut durch Abstumpfung, wie sie die häufigen Niederlagen der rücklagenlosen Seite im Klassenkampf so oft auslösen, den Geschmack an einer bloß individuellen Existenz fördern und irgendwann durch Trägheit übermächtig werden lassen. Das ist unter den Negativgründen, die Marx und Engels eine (verhängnisvolle) Idiosynkrasie gegen Malthus entwickeln ließen, vielleicht der tiefste.

Aber es gibt auch einen Positivgrund: während ein »Gebärstreik« bestenfalls eine vage, noch dazu praktisch undurchführbare Option ohne pädagogischen Wert ist, hat der direkte Streik – die präzise begrenzte Verknappung des Angebots an Arbeitskraft zwecks Erhöhung ihres Preises oder, was indirekt auf dasselbe herausläuft, Verbesserung der Arbeitsbedingungen – im Erfolgsfall, der allemal nach überschaubarer Zeit eingetreten sein muß, einen ausgezeichneten Lernwert. Er erzieht zu Solidarität, Disziplin, Realismus und Rechnen, jenen Dingen, die in allen Kriegen von fundamentaler Bedeutung sind, gerade den vom Feind aufgezwungenen. Er ermutigt die erfolgreichen Teilnehmer und gibt den Trägen und Ängstlichen ein Beispiel. Gerade Marx konnte sich die ersehnte Machtübernahme der produzierenden Klasse, das Ende der faktischen Diktatur der durch Erbschaft andernfalls in Ewigkeit besitzenden Klasse, nur als Resultat eines Generalstreiks vorstellen, der entscheidende Teile des bewaffneten Apparates mitreißt, weswegen er besorgt ist, daß Arbeitermassen, die in Lohnstreiks schon ausreichend Disziplin erworben haben, sich in diesen verzetteln könnten, statt das entscheidende politische Ziel zu erreichen (MEW XVI 152).

Leider ist das zur Freude aller kleinen Geister bekanntlich nicht gelungen, das schwache und randständige Rußland hatte unter ungeheurer Anstrengung zwar den kraftvollen Startschuß abgegeben, war aber trotz günstigster Gelegenheit von den unter jenen verachtenswerten Führern, welche die Selektion unter fortbestehender Kapitalmacht begünstigt, stehenden Arbeitermassen dumm und feige im Stich gelassen worden; unter dem dadurch ermöglichten militärischen Druck der überstarken imperialistischen Länder überlebte die junge, aber von den Angreifern blutig zerfetzte Sowjetunion zwar gerade noch, weil die eigenen Arbeitermassen der Angreiferstaaten diese beim Angriff etwas behinderten – immerhin! – und das endlich befreite eigene Volk äußerst tapfer und opferbereit war, aber unter den Kriegszerstörungen und »im Schraubstock der Autarkie« verkam die Russische Revolution, deren Kräfte unter diesem Ansturm ausgeblutet waren, sehr schnell und gründlich; die ererbte Schwäche und Rückständigkeit tat ein übriges. Als in der Folge der Niederlage Hitlers gegen die Übermacht seiner imperialistischen Konkurrenten die Armee der Sowjetunion dem Angreifer nachsetzte und dadurch die von diesem besetzten Länder Osteuropas unter ihren Einfluß bringen konnte, lernten deren Bewohner das Marx/Lenin'sche Befreiungsprogramm nur in einer pervertierten, geradezu parodierten Form kennen, in der es teils in sein Gegenteil umgekippt war (und dadurch an seine genuinen Gegner erinnern konnte, woraus seine mit Rücklagen gesegneten ebenso genuinen Feinde »totalitarismustheoretischen« ideologischen Zucker kauten), teils durch fast restloses Verdunsten seines

freiheitlichen Sinns so kraftlos geworden war wie ein Cognac, dessen Alkohol dasselbe Schicksal erlitten hat. Der technische Fortschritt wurde aber durch all dies
nicht gebremst; und so wurde das Überbevölkerungsproblem doch wieder aktuell,
viel aktueller als zu Malthus' Zeiten, da es jetzt allmählich anfing, die Säge an den
planetaren Ast zu setzen, auf dem besagte Bevölkerung wimmelt und herumturnt.

Hätte die Menschheit ihre 1917 endlich herangereifte Chance zur »Produktion
ihrer Verkehrsform selbst«, d.h. die interessengeleitete Zerstörung der Diktatur
des Genegoïsmus zugunsten der Herrschaft der ebenso egoistischen wie ver-
nunftfähigen Körper (zu denen aufgrund der Diploïdie seiner Zellen auch das
Hirn gehört), nicht für Jahrtausende, wenn nicht für immer, verpennt, dann hätte
vielleicht eine vernünftiger gewordene und angenehmer lebende Menschheit im
Sinne dessen, was Engels im Alter hatte zugeben müssen, vor der die Ressourcen
überrollenden Menschenlawine rechtzeitig die Notbremse gezogen, denn an der
Überbevölkerung, d.h. der Konkurrenz der Besitzlosen untereinander um den
Bettel der »Arbeitsplätze« sowie ganz allgemein der Schwäche, Resignation und
Dumpfheit der Nichterben, wie sie der Raub an Lebensmöglichkeiten meist her-
vorbringt und auf jeden Fall fördert, hätte ja kein Klasseninteresse mehr bestanden.
Vielleicht wäre, das Beispiel der entwickeltesten Industriestaaten beider Blöcke in
der »Besseren Zeit« von ca. 1965–1975 und noch etwas länger beweist es schlagend,
die Notlage auch gar nicht erst eingetreten, denn Freiheit und Wohlstand (Freiheit
vor allem vor dem Familiendruck, wie wir ihn nach wie vor äußerst drastisch bis
blutrünstig in den islamischen Stinkeecken der Welt vor Augen haben – man lese
dazu Marx' wenig bekannte Präsentation eines Buches »Über den Selbstmord«, erst
1932 im Band 1.3 der »MEGA« erschienen, also nicht in »MEW«; Näheres zu Inhalt
und Geschichte dieser wichtigen, weil charakteristischen Schrift bei Peter Priskil in
KB 111) senken stets die Geburtenrate unter die Reproduktionsmarke und können
dadurch der grausam geschundenen außermenschlichen Besiedlung des Planeten
nach einigen Generationen trotz menschlichen Wohlstands ein Aufatmen ermöglichen, bis sogar die Menschheit auf ihm wieder Platz hat, ohne knapsen zu müssen.
Das ist leider nicht passiert, da das per Massenmedien praktisch absolut herrschende Megakapital genau das entgegengesetzte Klasseninteresse hat; jetzt wirkte es
sich übel aus, daß Marx und Engels, die fälschlich mit einer Selbstemanzipation der
Menschheit gerechnet hatten, bevor das Problem des Verhältnisses Menschenzahl/
planetare Ressourcen ernsthaft dringend würde, in ihrer Idiosynkrasie gegen
Malthus weit übers Ziel hinausgeschossen waren (und sich selber dadurch sogar,
ebenfalls verhängnisvollerweise, das Verständnis der wohl wertvollsten wissenschaftlichen Erkenntnis, nämlich derjenigen Darwins, verbaut hatten – ich führte
das in der vorletzten Nummer dieser Zeitschrift vor –, nur weil diese nun einmal
durch Darwins Malthuslektüre angeregt worden war). Die jämmerlichen Reste
der historischen Linken, die es vor der anrollenden Menschenlawine noch gab,

standen aufgrund des benannten blinden Flecks von Marx und Engels der grünen Pest hilflos gegenüber; hirn- und würdelos blökten sie deren heimtückische und angesichts geometrischer Reihen ohnehin perspektivlose Verzichtsparolen mit, was ihre Metamorphose von den Gegnern des machthabenden Kapitals zu dessen Schmutzwerfer- bis Schlägertruppe sehr erleichterte. Leider ist die Kernlehre von Marx und Engels dennoch völlig richtig, das Sein bestimmt das Bewußtsein (weil die Gaußkurve allmächtig ist, was ME noch nicht klar sein konnte), und da die Existenz (also das »Sein«) der Arbeiterbewegung an die Erfolgsfähigkeit von Streiks gekoppelt ist bzw. diese durch die Produktionsverhältnisse gegebene oder unterhöhlte Möglichkeit ihre »materielle Basis« ist, mußte deren Verschwinden durch gewisse technische Fortschritte, die den Bedarf des Kapitals an Arbeitskraft senkten, die Arbeiterbewegung ebenfalls vernichten und tat es auch. Ohne materielle Basis kann die Arbeiterbewegung aber natürlich ebensowenig existieren wie eine sie politisch vertretende Linke; ein selbständiges Fortleben von Ideen, selbst der allerrichtigsten, ist leider nicht möglich, wenigstens nicht in einigermaßen wirksamer Form. Trotzdem wäre die historische Linke der Neuzeit (direkte Fälschungen gab es schon immer, aber diese sind hier nicht gemeint) nicht derart widerlich und würdelos im Arsch ihres natürlichen Gegenteils verreckt und dort zum Mittelding zwischen einem Parasiten und einem Symbionten geworden, wenn Marx und Engels sie aus den genannten Gründen nicht zu diesem wichtigsten Punkt unserer Zeit und wohl aller folgenden Zeit so hilflos bis irregeführt zurückgelassen hätten.

Denn seit der sogenannten Ölkrise hat sich das Hauptproblem der Menschheit verschoben. War dieses zu Marx' und Engels' Zeit die gerechte Verteilung der vorhandenen Güter gewesen, so ist es jetzt die Zahl derer geworden, welche sich in sie zu teilen hätten. Sie ist zu groß, um denen, welche sie zusammen auf die Waage bringen, ein gutes Leben zu ermöglichen, egal wie gerecht sie verteilt werden wie Lebensmittel in einer belagerten Festung, und erst recht, um allen das beste Leben zu ermöglichen, welches das Verhältnis zwischen Arbeitseinsatz und technischem Stand auf der Basis der verfügbaren (planetaren) Rohstoffe bzw. Energiequellen hergibt. Nichts anderes aber war oder ist das Ziel des sogenannten Sozialismus (nicht des perversen und paternalistischen »Sozialstaats«). Eine wiedererstehende Linke – es wäre die bisher dritte umfassende in der Menschheitsgeschichte – müßte sich also zunächst um das Ziel einer massiven Verkleinerung der Menschenzahl scharen (was durch die Unterdrückung aller Behinderungen der Geburtenkontrolle, wie das Beispiel aller Industriestaaten im auslaufenden 20. Jahrhundert beweist, ganz von selbst zu erreichen sein dürfte), nicht mehr in erster Linie der Verteilung des Vorhandenen, um das unverrückbare Ziel jeder authentischen Linken, nämlich das reichste Leben des höchsten Prozentsatzes, überhaupt erreichen zu können.

Fritz Erik Hoevels

Anhang

Wie die Wissenschaftler der Welt für die Klimalüge weichgeklopft wurden

Rezension: Bernie Lewin: *Searching for the Catastrophe Signal. The Origins of the Intergovernmental Panel on Climate Change*, hrsg. von der *Global Warming Policy Foundation*, London 2017, 373 S., ISBN 978-0-9931189-9-9, ca. 14 €

Wie kam die Behauptung eines menschengemachten Klimawandels eigentlich in die Welt? Die offizielle – jedem Schulkind, Zeitungsleser oder Glotzengucker seit vielen Jahren Tag für Tag eingehämmerte – Antwort auf diese Frage lautet bekanntlich: »die Wissenschaft« habe Alarm geschlagen, daß der vom Menschen ausgehende CO_2-Ausstoß eine gefährliche Erwärmung des Erdklimas mit Überschwemmungs-, Extremwetter- und manch anderen katastrophalen Folgen zu bewirken drohe, weil die seit ihrer Entstehung von CO_2 (und H_2O) lebenden Pflanzen den dadurch entstandenen Überschuß nicht mehr verzehren könnten, und »die Politik« habe hierauf verantwortungsbewußt reagiert durch den Abschluß diverser internationaler Abkommen, mit denen vielen Ländern verbindliche Reduzierungen ihrer CO_2-Emissionen vorgeschrieben wurden. »Die Wissenschaft« soll dabei das *Intergovernmental Panel on Climate Change* (IPCC) sein, also ein 1988 von zwei UN-Unterorganisationen[1] gegründeter Arbeitsstab von Diplomaten und Wissenschaftlern, und »die Politik« die knapp zweihundert Regierungen, deren Staaten inzwischen der 1992 auf dem sog. »Erdgipfel« in Rio de Janeiro zur Unterzeichnung aufgelegten *United Nations Framework Convention on Climate Change*, in Deutsch kurz »UN-Klimarahmenkonvention« oder »UN-Klimakonvention«, beigetreten sind.

Ob diese Antwort eigentlich stimmt, ist nicht uninteressant für jeden normalen Sterblichen – wie Dich, lieber Leser, oder mich –, dem dieser gewaltige und globale Apparat von Regierungsbürokraten, Wissenschaftsfunktionären und Medienredakteuren auf ihrer Grundlage abverlangt, z.B. weniger Fleisch zu essen, seine Supermarkteinkäufe durch Wind und Wetter in durchgeweichten Papiertüten auf dem Fahrrad nach Hause zu balancieren, erholsamen Flugreisen in die Sonne zu entsagen, den langen Arbeitstag fröstelnd unter der Tröpfeldusche

---

[1] Dem *United Nations Environment Programme* (UNEP) und der *World Meteorological Organization* (WMO).

zu beginnen und im trüben Schein einer Ökofunzel auf der schwer entzifferbaren Buchseite aus demnächst grauem Recyclingpapier zu beenden sowie tausenderlei ähnliche Verzichte zu leisten, aber ihrer sachlichen Überprüfung stellen sich für ihn zwei fast unüberwindliche Hindernisse in den Weg: erstens kann er als Laie nicht beurteilen, ob die Aussagen von Wissenschaftlern über eine anthropogene Beeinflussung des Klimas stimmen, und zweitens ist er genausowenig wie ein Klimawissenschaftler UN-Bürokrat und -insider, d.h., er kann auch nicht wissen, ob in einem so fernen und opaken bürokratischen Gebilde wie der UNO »die Politik« wirklich auf »die Wissenschaft« gehört und ihr gehorcht hat oder ob es nicht umgekehrt war, also Teile letzterer sich politisch prostituiert haben.

Nun ist über das IPCC durch das so genannte »Climategate«, also die im November 2009 erfolgte Entwendung und Internet-Publizierung von über 1000 vertraulichen E-Mails und internen Dokumenten aus dem wichtigsten IPCC-kontrollierten Forschungszentrum, der *Climatic Research Unit* (CRU) an der britischen East Anglia University, genügend bekannt geworden, um zu wissen, daß das IPCC die freie wissenschaftliche Debatte über seine Behauptung einer anthropogenen Erderwärmung massiv behindert, zensiert und unterdrückt statt mit allen Mitteln herbeigeführt und gefördert hat, wie es zwingend zu erwarten gewesen wäre, wenn es *selbst* diese Behauptung für wahrheitsgemäß hielte. Aber wir konnten bisher nicht wissen, mit welcher Vorgeschichte und auf welchem Wege es die strittige bzw. dröhnend propagierte Behauptung erstmals in die Welt gesetzt hatte, und wir hätten es wahrscheinlich auch nie erfahren, wenn nicht der australische Umweltaktivist Bernie Lewin hierzu jahrelang recherchiert, zahlreiche Insider und führende Wissenschaftler befragt – und zwar seitens des IPCC genauso wie auf seiten von dessen Kritikern – und alles das in einem sorgfältig mit Quellen und umfassenden Literaturangaben versehenen Buch zusammengefaßt hätte, das genau diese Vorgeschichte in detaillierter, angenehm sachlicher und präzise dokumentierter (also nachprüfbarer!) Weise erzählt. Da dieses äußerst verdienstvolle, aber bisher leider nur in Englisch vorliegende Buch schon aus zeitlichen oder sprachlichen Gründen nicht jeder lesen kann (oder zumindest nicht gleich, denn in jedem Fall braucht die Lektüre etwas Zeit und Ruhe), seien im folgenden einige seiner wichtigsten Informationen und Ergebnisse zusammengefaßt wiedergegeben:

Den Inhalt seines Buches bringt Lewin schon im ersten Satz nach seiner Einleitung auf den Punkt: »*Our story is a story of America.*« Denn zwar kam, wie er sogleich hinzufügt, die beharrlichste öffentliche und politische Kampagne für die Angst vor globaler Erwärmung aus Europa, aber in die Welt gesetzt und herangezüchtet wurde sie in den USA – und den Grund für diese geographische Verteilung läßt der Buchinhalt auch greifbar werden. Lewin beschreibt in der Tat detailliert, wie diese Angst geschaffen und zum weltweiten Durchbruch geführt wurde, aber er ist klug genug, nichts darüber zu sagen, *warum* dies getan wurde – es hätte sein schon genügend brisantes Buch todsicher von *jeder* Veröffentlichung ausgeschlossen (sie war schon so kritisch genug, denn kein Verlag publizierte das Buch, sondern allein eine IPCC-kritische Vereinigung in London, die *Global Warming Policy Foundation*) und wäre im übrigen ohne Ökoanalyse, vulgo Marxismus, auch nicht klärbar gewesen. Ich möchte mir und allen Lesern darum, bevor ich die von Lewin aufgedeckte Chronologie der IPCC-Entstehung etwas genauer nachzeichne, den Versuch erlauben, diese Frage einfach selbst zu beantworten, einfach weil keine Tat verständlich ist ohne die Motive der Täter, in gesellschaftlichen Zusammenhängen also ihrer Hintermänner und obersten Befehlshaber. Und als solche vermute ich folgenden Hergang:

Vor einem halben Jahrhundert, um 1970, machten sich die gesellschaftlichen Vorteilsnehmer in den USA, d.h. die sprichwörtlichen »vierhundert Familien« der märchenhaft reichen US-Monopoleigner *who own and run the United States* – wie es in der Landessprache oft genannt wird –, und deren bezahlte Chefdenker und -berater vermehrt darüber Gedanken, wie sie ihre schon damals fast weltweite Herrschaft langfristig sichern und stabilisieren könnten in Anbetracht der Bevölkerungsexplosion und zugleich absehbaren Erschöpfung der fossilen Brennstoffe, aus deren Gewinnung innerhalb von drei Jahrhunderten die gesamte Industriegesellschaft aufgebaut worden war, welcher sie eben jenen märchenhaften Reichtum als ehemals konkurrierende Kapitalisten, nunmehr konkurrenzlose Monopolisten verdankten. Was tun mit dieser Aussicht? Natürlich hätten sie beispielsweise, ohne jede politische Kursänderung, die Sache einfach auf sich zukommen lassen können. Aber schon geringes Machtkalkül zeigt, daß dies »Instabilität«, also tendenziell Gefährdung ihrer Herrschaft mit sich gebracht hätte: Unmut, vielleicht Empörung im amerikanischen Volk und ebenso in den industrialisierten US-Vasallenstaaten von Westeuropa bis Australien über den Verlust seines technisch-materiellen Lebensstandards angesichts schlicht unbezahlbarer Benzin-, Heizstoff- und Strompreise, aber auch der zugewimmelten Natur als rekreatives, ästhetisches und manchmal sogar hobbywissenschaftliches Refugium, sozusagen Elendsleben in Betonsilos statt Straßenkreuzer-Ausflüge in Amerikas endlose Wälder. Umgekehrt hätte der damalige Regierungschef der vierhundert Familien, US-Präsident Nixon, beiderlei Verlust auch einfach vermeiden können, indem er nach dem Vorbild Mao Tse-tungs in den USA, dann mit Leichtigkeit auch in ihren zahlreichen Vasallenstaaten, die Politik der Ein-Kind-Familie eingeführt hätte, was damals auf dem Höhepunkt von Amerikas kurzer sexueller Liberalisierung auch sicher gut angekommen wäre. Die Menschenlawine, die in Nixons Amtszeit auf die kurz danach durchbrochene Vier-Milliarden-Marke zuraste, wäre dadurch verlangsamt, schließlich gestoppt worden und heute wahrscheinlich sogar wieder unter diese Größe abgeschmolzen, zumindest außerhalb der klassischen Elendsregionen, aus denen China schon aus eigener Kraft so erfolgreich herausgestrampelt war, aber das in diesem Fall von der Presse gestützte statt bekrittelte Vorbild hätte über kurz oder lang ansteckend gewirkt; damit lebten heute nur halb so viele Menschen auf dem Globus wie tatsächlich! Wir wissen, daß das Gegenteil geschah: die Gebärpropaganda und -förderung ebenso wie das Sexualstrafrecht wurden in einem Maße verschärft, das selbst die McCarthy-Zeit in den Schatten stellt, die dadurch noch beschleunigte Menschenlawine rast inzwischen auf die 8-Milliarden-Marke zu und hat allein im letzten halben Jahrhundert den größten Teil der natürlichen Flora und Fauna des Planeten vernichtet, Weltmeere und Naturgebiete zugemüllt, die Luft versmogt und abgeholzte oder -gebrannte Waldregionen zu Agrar- oder Betonflächen verödet.

Hier interessiert nun der Punkt, daß um das Jahr 1970 die führenden Köpfe der US-Monopolistenfamilien, deren Reichtum sich seither übrigens noch schwindelerregend vervielfacht hat, und ihre Chefberater jedenfalls genau wußten, daß diese Entwicklung im nächsten Halbjahrhundert eintreten würde, und diese, da sie sie ja leicht hätten abwenden können (kein Papst, kein Imam hätte sie daran hindern können), auch unzweifelhaft **wollten**. Der Grund dafür – wiederum natürlich Vermeidung jeder Herrschaftsgefährdung – liegt auf der Hand, denn man stelle sich nur einmal kurz das politische Oppositionspotential in bis heute breit wohlhabenden und sexuell recht liberalen Hochlohnregionen USA und EWG *ohne Arbeitslose* vor! Eine dritte Möglichkeit – unvoreingenommen durchdenken und -diskutieren muß man alles dürfen, das findet jedenfalls die herrschende Klasse für sich selbst – hätte darin bestanden, zwar nicht die Menschenlawine zu bremsen, aber doch den Verlust des breiten und hohen Lebensstandards in USA und EWG zumindest zu verlangsamen, nämlich durch den zügigen Ausbau der Atomenergie als Ersatz für die zu Ende gehenden fossilen Brennstoffe, vor allem des Erdöls. Genau das übrigens hatte Nixon, wie wir aus Lewins Buch erfahren, zeitweise sogar vor: In einer Fernsehansprache im November 1973, als die Medien wegen eines kurzfristigen Lieferembargos Saudi-Arabiens gerade die »Ölkrise« ausgerufen hatten, versprach er, die USA bis 1980 von fremden Energie-, speziell Ölquellen unabhängig zu machen und hierfür »weit größere Mittel als die Ausgaben für das Projekt Manhattan«, also den Bau der Atombombe, bereitzustellen. Dies waren keine leeren Worte, denn seine Atomenergiebehörde plante, die schon in den Vorjahren kräftig aufgestockte Atomenergiegewinnung (allein 1973 war in den USA eine Rekordzahl von 41 neuen Atomkraftwerken in Auftrag gegeben worden) bis zum Jahrhundertende um den Faktor 80 (!) zu vervielfachen, d.h. auf den Betrieb von etwa 1000 Atomkraftwerken auszubauen. Lewin sagt auch, warum es dazu nicht kam: »Der Ausbau der Atomenergie in den 1960er Jahren war einhergegangen mit wachsender öffentlicher Besorgnis wegen der Sicherheitsstandards und unzureichenden Umweltschutzes. Danach wurde der

Widerstand gegen die Atomenergie *per se* zu einem der wichtigsten Antitechnik-Themen der Umweltschutzbewegung der 1970er Jahre. (Erinnern wir uns, daß dies die zweite große Gründungskampagne von *Friends of the Earth* war.) 1974 wurde die vielkritisierte Atomenergiebehörde aufgelöst.« Nun war aber, in den USA genauso wie zeitgleich in Westeuropa, diese »Umweltschutzbewegung«, die immer das Thema Geburtenkontrolle mied wie der Teufel das Weihwasser, keineswegs einfach eine spontane Volksaufwallung gegen die rasant fortschreitende Naturzerstörung (das war sie im Ansatz teilweise sicherlich *auch*), sondern speiste sich zwar aus nur zu berechtigter, doch meist sehr unklarer Empörung auch hierüber, wurde aber schnell aufgepäppelt und vor allem kanalisiert und gelenkt zum einen durch die Massenmedien, die bekanntlich spätestens seit Hearst ebenfalls den vierhundert Familien gehörten oder von deren Annoncenaufträgen abhingen, und zum anderen durch die von Multimillionären, bald Milliardären finanzierten sog. »Nichtregierungsorganisationen« wie eben die schon erwähnten, 1969 gegründeten *Friends of the Earth* und viele Nachahmungsvereine. In anderen Worten, die obersten und wichtigsten Lenker- und Denkerkreise der vierhundert Familien (man sagt z.B., als kleine Illustration für den Vorgang, daß viele für die Geschichte der USA wegweisende Entscheidungen ein halbes Jahrhundert davor nirgendwo anders als in der Privatbibliothek von John Pierpont Morgan gefällt worden waren) waren sich um 1970 natürlich darüber im klaren, daß der *American way of life* ohne Geburtenkontrolle längerfristig nur durch großzügigen Ausbau der Atomenergie zu sichern war, aber **wollten nicht** die langfristige Erhaltung des legendären US-amerikanischen Lebensstandards, und zwar aus dem gleichen, wenn auch nicht gleichermaßen zwingenden Grund wie die Geburtenkontrolle: wenn wenige die ganze Welt in Besitz nehmen wollen, worin sie seither auch spektakulär weiter vorangekommen sind, muß Oppositionswillen und -fähigkeit der vielen und immer mehr Besitzlosen sozusagen aseptisch ausgeschlossen sein, und die beste Aseptik gegen jeden Keim von Freiheitswillen und Oppositionsbereitschaft ist bekanntlich immer noch: Elend, Elend und nochmals Elend, ganz im Gegensatz zu einem in vielen Köpfen und aus vielen Mündern krähenden pseudomarxistischen Mantra, denn Elend lähmt, ein kurzer Blick auf die lange Geschichte z.B. Indiens beweist das sofort. Diesen springenden Punkt, vor allem seine ebenso vorsätzliche wie verborgene Erörterung und Entscheidung im Sinne langfristiger Planung sozusagen *in high places* vornehmlich New Yorks vor einigen Jahrzehnten – welche nicht unmittelbar beweisbar, aber im logischen Rückschluß zwingend anzunehmen sind –, sollte man meines Erachtens, auch wenn er über den Inhalt von Lewins Buch hinausgeht, bei dessen Lektüre nie aus den Augen verlieren, denn anders ist die in den 1970er Jahren beginnende weltweite Durchsetzung der Behauptung einer CO_2-bedingten Erderwärmung bis heute, deren erste, entscheidende Hälfte (bis 1995) das Buch so minutiös und informationsreich schildert, nicht zu erklären und auch nicht zu verstehen.

Nun könnte man natürlich einwenden, besagte Behauptung habe einfach deshalb rund um den Globus Anerkennung gefunden, weil sie stimmt; es habe sich also einfach weltweit eine wissenschaftliche Erkenntnis durchgesetzt und Konsequenzen gezeitigt, ähnlich wie einst die Semmelweis'sche Hygiene in Operationssälen oder das Verbot des kanzerogenen Asbests im Bauwesen. Indessen ist es die Quintessenz von Lewins detaillierter Schilderung der Behandlung der CO_2-Frage von 1974 bis 1995, daß diese offizielle Darstellung gerade nicht stimmt, sondern vielmehr umgekehrt, wie es die vielen IPCC-kritischen angloamerikanischen Atmosphärenwissenschaftler unter sich auszudrücken pflegen (in den Medien können sie es ja nicht, weil diese sie totschweigen), der Karren der Politik an das Pferd der Wissenschaft gespannt wurde. Anders ausgedrückt, es war in Wirklichkeit so, daß »die Politik«, d.h. ab Mitte der 1970er Jahre der US-amerikanische Herrschaftsapparat aus Regierung, Presse und privaten Propagandaorganisationen (»Stiftungen«, »NGOs«) und seine Ableger in den US-Vasallenstaaten zunehmend Gefallen an der Behauptung (dem »Mem« im Dawkins'schen Sinne) fanden, daß der Verbrauch fossiler Brennstoffe »wegen des Klimas« drastisch zu reduzieren sei, und damit begannen, »die Wissenschaft«, d.h. in Wirklichkeit einen dafür zunächst mit stetig fließenden Millionen, seit etwa 1990 Milliarden von Steuergeldern neu aufgebauten Spezialapparat regierungsabhängiger Wissenschaftler, zu beauftragen, sodann immer mehr zu bedrängen und schließlich regelrecht dazu zu kommandieren, dieses Mem durch entsprechende »Forschungsergebnisse« zu verstärken und dadurch erst als weltweit herrschende »Meinung« zu ermöglichen. Es ist eben der Hauptinhalt und das große Verdienst von Lewins Buch, sehr genau zu schildern und zu belegen, wie dieses Grundschema hinter den Kulissen des Regierungsapparats und der von ihm hierfür geschaffenen Wissenschaftsbürokratie zwanzig Jahre lang wieder und wieder durchexerziert und stabilisiert wurde, bis 1995 »endlich« das gewünschte »Forschungsergebnis« vom nur dafür geschaffenen und satt finanzierten IPCC »gefunden« worden war und ab diesem Moment besagtes Mem weltweit aus allen Zeitungsspalten, Glotzenkanälen und Lehrermündern in die Köpfe gepreßt werden konnte, wo es inzwischen milliardenfach erschreckend fest haftet, ähnlich wie religiöse Meme nach Christianisierungen und Islamisierungen.

Wenden wir uns also nach diesen langen Vorbemerkungen endlich der von Lewin herausgefundenen Chronologie zu:

Nixon jedenfalls wurde 1974 von den vierhundert Familien abgesetzt (offiziell: von mutigen Journalisten eines Hoteleinbruchs überführt), seine Atomenergiebehörde wie gesagt aufgelöst und ihr riesiges (weil ursprünglich für die Atombombenentwicklung aufgebautes) Netz von Forschungsinstituten

(*National Laboratories*) an ein neugegründetes – mehr als ein bloßer Namens-wechsel – »Amt für Energieforschung und -entwicklung« übergeben. Nach dem kurzen Interregnum Ford griff der seit Anfang 1977 als Präsident amtierende Carter die Energiefrage wieder auf, sogar noch eindringlicher als Nixon, aber schon mit einer deutlichen Akzentverschiebung, nämlich hin zu Tönen, die uns heutzutage nur allzu bekannt sind: In ersten Fernsehansprachen aus dem Weißen Haus nannte er die »Ölkrise« eine »nationale Katastrophe« und eine »moralische Entsprechung zum Krieg«, der die Amerikaner nur durch eine op-ferbereite gemeinsame Anstrengung wie in Kriegszeiten entkommen könnten: Alle Amerikaner müßten ihren Energieverbrauch drastisch einschränken, und die Energieerzeugung müsse verlagert werden hin zu »alternativen Quellen«, besonders »erneuerbaren« (die, Physiker wissen es seit Robert Mayer, nicht exi-stieren können; gemeint ist die von der Sonne per Kernfusion permanent er-zeugte und abgegebene Energie, welche noch eine knappe Milliarde Jahre reicht und von uns in Gestalt von Wasserkraft, Strahlung oder Windkraft genutzt werden kann; auch die »fossile« Energie ist bzw. war nur deren gespeicherte Form). Gemäß dieser Linie erhob Carter das neue Amt für Energieforschung und -entwicklung zum damit 1977 gegründeten US-Energieministerium, dem *Department of Energy* (kurz: »DoE«). Nachdem die Atomenergiegewinnung zwar nicht stillgelegt, aber vorerst diskreditiert und dadurch gebremst war, stand au-ßer den von Carter erstmals betonten angeblich »alternativen« oder »erneuerba-ren« Energien, um deren geringe Leistungsfähigkeit aber natürlich alle Experten wußten, als Alternative zu den Ölimporten nur noch die massive Gewinnung von Öl aus den reichen amerikanischen Kohlevorkommen, deren Ausbeutung durch die Überholtheit von Kohleheizungen und Dampflokomotiven zuvor seit Kriegsende stark zurückgegangen war, zur Debatte, die Carter durchaus auch erwog. Aber Kohle ist ebenso endlich wie Öl, zumal sich diejenigen, die in den USA und damit dem größten Teil der Welt die Macht besaßen, gegen das Stoppen oder auch nur Abbremsen der Menschenlawine entschieden hatten, die 1974 die Vier-Milliarden-Marke durchraste.

Das dürfte der Grund dafür sein, warum ab Mitte der 1970er Jahre der – mit Carter wohl erstmals in Verlautbarungen des Weißen Hauses betonte – Gedanke, oder das Mem, immer stärker gefördert und verbreitet wurde, daß der Energieverbrauch pro Kopf *überhaupt* einzuschränken sei, aber nicht we-gen der Menschenlawine und der durch sie rasant nahenden Erschöpfung der Öl- und Kohlevorräte, sondern »wegen der Umwelt«. Hierfür kamen nun als Kandidaten mehrere – teils durchaus reale – Faktoren in Betracht, beispielswei-se die durch steigenden Energieverbrauch freigesetzte Wärme als solche oder Schwefelsäure (»saurer Regen«), aber unter diesen möglichen Faktoren trat rasch das zusätzlich zum natürlichen Kreislauf, der alles Leben außerhalb und oberhalb der Archäo- und Schwefelbakterien in Gang hält bzw. ermöglicht, erzeugte Kohlendioxyd als Treibhausgas in den Vordergrund. Gewiß ist eine wissenschaftliche Untersuchung möglicher Gefahrenquellen zur Vorbeugung ein völlig normales und sinnvolles Vorgehen. Nur in diesem Sinne wäre die Klärung der CO_2-Frage seinerzeit auch angemessen gewesen, denn wie Lewin schreibt: »Niemand in diesem Bereich – nicht die Nationale Wissenschaftsakademie, nicht die Nationale Behörde für Ozeane und Atmosphäre, nicht das Nationale Zentrum für Atmosphärenforschung oder die NASA, oder irgendeine andere Gruppe von Meteorologen – erklärte es damals für dringend notwendig, eine mögliche Katastrophe durch Kohlendioxyd zu erforschen. (…) Die meisten führenden Vertreter der Atmosphärenforschung vermochten – in US-Einrichtungen wie überall in der Welt – während der 1970er Jahre der CO_2-Frage schlichtweg keinerlei Dringlichkeit zuzuerkennen.« Aber die 1977 in den USA begonnene staatliche Förderung der Erforschung der CO_2-Frage, und genauso ihr mediales Echo (also die »Mem-Multiplikation«), ging unverkennbar rasch über das unter diesen Umständen Verhältnismäßige hinaus: Anfang 1977 fand in Miami fünf Tage lang die wohl erste internationale Konferenz der Welt über das Thema »Die globalen Auswirkungen von Kohlendioxyd aus fossilen Brennstoffen« mit rund 70 (überwiegend US-amerikanischen) Wissenschaftlern statt, und ab dem Haushaltsjahr 1978 stellte das frisch gegründete US-Energieministerium (»DoE«) Mittel für ein neues Forschungsprogramm zu dieser Frage bereit, beginnend mit einem 1,5-Millionen hohen, aber schon Anfang der 1980er Jahre auf rund 10 Millionen Dollar erhöhten Jahresetat, der übrigens nicht nur in den USA ausgegeben wurde; beispielsweise wurde durch dieses *DoE Carbon Dioxide Program* die schon erwähnte, damals finanziell krebsende *Climatic Research Unit* (CRU) der englischen East Anglia University über die Runden gerettet und so für ihre spätere prominente (und skandalöse) Schlüsselrolle im Rahmen des IPCC erhalten. Es waren die reichlichen Finanzmittel dieses US-Regierungsprogramms, die die vorher kaum beachtete CO_2-Frage in den Mittelpunkt der Klimaforschung rückten, in den Worten Lewins: »Wenn nicht der *Absicht*, so aber der *Wirkung* nach war dies die Folge des umfassenden DoE-Plans; er verhalf der CO_2-Frage zur Dominanz in der Klimaforschung« (Hervorh. im Orig.). Dies war auffällig, wenn man bedenkt, daß – wie gesagt – kaum ein Wissenschaftler diese ganz ungeklärte Frage damals besonders dringlich fand, und auffällig war z.B. auch, daß die Nationale Wissenschaftsakademie kurz nach der Miamier Konferenz auf einmal die Papiere eines schon fast drei Jahre zurückliegenden Symposiums über Klima und Energieverbrauch herausgab und im Vorwort dazu behauptete: »Das Hauptergebnis dieser Studie ist, daß sich als der primär limitierende Faktor für die Energieerzeugung aus fossilen Brennstoffen während der nächsten Jahrhunderte die klimatischen Auswirkungen der Freisetzung von Kohlendioxyd erweisen könnten« – und dies die »New York Times« auf ihrer Titelseite (!) mit der Schlagzeile echote: »Wissenschaftler befürchten: Massive Nutzung von Kohle könnte Klima schädlich verändern«. Geschehen könnte vieles, aber dies ging über den Erkenntnisstand der Wissenschaft eindeutig hinaus. Im selben Jahr übrigens gründeten, als ein anderes Beispiel für die damals plötzlich einsetzende Förderung dieses Mems im US-Herrschaftsbereich, Privatstiftungen von Multimillionären, allen voran die der schwedischen Industriellenfamilie Beijer, in Stockholm das Beijer-Institut, eigens um über die erstaunlicherweise von der schwedischen Regierung Olof Palmes schon im Vorjahr, 1976, in eine energiepolitische Gesetzesvorlage hineingeschriebene »Schlußfolgerung« zu »forschen«, wonach »wahrscheinlich Klimaprobleme den Verbrauch fossiler Brennstoffe eher beschränken werden als der Umfang der natürlichen Ressourcen« (deren beste gerade drastisch zur Neige gingen, Stichwort »Ölkrise«).

Schon zur gleichen Zeit wurden die vornehmlich US-amerikanischen Bestrebungen, verstärkt Gefahren von Klimaänderungen zu untersuchen, auf die internationale Ebene getragen, d.h. in die UNO. US-Außenminister Kissinger hatte schon 1974 in einer Sondersitzung der UN-Vollversammlung gefordert, daß die fachlich zuständige UN-Fachorganisation WMO (*World Meteorological Organization*) solche Gefahren dringend untersuchen solle, wobei paradoxerweise in der ersten Hälfte der 1970er Jahre die Massenmedien Nordamerikas und Westeuropas in erster Linie die Äußerungen von Wissenschaftlern hochspielten, daß die Menschheit ein Not- und Sparregime wegen einer rasch hereinbrechenden neuen *Eiszeit* vorbereiten müsse, vereinzelt aber auch das Gleiche bereits wegen gefährlicher Erderwärmung mit Abschmelzung der Polkappen: »Welttemperatur wird wahrscheinlich steigen«, titelte die Londoner »Times« beispielsweise am 22. Juni 1976. Aber schnell rückte unter diesen äußerst widersprüchlichen Kassandrarufen, beflügelt durch die rasch wachsenden Forschungsmittel des *DoE Carbon Dioxide Program*, die Klimaerwärmung durch Kohlendioxyd in den Vordergrund. Schon 1977 beschloß auch das Leitungsgremium der WMO, »einen detaillierten Aktionsplan für die künftige Arbeit über das Problem des atmosphärischen CO_2 aufzustellen«, und auf Drängen vor allem der US-Regierung veranstaltete die WMO zusammen mit anderen UN-Sonderorganisationen im Februar 1979 das Großspektakel einer ersten »Weltklimakonferenz« mit 450 Fachleuten aus 60 Ländern, deren US-amerikanischer Vorsitzende Robert White bereits in seiner Eröffnungsrede die möglicherweise verheerenden Auswirkungen menschlicher Einflüsse auf das Klima beschwor, und mit diesen Einflüssen war vor allem die Energieerzeugung gemeint; genau diesem Aspekt sollten die Arbeitsgruppen der Konferenz besondere Aufmerksamkeit zuwenden. Infolgedessen hieß es dann in der Schlußerklärung der Konferenz, eine Erwärmung durch Emissionen sei wahrscheinlich, denn CO_2 spiele »eine grundlegende Rolle« für die Erdtemperatur,

und weiter, es sei dringend erforderlich, »potentielle menschengemachte Klimaänderungen, die dem Wohl der Menschheit schaden könnten, vorherzusehen und
ihnen vorzubeugen«.

Halten wir fest: Schon 1979 war damit auf der international entscheidenden
UN-Ebene eine »dringende Notwendigkeit« proklamiert, die CO_2-Frage, die damals noch kaum erforscht war und die kaum ein Wissenschaftler, der dafür nicht
direkt bezahlt wurde, für irgend dringlich erachtete, nicht nur vorrangig zu untersuchen, sondern sogar, CO_2-bedingten Klimafolgen politisch »vorzubeugen«.
Diese eigenartige Konstellation spiegelte sich in den folgenden Jahren darin wider,
daß innerhalb der UNO, seit damals bis heute weltweit die Schaltzentrale für die
gesamte CO_2-Klimakampagne, deren zuständige *wissenschaftliche* Organisation,
die WMO, alle Versuche, die CO_2-Frage zu *der* zentralen Klimafrage zu machen
und sogar eine politische Agenda aus ihr zu schmieden, fortwährend verschlepp-
te und blockierte, einfach weil sie dafür keine wissenschaftliche Grundlage sah,
während eine ihrem Wesen nach eindeutig *politische* UN-Unterorganisation diese Versuche fortwährend vorantrieb und auf die WMO, an der man als Fachorganisation zunächst noch schlecht vorbeikam, wachsenden Druck in diesem
Sinne aufbaute, bis man schließlich, aber wegen des Widerstands der WMO
und der Atmosphärenwissenschaft allgemein erst ein knappes Jahrzehnt später, die Gründung des IPCC 1988 in Genf und die Unterzeichnung der UN-
Klimakonvention 1992 in Rio de Janeiro durchsetzen konnte. Diese rein politisch
geprägte UN-Sonderorganisation war das UNEP (*United Nations Environment
Programme*).

Das UNEP war schon auf der allerersten »Weltumweltkonferenz« der
UNO überhaupt, die 1972 unter Palmes Schirmherrschaft in Stockholm stattgefunden hatte, gegründet worden, um das auf dieser Konferenz beschlossene Programm zu realisieren, und der Vorsitzende dieser Konferenz wurde
auch der UNEP-Gründungsdirektor, der Kanadier Maurice Strong (1929-2015),
der zeit seines Lebens eine UN-Karriere bis in höchste Ämter mit umtriebigen
Geschäftsaktivitäten zu verbinden wußte und es dadurch zum weltweit politisch wie kommerziell virtuos vernetzten Multimillionär brachte. Er wird oft
sogar als »Vater« der Doktrin der »Nachhaltigkeit« oder des »globalen grünen
Denkens« betrachtet, ist wohl tatsächlich einer der wichtigsten Architekten der
gesamten »Umweltpolitik« der UNO (einschließlich der »Klimapolitik«), aber
wirkte immer als »Graue Eminenz« im Hintergrund, weshalb von ihm auch nur
wenige zusammenhängende und aussagekräftige programmatische Aussagen
überliefert sind. Oft werden ihm (leider ohne Quelle) die Dikta zugeschrieben:
»Wir könnten an den Punkt gelangen, an dem der einzige Weg zur Rettung
der Welt im Zusammenbruch der industrialisierten Zivilisation besteht«, oder
auch, Nachhaltigkeit lasse sich herbeiführen durch das absichtliche »Streben

nach Armut (…), verringerten Ressourcenverbrauch und fixe Größen der Sterblichkeitsrate«. Belegt hingegen ist z.B. folgende Äußerung von ihm auf dem
»Erdgipfel« von Rio 1992 (dem größten UN-Spektakel aller Zeiten, das er ebenfalls leiten durfte): »Die gegenwärtigen Lebensstile und das Konsumverhalten
der wohlhabenden Mittelschicht – wie hoher Fleischkonsum, Gebrauch fossiler Brennstoffe, Haushaltsgeräte, Klimaanlage und Vorstadthäuser – sind nicht
nachhaltig.« Dazu paßt etwa, daß Strong seine erste Umweltkonferenz 1972 mit
einer demonstrativen Fahrradtour aller 200 Teilnehmer durch die Stockholmer
Innenstadt einleitete und denselben während der Konferenztage das wohl erste
»Bike-share«-System der Welt aufzwang, sie also sozusagen wegweisend und modellhaft »autofrei« machte. Schon mit diesen winzigen Informationsfetzen dürfte
umrissen sein, was mit der UN-Doktrin der »Nachhaltigkeit« (20 Jahre später von
Strong in Rio als »Agenda 21« festgeschrieben) dem Wesen nach gemeint war
(und ist): Lebensstandardsenkung bei Bevölkerungsexplosion. Denn die einzig
durchgreifend wirksame Umweltschutzmaßnahme, ohne die alle anderen zwar
den Lebensstandard senken, aber nichts der »Umwelt«, also der Natur, nützen,
fehlte in allen dickleibigen UN-Publikationen und endlosen -Konferenzserien zum
Thema »Umweltschutz« als Forderung immer und eisern: Geburtenkontrolle. In
anderen Worten, Maurice Strong schuf in der Schaltzentrale UNO als (die damals ja noch ganz neue) »Umweltpolitik« genau das oben skizzierte Programm
von weltweiter Verelendung und menschlicher Zuwimmelung der verschwin-
denden Natur, das die vierhundert Familien der USA in jenen menschheitsge-
schichtlich weichenstellenden Jahren (auch die Totrüstung der UdSSR näherte
sich ja gerade ihrem Endstadium) wünschten und (sei es informell und etap-
penweise, aber dennoch) beschlossen, und dafür durfte er ein eher drei- als
zweistelliges Millionenvermögen anhäufen und trotz späterer prominenter
Verwicklung in einen UN-Korruptionsskandal sein langes Leben unbehelligt in
Reichtum und Ehren beschließen (ganz ähnlich übrigens wie ein anderer großer
UN-Verelendungsstratege, sozusagen der »Vater der falschen Flüchtlinge«, Peter
Sutherland).

Mit diesem politischen Programm war das UNEP also schon einige Jahre
lang angetreten, als die erste UN-Weltklimakonferenz 1979 plötzlich die dringend nötige Erforschung und Abwendung einer durch anthropogenes CO_2 verursachten Klimaerwärmung verkündete. Dieses neue Mem paßte perfekt ins
UNEP-Programm, denn wenn es eine solche gab, konnte man ihr (das Tabu auf
die so leicht und schmerzlos durchführbare, aber, wo spontan eintretend, sofort wild und zäh bekämpfte Bevölkerungsreduktion vorausgesetzt) nur durch
Reduzierung der CO_2-Emissionen, sprich drastische Senkung des breiten industriellen Lebensstandards vorbeugen. Wäre es nach dem damaligen Direktor des
UNEP und Nachfolger Strongs, Mostafa Tolba (ein ägyptischer Mikrobiologe,

später aber eben Politkarrierist), gegangen, wäre bereits gleich nach der ersten
Weltklimakonferenz ein internationales Abkommen zur Reduzierung von CO_2-
Emissionen abgeschlossen worden, aber Tolba stieß, wie schon angedeutet, auf
einen hartnäckigen und hinhaltenden Widerstand seitens der WMO als für sein
Vorhaben unverzichtbare atmosphärenwissenschaftliche UN-Fachorganisation,
und so konnte er von dieser letztlich erst acht Jahre später, 1987, die Zustimmung
zur Gründung des IPCC ernötigen, die ihrerseits Voraussetzung für den Abschluß
der UN-Klimakonvention ab 1992 war.

Dieses jahrelange Gezerre hinter den Kulissen spielte sich, kurz zusammengefaßt, wie folgt ab:

Zwar beschloß der kurz nach der ersten Weltklimakonferenz stattfinden-
de 8. WMO-Weltkongreß brav ein neues Weltklima-Forschungsprogramm
(*World Climate Research Programme*, WCRP), erklärte aber die Einberufung einer Ministerkonferenz zum Thema CO_2 (d.h. Einleitung der Ausarbeitung eines
Abkommens) für »verfrüht«, und der WMO-Vorstand nahm auf seiner nächsten
Sitzung lediglich einen Bericht seines zuständigen Fachausschusses (*Commission
for Atmospheric Sciences*) entgegen, wonach in der Frage des CO_2-Klimaeinflusses
weiterhin viel Zweifel, Ungewißheit und Uneinigkeit bestehe und man darum
die »Bemühungen zur Verminderung der Unsicherheiten« intensivieren möge.
Man heftete den Bericht dem Protokoll über die Vorstandssitzung bei und ver-
gaß die Angelegenheit. Als der für das neue WCRP-Forschungsprogramm ge-
bildete Ausschuß Anfang 1980 erstmals tagte, empfahl ihm der neugewählte
Generalsekretär der WMO, der hochangesehene dänische Meteorologe Aksel
Wiin-Nielsen, er möge die CO_2-Frage aus seinem Forschungsprogramm aus-
klammern und einer kleineren, gesonderten Arbeitsgruppe überlassen – diese Meinung sollte Wiin-Nielsen übrigens niemals ändern, weshalb er in späteren Jahren empfahl, das IPCC wieder aufzulösen. Der für das WCRP zuständige WMO-Ausschuß folgte seiner Empfehlung und nahm CO_2-Einflüsse wegen
»zu großer Unsicherheiten« aus dem Forschungsprogramm heraus, woran er
trotz zunehmenden politischen Drucks, besonders seitens des UNEP, auch fünf
Jahre lang festhielt. Vergeblich drängte Tolba die WMO zur Wiederaufnahme
und Beschleunigung der CO_2-Recherchen und insbesondere zur Verbesserung
entsprechender Computermodelle, was auf WMO-Seite aparterweise von einem
der damals weltweit führenden Experten auf dem Gebiet computergestützter
Klimamodelle, Joseph Smagorinsky von der Princeton University, zurückgewiesen wurde, weil Computermodelle dessen Urteil nach keine verläßlichen
Klimaprognosen ermöglichten. Um diesen Widerstand der zuständigen UN-
Fachorganisation zu brechen, berief das UNEP schließlich einfach an der WMO
vorbei die Abhaltung einer Wissenschaftler-Konferenz im November 1980 im
österreichischen Villach ein, die zur weltweit ersten, wenn auch noch recht kleinen

UN-Konferenz speziell zum Thema »CO_2-Einfluß auf das Klima« wurde. Formal war an ihr zwar die WMO beteiligt, aber beschlossen hatte sie das UNEP. Aus dessen Sicht jedoch geriet die Konferenz zum Mißerfolg, denn ihr Abschlußbericht betonte nur ein weiteres Mal die vielfältigen Ungewißheiten rund um die CO_2-Frage und erklärte jeden Plan zur Kontrolle des atmosphärischen CO_2-Gehalts für »verfrüht«. Der WMO-Vorstand nahm dies zufrieden zur Kenntnis, ohne in seinem nächsten Sitzungsbericht sich zur »allgemeinen Frage öffentlicher Erklärungen zum Thema CO_2« die spitze Bemerkung zu verkneifen, daß »widersprüchliche Äußerungen auf der Grundlage unzureichender Forschung für Entscheidungsträger verwirrend sein könnten« und er darum »auf unveränderte Vorsicht bei der Abgabe öffentlicher Erklärungen« dränge. Das damit gemeinte UNEP-Direktorium Tolbas blieb verärgert…

Aber der enttäuschte Tolba sann auf Revanche, und zwar einfach durch Wiederholung der Villacher Konferenz, diesmal mit dem gewünschten Ergebnis. Diese zweite Konferenz in Villach fand im Oktober 1985, also immerhin erst fünf Jahre später, auch statt, und sie wurde, wie von Tolba geplant, zu einem Schlüsselereignis, denn der angeblich an ihrem Ende stehende »Villach-Konsens« wurde tatsächlich zum Startsignal für die weltweite öffentliche Verbreitung der Behauptung einer CO_2-bedingten Erderwärmung, damit wiederum für die Gründung des IPCC, die anschließende Ausarbeitung der UN-Klimarahmenkonvention und so letzlich für die gesamte heutige Verzichtspropaganda und -gesetzgebung wegen des angeblichen »menschengemachten Klimawandels«. Betrachten wir darum den Vor- und Verlauf von »Villach II«, was wir nur dank Lewins Buch können, genauer:

Am Mittsommertag 1982 lud Tolba bei einem Besuch in Stockholm den Leiter des Internationalen Meteorologischen Instituts der Universität Stockholm, Bert Bolin, der die erste Villacher Konferenz geleitet hatte und Tolbas Position teilte, in sein Hotel ein und schlug ihm die Erstellung und Veröffentlichung einer umfassenden neuen wissenschaftlichen Beurteilung der CO_2-Frage vor, die Bolin durch Auswahl der Autoren, Leitung der *peer review* usw. leiten sollte und für die Tolba selbstverständlich schon die nötigen Finanzmittel über sein UNEP bereitgestellt hatte. Erscheinen sollte das Ganze als Band 29 der angesehenen wissenschaftlichen Schriftenreihe SCOPE des internationalen Wissenschaftsverbands ICSU (*International Council of Scientific Unions*, Mitglieder sind u.a. nationale Wissenschaftsakademien) und tat dies unter der Ägide des eifrigen Bolin auch, allerdings erst 1986, also erst im Jahr nach der zweiten Villacher Konferenz. Dieser Band »*SCOPE 29: The Greenhouse Effect, Climatic Change and Ecosystems*« wurde die erste große internationale Veröffentlichung zum Thema, enthielt aber bei genauerer Betrachtung wenig Neues: *Ausschließlich* auf der Grundlage von Computermodellen wurde von einer Verdopplung des atmosphärischen

CO_2-Gehalts bis Ende des 21. Jahrhunderts mit daraus folgender Erhöhung der Temperatur von 1,5 bis 5,5 °C und Ansteigen des Meeresspiegels von einer kaum wahrnehmbaren Schwankung bis zu 1,65 m (also in extrem großen Bandbreiten) ausgegangen, während ein Abschmelzen der Polkappen und insbesondere ein (schon damals von der »New York Times« an die Wand gemalter) Kollaps des westantarktischen Eisschilds ausgeschlossen wurde. Dem der Frage, wann ein menschengemachter Klimawandel nachweisbar werden würde, gewidmeten Kapitel *Empirical Studies*« war zu entnehmen, daß die Unterscheidung zwischen natürlichen und anthropogenen Klimaänderungen genauere Daten über die Klimaentwicklung der letzten Jahrtausende voraussetzte, die aber nur lokal und spärlich zur Verfügung stünden, und weiter, daß mangels hinreichender Kenntnis der Stärke und Frequenz natürlicher Klimaschwankungen nicht einmal vorhersehbar war, wann künftig ein von diesen eindeutig unterscheidbarer und folglich anthropogener Klimawandel überhaupt nachweisbar werden würde (also bloß phantasiert sein könnte). »Alles in allem«, so Lewins Resümee, »kam die SCOPE 29-Studie zu dem Ergebnis, daß sich jeder Alarm wegen Kohlendioxyds nur auf vage und weitgefächerte Vorhersagen aufgrund von Modellen stützen ließ, die weiterhin viele Unzulänglichkeiten aufwiesen«. Dies aber hinderte Tolba, mit der noch unveröffentlichten SCOPE 29-Studie im Gepäck, nicht daran, in einer aufpeitschenden Eröffnungsrede auf der zweiten Villacher Konferenz zu behaupten: »(...) wir haben nun die meisten Zweifel an den Auswirkungen des Aufbaus von CO_2 und anderen Spurengasen auf das Weltklima hinter uns gelassen. Die [SCOPE 29-] Studie hat bestätigt, daß es ein fast vollständiges Einvernehmen darüber gibt, daß die weltweite durchschnittliche Oberflächentemperatur durch eine Verdopplung des Treibhauseffekts steigen würde. Die Unterschiede [zwischen den Modellen], was den Umfang dieser Steigerung angeht, sind bescheiden und für unsere gegenwärtigen Zwecke tatsächlich ohne Belang. Jetzt ist klar, daß Wissenschaftler hinreichend sicher sind, daß beim jetzigen Tempo des Aufbaus [von CO_2 und anderen Spurengasen] die weltweite Durchschnittstemperatur wahrscheinlich in etwa einem halben Jahrhundert um mehrere Grad steigen wird.« Weiter unkte Tolba, daß der westantarktische Eisschild kollabieren und ins Meer gleiten könne, was die Studie gerade ausgeschlossen hatte. Er sprach zwar auch aus (was sowieso jeder im Raum wußte), daß dieses ganze dramatische »Bild von Ungewißheit umwölkt« sei, aber zog ohne Skrupel und übermäßige Logikliebe als Fazit: »Trotz aller Ungewißheiten bleibt klar, daß das Weltklima jetzt dem Eingriff des Menschen unterliegt. Die Diskussion – glaube ich – muß sich darauf konzentrieren, wie wir mit diesem Eingriff am besten umgehen.« Die Konferenzleitung hatte Tolba einem anderen seiner Gefolgsleute zugeschustert, dem kanadischen Wetterdienst-Direktor James »Jim« Bruce (postwendend nach Villach II belohnt mit einer internationalen Karriere in WMO und IPCC), der der Konferenz zwei Hauptaufgaben übertrug, nämlich erstens erneut den Kenntnisstand über eine Erderwärmung zu resümieren und zweitens Empfehlungen für politische Maßnahmen auszuarbeiten – eine später auch vom IPCC fortgeführte, absurde Aufgabenstellung, weil die Konferenz festzustellen hatte, ob es eine Erderwärmung überhaupt gibt, während sie zugleich bereits die gegen diese zu treffenden Maßnahmen festzulegen hatte. Dieser ganze von Tolba, Bolin und Bruce der Konferenz gegebene *spin* hatte zwei von ihnen erwünschte Folgen: Zum einen enthielt die von allen Teilnehmern gebilligte Schlußerklärung (*Villach consensus statement*) über die Konferenzergebnisse den dräuenden Satz: »Aufgrund der Befunde über die Auswirkungen vergangener Klimaveränderungen besteht wenig Zweifel, daß ein künftiger Klimawandel in der Größenordnung, die sich bei einer Verdoppelung des atmosphärischen CO_2-Gehalts aus Computermodellen ergibt, tiefgreifende Auswirkungen auf die weltweiten Ökosysteme, die Landwirtschaft, Wasserressourcen und das Meereseis haben könnte.« (So, so, dieser »Zweifel« bestand doch gerade völlig unverändert!) Zum anderen wurde dieser »Konsenserklärung« über den angeblichen Stand der Wissenschaft eine weitere Erklärung über die von der Konferenz gutgeheißenen »Empfehlungen für die Politik« (*policy recommendations*) angefügt. Diese »Empfehlungen« blieben zwar hinter Tolbas Erwartungen zurück, denn auch in ihnen war die Rede vom Fortbestehen »erheblicher Ungewißheiten« und hieß es letztlich nur, »Wissenschaftler und Politiker sollten eine aktive Zusammenarbeit aufnehmen, um die Wirksamkeit alternativer politischer Schritte und Anpassungen zu erkunden«, sowie, »wenn nötig, den Abschluß eines internationalen Vertrages in Betracht ziehen« (also pures Gerede, wenn auch mit Schlagseite). Aber Tolbas Hauptziel war dennoch erreicht: Erstmals hatte eine internationale wissenschaftliche Konferenz, wenngleich verschwurbelt, aufgrund von Computermodellen eine anthropogene Erderwärmung prognostiziert und politische Maßnahmen, ja sogar einen internationalen Vertrag dagegen »gefordert«. Mit diesem überall verbreiteten *Villach consensus statement* nebst den *policy recommendations* hatte Tolba nun alles in der Hand, um einen angeblichen wissenschaftlichen Konsens über menschengemachte Erderwärmung auszuplärren und »endlich« die von ihm ja schon jahrelang anvisierte UN-Klimakonvention auf den Weg zu bringen.

Bei nüchterner Lektüre war indessen sehr leicht festzustellen, daß der erstgenannte Satz, der fortan als feierliche Klimaprognose verbreitet wurde, nur wenig sagte, und noch ernüchternder war ein genauerer Blick in den Volltext der Feststellungen der Villacher Arbeitsgruppe 3 (Kenntnisstand über menschlichen Klimaeinfluß), der nur als ein unscheinbarer »Report 661« der WMO veröffentlicht wurde (während *consensus statement* und *policy recommendations* plakativ plärrend dem ja schon geplanten Band 29 der prominenteren ICSU-Schriftenreihe SCOPE vorangestellt wurden). Darin äußerte diese Arbeitsgruppe erhebliche Bedenken an der Verläßlichkeit von Computermodellen und folgerte aus diesen »Mängeln der Modelle«, daß die in der SCOPE 29-Studie genannte Prognose einer Temperatursteigerung von 1,5 bis 5,5 °C nur als »ein Maß für die Übereinstimmung zwischen den verschiedenen Modell-Schätzungen« angesehen, nicht aber »als eine Vorhersage für die Bandbreite der etwaigen Auswirkungen [einer verdoppelten CO_2-Konzentration] auf das Klima interpretiert werden sollte«. In anderen Worten, der eigentliche Villach-II-Konferenzbericht nahm die ohnehin sehr vage Erwärmungsprognose von 1,5 bis 5,5 °C, die in SCOPE 29 getroffen worden war, als mangelhaft zurück und stellte statt dessen fest, daß Computermodelle noch nicht in der Lage wären, eine auch nur vage Vorhersage über die Klimaauswirkungen von Treibhausgas-Emissionen zu treffen.

Tolba indessen verlor keine Zeit, die Hiobsbotschaft eines wissenschaftlichen Konsenses über Erderwärmung durch anthropogenes CO_2 in aller Welt zu verbreiten, und natürlich schickte er den frisch gedruckten Villach-II-Konferenzbericht auch an US-Außenminister Shultz und drängte ihn in seinem Anschreiben zu »politischem Handeln«. Diesem kam das recht, denn wie wir gesehen haben, hatte das US-Außenministerium schon in der zweiten Hälfte der 1970er Jahre – beginnend mit Kissingers erwähnter Rede 1974 in der UN-Vollversammlung – von der UNO gefordert, Gefahren eines Klimawandels ihr Augenmerk zuzuwenden, erst derlei Gefahren allgemein, aber spätestens ab der Weltklimakonferenz 1979 fokussiert auf die Erwärmungsgefahr durch CO_2.

In den Jahren zwischen 1979 und 1986, als Shultz schließlich das *Villach consensus statement* in den Händen hielt, war übrigens innerhalb der USA das Gleiche geschehen wie innerhalb der UNO: Alle Kassandrarufe nach »Handeln gegen CO_2-bedingten Klimawandel« hatten sich bis dahin gebrochen am Widerstand der atmosphärenwissenschaftlichen Expertise. So hatte zwar beispielsweise das US-Umweltschutzamt (*Environment Protection Agency*, EPA) bereits im Oktober 1983 einen Bericht mit dem sprechenden Titel »Können wir eine Treibhaus-Erwärmung verzögern?« veröffentlicht, in dem zwar den empirischen Belegen für den Treibhauseffekt nur äußerst wenig Raum gewidmet wurde – und soweit überhaupt, ausschließlich auf der Grundlage von phantasieanfälligen Computermodellen –, der aber als wohl erstes offizielles Papier weltweit eine rechnerische Aufstellung enthielt, welche Reduzierungen von CO_2-Emissionen angeblich welche Milderungen der Klimaerwärmung bewirken würden (ähnlich wie die Azteken vor ihrer Vernichtung durch die Spanier durch gewisse opferreiche Rituale alle 52 Jahre sehr erfolgreich den Weltuntergang verhinderten – Beweis: er trat wirklich nicht ein), und der auf dieser Grundlage uns heute sattsam bekannte Verzichtsmaßnahmen bzw. Opfer propagierte: So sollte laut diesem Bericht etwa eine hohe Steuer auf fossile Brennstoffe den Erwärmungstrend nur um wenige Jahre verzögern oder ein vollständiges Verbot von Kohle ab dem Jahr 2000 eine

Erderwärmung um 2 °C nur bis 2055 aufschieben. Zwar posaunte die Presse dies sogleich aus, so z.B. die »New York Times« auf ihrer Titelseite vom 18. Oktober 1983 unter der Schlagzeile »Bericht des Umweltschutzamts: Erhitzung der Erde beginnt in den 1990ern«, unter welcher man u.a. erfuhr, daß laut dem Direktor des Umweltschutzamtes der Erwärmungstrend durch Anreicherung von CO_2 in der Atmosphäre »unmittelbar bevorstehend und unvermeidbar« sei. Das Problem war aber, daß zeitgleich auch die Nationale Wissenschaftsakademie, und zwar im Auftrag des US-Kongresses (!), einen umfassenden wissenschaftlichen Bericht zur selben Frage veröffentlicht hatte, der unter Leitung des Direktors der *Scripps Institution of Oceanography*, William Nierenberg, zusammengestellt worden war und unter Hinweis auf die weiterhin großen Probleme und Lücken in der wissenschaftlichen Beurteilung dieser Frage von politischen Maßnahmen abriet: »Wir glauben nicht«, lautete darin das Fazit, »daß das vorliegende Belegmaterial über einen CO_2-bedingten Klimawandel Maßnahmen stützen würde, um die gegenwärtigen Gepflogenheiten im Brennstoffverbrauch in Richtung weg von fossilen Brennstoffen zu verändern«. Die »New York Times« vermochte schlecht einen vom Kongreß angeforderten Bericht der Wissenschaftsakademie zur ja schon hochgespielten Frage von ihrer Titelseite fernzuhalten, und so fand sich auf derselben am selben Tag als weitere Schlagzeile: »Widerspruch gegen Eile bei Erderwärmungstrend«. Diese Auffassung wurde nach wie vor vom US-*Energie*ministerium gestützt, dessen Stimme durch sein millionenschweres CO_2-Forschungsprogramm besonderes Gewicht hatte. Noch 1986 waren alle Institutionen der (inzwischen von Reagan geleiteten) US-Regierungsbürokratie mit Ausnahme des Außenministeriums, das schon lange die gerade skizzierte Erhitzung der einschlägigen Debatten in der UNO angeleiert hatte, und des Umweltschutzamtes der Meinung, daß es keine wissenschaftliche Grundlage für politische Schritte zu einer CO_2-Reduzierung gebe, da es diese nun einmal einerseits nicht gab, andererseits noch nicht alle oder die Mehrheit der für besagtes Ministerium schon längere Zeit arbeitenden Wissenschaftler gleichgeschaltet oder weichgeklopft waren.

Aber auch dieses Patt wurde nun gebrochen durch den Villach-II-Bericht. Jetzt erhielt das *Außen*ministerium innerhalb der US-Regierung – also letztlich vom an der Frage wenig interessierten Präsidentendarsteller Reagan, der diese Rolle vor allem zur Vollendung der Totrüstung der UdSSR erhalten hatte (Stichwort »*Star wars*«) – grünes Licht dafür, seinen Kurs durchzuziehen, und auf diese Weise kam schließlich doch das IPCC in die Welt: Im Mai 1987 nahm der US-Chefdelegierte Richard Hallgren, Direktor des amerikanischen Wetterdienstes, am 10. Weltkongreß der WMO mit dem Auftrag seiner mächtigen Regierung teil, die Einrichtung eines »intergouvernementalen Mechanismus« zur Untersuchung des Klimaeinflusses von CO_2 zu fordern, und genau so wurde es auf Antrag des

Kongresses vom WMO-Vorstand beschlossen. Der Widerstand der WMO war also gebrochen, die Zustimmung des UNEP war nur noch eine Formalität, und so konnte das IPCC im November 1988 in Genf erstmals tagen zum Zweck der, so lautete seine offizielle Mission, »Bewahrung des Klimas als Teil des gemeinsamen Erbes der Menschheit«, freilich unter Teilnahme von nur 28 Länderdelegationen, denn der Propagandarummel war gerade erst angelaufen.

Wie skizziert war das IPCC in Wirklichkeit ein Kind des UNEP, das man seinerseits 1972 in Stockholm aus der Taufe gehoben hatte, um die dort von Maurice Strong erstmals öffentlich ausgeformte und propagierte »Nachhaltigkeitsdoktrin« durchzusetzen, also ein grundsätzlich viel allgemeineres Programm als das der »Klimabewahrung«. Ein Meilenstein auf diesem Wege war eine Resolution der UN-Vollversammlung von 1983 gewesen, mit der eine »Weltkommission« einberufen wurde, um »langfristige Umweltschutzstrategien zur Verwirklichung einer nachhaltigen Entwicklung bis zum Jahr 2000 und darüber hinaus« zu entwickeln. Zu deren Vorsitzenden wurde die ehemalige norwegische Premierministerin und Sozialdemokratin Gro Brundtland vorgeschlagen, die hierfür von 1984 bis 1986 überall in der Welt, aber vor allem in südlichen Armutsregionen hochrangige Anhörungen veranstalten durfte, an denen erstmals prominent die »Nichtregierungsorganisationen« für Umweltschutz teilnehmen durften (erinnern wir uns, daß z.B. *Friends of the Earth* als eine der älteren unter diesen 1969 gegründet worden war). Anfang 1987 stellte nun Brundtland mit viel Presse-Trara ihren fertigen Bericht vor, der noch heute vielfach als das erstmals ausformulierte Gründungsmanifest der »grünen Bewegung« und ihrer Doktrin der »Nachhaltigkeit« betrachtet wird. Betrachten wir auch diesen Brundtland-Bericht, mit dem schönen Titel »Unsere gemeinsame Zukunft«, etwas näher:

Er enthielt – unvermeidlich und interessanterweise – auch ein Kapitel über die »Bevölkerungsentwicklung«, in dem es einleitend zwar vage hieß »Die gegenwärtigen Raten des Bevölkerungswachstums können nicht fortdauern«, aber schon wenige Sätze später proklamiert wurde: »Menschen die Mittel zuteil werden zu lassen, um die Größe ihrer Familien zu wählen, ist nicht einfach eine Methode, um die Bevölkerung im Gleichgewicht mit den Ressourcen zu halten, sondern ist ein Weg, um – besonders für Frauen – das grundlegende Menschenrecht auf Selbstbestimmung zu gewährleisten« – eine glasklare Absage an die Geburtenkontrolle. Von einer Bevölkerungs**reduktion** bei einer schon 1985 jährlich um 80 Millionen Menschen wachsenden Weltbevölkerung von 4,8 Milliarden Menschen war in dem Bericht nirgends die Rede, sondern kühl und treffend wurde darin nur eine Prognose des Bevölkerungswachstums auf 8,2 Milliarden Menschen im Jahr 2025 gestellt und sodann eine spekulative Berechnung wiedergegeben, wonach sich der Bevölkerungsumfang bei Erreichen einer der Sterblichkeitsrate entsprechenden Geburtenrate (*replacement-level fertiliy*) ab 2010 stabilisieren werde bei 7,7 Milliarden im Jahr 2060, bei deren Erreichen erst ab 2025 bei 10,2 Milliarden im Jahr 2095 und bei ihrem Erreichen erst ab 2065 bei 14,2 Milliarden im Jahr 2100. Unmittelbar darauf folgte der zynische Satz: »Diese Schätzwerte zeigen, daß die Welt echte Wahlmöglichkeiten besitzt.« Dementsprechend wurde »eine Senkung der gegenwärtigen Wachstums*raten*« (*sic*, also nicht eine Umkehr des Wachstums) der Weltbevölkerung als »zwingende Voraussetzung für eine nachhaltige Entwicklung« bezeichnet. Damit war der Weg in weltweites Massenelend und Naturzerstörung bei einer Weltbevölkerung im zweistelligen Milliardenbereich natürlich programmatisch vorgezeichnet, denn wie sollte bei Ablehnung selbst nur einer Politik der Zwei-Kind-Familie (gell, das »grundlegende« Menschenrecht auf die kinderreiche Familie!) eine Stabilisierung der Weltbevölkerung auch nur bei 8,2 Milliarden Menschen im Jahr 2025 eintreten? Mit bösartiger Absicht sagte der Brundtland-Bericht vielmehr, der sich ja auch einfach für die damals schon seit sieben Jahren konsequent praktizierte chinesische Politik der Ein-Kind-Familie hätte aussprechen können, für die Zeit von 2000 bis 2025 durchschnittlich ein jährliches Wachstum der Weltbevölkerung um 1,2 % voraus, d.h. für unsere Gegenwart (2020) genauso wie zur Zeit seiner Niederschrift um **rund 80 Millionen pro Jahr**, und wie der »nachhaltige« Lebensstandard der damit bald elfstelligen Menschenzahl aussehen würde und sollte, beantwortet zwar nicht der Brundtland-Bericht, aber der Satz »Dividend durch Divisor ist gleich Quotient«.

Rund um dieses Grundprogramm für »unsere gemeinsame Zukunft« walzte der Bericht auf 250 Seiten viele verschiedene Aspekte derselben breit wie einen Pfannkuchen: Industrie (Kostprobe: »Angesichts der Raten des Bevölkerungswachstums wird eine fünf- bis zehnfache Vergrößerung der Warenproduktion erforderlich sein« – lebt wohl, Grévy-Zebra und Koboldmaki!), Verstädterung (»Die Welt des 21. Jahrhunderts wird eine weitgehend städtische Welt sein«), Frieden und Sicherheit (»Unter den Gefahren für die Umwelt [*sic*] ist ein möglicher Atomkrieg […] unzweifelhaft die größte« – und was ist mit der Uterusbombe?), Armut, Überleben der Menschheit und Wirtschaftskrise (die Lösung: »Benötigt wird eine neue Herangehensweise, mit der alle Nationen eine Art von Entwicklung anstreben, die die Produktion in die Erhaltung und Vergrößerung der Ressourcen einbezieht und beides mit der Bereitstellung einer angemessenen Grundlage des Lebensstandards und fairem Ressourcenzugang für alle verbindet« – aha!), internationale Wirtschaft (»Die Gesamteinschätzung der Kommission geht dahin, daß die internationale Wirtschaft das weltweite Wachstum beschleunigen muß, während die sich aus der Umwelt ergebenden Beschränkungen zu wahren sind« – also einfach die Quadratur des Kreises), Sicherheit der Lebensmittelversorgung (»Die Herausforderung einer wachsenden Lebensmittelerzeugung, um mit der Nachfrage Schritt zu halten, während die essentielle ökologische Integrität

der Erzeugungssysteme erhalten bleibt, ist immens nach ihrer Größe wie ihrer Komplexität. Aber wir besitzen das nötige Wissen, um unsere Land- und
Wasserressourcen zu bewahren.«), Artensterben (hier gab es Grund zur Hoffnung:
»Heute umfaßt das Netzwerk ausgewiesener Naturschutzgebiete mehr als
4 Millionen Quadratkilometer, was in etwa der Fläche der meisten westeuropäischen Länder zusammen entspricht (…) es besteht ein fachlicher Konsens, daß die
Größe der Naturschutzgebiete insgesamt mindestens verdreifacht werden muß,
um ein repräsentatives Muster der Ökosysteme der Erde zu bilden. Noch ist Zeit,
um Arten und ihre Ökosysteme zu retten« – macht 12 Millionen Quadratkilometer
mehr oder minder abgeriegelte Naturschutzgebiete mit einem »repräsentativen
Muster« der einstigen Natur des Erdballs, während sich auf den verbleibenden
126 Millionen Quadratkilometern Landfläche [außer Antarktis, aber alles andere
wie Wüsten oder Hochgebirge eingeschlossen] 10 oder 14 Milliarden Menschen
»nachhaltig« und vor allem »naturfrei« würden drängeln dürfen, was *rechnerisch*
mindestens der Bevölkerungsdichte z.B. Griechenlands [80 Ew/km^2] weltweit
entsprechen würde, allerdings auch z.B. in der Sahara, also *real* in zahlreichen
Ländern eher der von Bangladesch [1000 Ew/km^2]), und viele andere Themen
mehr…

In unserem Zusammenhang interessiert nun, daß der Leser des Brundtland-
Berichts, der seine Leseneugierde angesichts der spannenden Titel der drei
Berichtsteile (»Gemeinsame Besorgnisse«, »Gemeinsame Herausforderungen«,
»Gemeinsame Anstrengungen«) kaum zu zügeln vermochte, bereits im er-
sten Kapitel (»Eine bedrohte Zukunft«) auf folgende Aussage stieß: »Der
›Treibhauseffekt‹, eine dieser Bedrohungen der Grundlagen des Lebens, ist un-
mittelbare Folge eines erhöhten Ressourcenverbrauchs. Das Verbrennen fossiler
Brennstoffe und das Abholzen und Verbrennen von Wäldern setzen Kohlendioxyd
(CO_2) frei. Die Anreicherung von CO_2 und bestimmter anderer Gase in der
Atmosphäre hält die Sonnenstrahlung nahe der Erdoberfläche gefangen, wodurch
eine weltweite Erwärmung verursacht wird. Dies könnte den Meeresspiegel in
den nächsten 45 Jahren [33 davon sind übrigens folgenlos schon rum!] so weit
anheben, daß viele tief gelegene Küstenstädte und Flußdeltas überflutet werden.
Dies könnte auch in drastischer Weise nationale und internationale Systeme der
Lebensmittelerzeugung und des Handels durcheinanderbringen.[7]« Aber woher
wußte Frau Brundtland Anfang 1987, daß CO_2 eine weltweite Klimaerwärmung
verursacht? Ihre Fußnote 7 nannte ihre – einzige – Quelle: Der 1986 erschienene
WMO-Bericht Nr. 661 über eine internationale Konferenz zum Thema CO_2 und
andere Treibhausgase, abgehalten in »*Villach, Austria, 9-15 October 1985*«. Mit dieser Logik bzw. Technik kann man *alles* »belegen«!

Nach diesem apodiktischen Eingangsstatement wandte sie sich dem Thema
ausführlicher zu in einem späteren Kapitel über »Energie«. Hier wurde nochmals

eingehend aus dem Villacher *consensus statement* und Konferenzbericht zitiert, wonach bei Fortsetzung der bisherigen Trends möglicherweise bereits in den 2030er Jahren eine atmosphärische Anreicherung von CO_2 und anderen Treibhausgasen erreicht würde, die einer Verdoppelung des präindustriellen CO_2-Gehalts der Atmosphäre entspräche, und dies könne – alles laut Villach II – zu einer Erhöhung der globalen Durchschnittstemperatur führen, die »größer als jede andere in der Menschheitsgeschichte« wäre, geschätzt zwischen 1,5 und 4,5 °C. Brundtland versäumte nicht, die in Villach prognostizierten Umweltfolgen beim Namen zu nennen: »Es besteht die erhebliche Besorgnis, daß eine Erhöhung der globalen Temperatur zwischen 1,5 und 4,5 °C bei vielleicht zwei- bis dreifach größerer Erwärmung an den Erdpolen zu einem Ansteigen der Meeresspiegel zwischen 25 und 140 cm führen würde. Ein Anstieg im oberen Teil dieser Bandbreite würde tief liegende Küstenstädte und Agrargebiete überfluten, und viele Länder hätten möglicherweise eine tiefgreifende Störung ihrer wirtschaftlichen, sozialen und politischen Strukturen zu erwarten.« Durch Einrahmung hervorgehoben folgte ein Zitat irgendeines von Frau Brundtland angehörten NGO-Angestellten: »Es ist schwerlich ein Thema vorstellbar, das mehr weltweite Auswirkungen auf die menschlichen Gesellschaften und die natürliche Umwelt hat als der Treibhauseffekt. Das Signal ist unklar, aber wir könnten bereits Beispiele dafür, wenn nicht schon wirkliche Treibhauseffekte, in Afrika erleben. Die letztendlichen möglichen Folgen eines Treibhauseffekts könnten katastrophal sein.«

Wie Lewin einleuchtend anmerkt, schien die CO_2-bedingte, also anthropogene Klimaerwärmung einfach wie geschaffen als neues Motto für die ganze Nachhaltigkeitsdoktrin: »Nach der Veröffentlichung ihres Berichts fehlte der [Brundtland-] Kommission ein zugkräftiges Leitthema. Ihr großes Thema Nr. 1 (Armut) war so umfassend und vielseitig, daß sich aus ihm kein klarer Handlungskurs ergab. Was die Bewegung brauchte, um nach der Veröffentlichung des Berichts 1987 in Schwung zu bleiben, war ein einzelnes Kampagnenthema, auf das sich ein neuer weltweiter Aufruf zum Handeln gründen ließe. Nach dem Triumph des Ozonvertrags [von 1985 zum Verbot der z. B. in Spraydosen verwendeten Fluorkohlenwasserstoffe] gab es dafür keinen offensichtlichen Kandidaten, bis im folgenden Jahr die Erderwärmung gerade am richtigen Ort zur richtigen Zeit auftauchte. Und dieser Einfluß vollzog sich auch in die umgekehrte Richtung. Nachdem sich die Bewegung für nachhaltige Entwicklung die Sache der globalen Erwärmung zu eigen gemacht hatte, wurden ihre eigenen Ziele rasch von den Verfechtern der Erderwärmung aufgegriffen und in die Verhandlungen für einen Klimavertrag einbezogen.« Vielleicht kommt Lewin dem Grund für den weltweiten Triumph der Behauptung anthropogenen Klimawandels an keiner Stelle seines Buches näher als in diesen Sätzen. Die anthropogene Erderwärmung war sozusagen das ideale Mem, um ins Zentrum des ganzen neuen »grünen« oder

»nachhaltigen« Gedankenwerks zu treten, das im US-Block schon länger durch Regierungen und Monopolmedien herangezüchtet wurde, und darum machte es in der Memselektion für diese neue Ideologie das Rennen, d.h. wurde binnen weniger Jahre zu ihrem Herzstück.

Die nächste Etappe für seinen Aufstieg wurde eine glamouröse Konferenz mit 300 Teilnehmern aus vier Dutzend Ländern Anfang 1988 in Toronto, die ursprünglich als Follow-up für den Aufruf der Brundtland-Kommission zur Bekämpfung der Luftverschmutzung gedacht war, aber nun rasch die anthropogene Klimaerwärmung in den Mittelpunkt rückte und so, wie es ein Teilnehmer plastisch nannte, zum »Woodstock des CO_2« wurde. Gleich nach der Eröffnungsrede des kanadischen Premierministers Mulroney ergriff Frau Brundlandt, inzwischen wieder Premierministerin von Norwegen, selbst das Wort und verkündete, daß die Auswirkungen des Klimawandels eine größere und härtere Herausforderung darstellen könnten als jede andere, die sich der Menschheit jemals gestellt habe, mit Ausnahme des Atomkriegs. Aufgeheizt wurde dadurch jedenfalls die Stimmung auf der Konferenz, und in ihrer Schlußerklärung befürwortete diese eine weltweite Reduzierung der CO_2-Emissionen um mehr als 50 %, aber forderte als ersten Schritt eine Reduzierung um 20 % bis 2005. »Dieses eher willkürliche Ziel«, schreibt Lewin anschaulich, »machte die Schlagzeilen: ›Ziele zur Klimarettung vereinbart‹. Und es blieb dabei. In der anschließenden Diskussion über eine Politik zur Emissionsbeschränkung blieb dieses ›Toronto-Ziel‹ der Maßstab. Für viele Jahre – letztlich bis zum Kyoto-Protokoll 1997 – wurde es ein zentrales Ziel des frischgekürten neuen Leitthemas der Nachhaltigkeitsbewegung.«

Die Druckertinte der Erklärung von Toronto war kaum getrocknet, als im Nachbarland USA die Demokratische Partei daraus einen umfassenden und einschneidenden Gesetzesentwurf zum »Klimaschutz« bastelte und unter Leitung ihres Senators Tim Wirth im Juni 1988 eine Kongreßanhörung zu diesem Gesetzentwurf als Medienspektakel veranstaltete. Vorher riefen seine Assistenten beim Nationalen Wetterdienst an und erkundigten sich nach dem historischen Wetteraufzeichnungen zufolge voraussichtlich heißesten Tag dieses Sommers in Washington. An diesem Tag, der tatsächlich einen Hitzerekord brachte, fand die Anhörung in einem Sitzungssaal statt, dessen Fenster man die ganze Nacht hindurch offengelassen hatte, damit die Klimaanlage nicht gegen die Sommerhitze ankam; die Wärmeentwicklung der Fernseh-Scheinwerfer während der Anhörung tat ihr übriges. In dem vollgepackten Saal, in dem auf der Stirn vieler Zuhörer die Schweißperlen im grellen Kameralicht glitzerten, erklärte der amerikanische Atmosphärenwissenschaftler James »Jim« Hansen, die Erde sei im Jahr 1988 wärmer als zu jedem Zeitpunkt in der Geschichte instrumenteller Messungen, und es bestehe »nur eine 1 %-Chance einer zufälligen Erwärmung dieser Größenordnung«. Das bedeute, daß »der Treibhauseffekt entdeckt worden ist, und er verändert unser Klima jetzt«. Diese »Entdeckung« Hansens wurde von allen großen US-Fernsehsendern verbreitet und kam als Schlagzeile auf der Titelseite der »New York Times«: »Experte vor dem Senat: Erderwärmung hat begonnen«. Damit war die Angst vor CO_2-bedingter Klimaerwärmung auch in den USA ausgesät, Bush machte sie seinerseits zum Wahlkampfthema und versprach, den »Treibhauseffekt« mit dem »*White house effect*« zu bekämpfen – es waren keine leeren Worte.

Im Jahr 1989 folgte eine hochrangige Konferenz zur »Bekämpfung des Treibhauseffekts« nach der anderen: So im Februar 1989 eine Konferenz in Delhi, veranstaltet vom *Tata Energy Research Institute* und dem US-amerikanischen *Woods Hole Research Center*, auf der man einforderte, was von Anfang an auch zu dem neuen Mem gehört und es den »vierhundert Familien« der USA als Ausplünderung Europas zusätzlich sympathisch gemacht hatte: wenn CO_2-Emissionen »Klimaschäden« verursachten, seien daran die Industriestaaten der Nordhemisphäre schuld und hätten dafür Entschädigung an die Entwicklungsländer der Südhemisphäre zu zahlen. Im März 1989 folgte eine Ministerkonferenz in Den Haag, eröffnet von vier europäischen Regierungschefs – Kohl, Mitterand, Brundlandt und González –, in deren abschließender »Haager Erklärung« behauptet wurde, »nach jetzigem wissenschaftlichen Kenntnisstand« könnten die Folgen eines Klimawandels »die vitalsten Interessen der Menschheit schädigen«, wobei »industrialisierte Nationen besondere Pflichten zur Unterstützung von Entwicklungsländern« hätten, die für den Klimawandel kaum verantwortlich seien; gefordert wurden verbindliche Verpflichtungen der Staaten aufgrund von Entscheidungen einer neuen UN-Behörde, die zwangsweise vollziehbar sein sollten. Die USA bevorzugten es, an dieser Konferenz nicht teilzunehmen, denn sie fanden, daß Zahlungen und Zwang eher etwas für ihre Vasallenstaaten als für sie selbst seien. An dem nächsten Konferenzspektakel schon ein halbes Jahr später, szenisch passend in das kleine niederländische Städtchen Noordwijk hinter den Dünen der davor anbrandenden (und demnächst wohl CO_2-bedingt ansteigenden) Nordsee einberufen, nahmen die USA zwar teil und stimmten auch für das Statement, wonach »die Stabilisierung des atmosphärischen Gehalts von Treibhausgasen ein zwingendes Ziel« sei, aber blockierten jede Initiative zur Festlegung von Emissionsbeschränkungen. Sich solchen und Zahlungspflichten zu unterwerfen, überließen sie einstweilen lieber den sich dienstfertig überschlagenden Europäern.

1990 wurde somit zu dem Jahr, in dem, soweit nicht schon längst geschehen, alle politischen Würfel fielen: Im Februar wurde die inzwischen dritte Arbeitssitzung des IPCC in Washington von niemandem anderen eröffnet als von US-Präsident Bush persönlich. Die internen Warnungen seiner Berater, er solle sich mit Zusagen von (natürlich wirtschaftsschädlichen) Emissionsbeschränkungen zurückhalten,

taten seinem vorgeblichen Enthusiasmus für den neuen »Klimaschutz« keinen Abbruch: Er versprach, die Aushandlung der abzuschließenden UN-
Klimakonvention auf amerikanischem Boden auszurichten. Ebensowenig beküm-
merte ihn, daß nach wie vor keine anerkannte wissenschaftliche Grundlage für
diese Konvention, d.h. ein Nachweis des CO_2-Klimaeinflusses, gefunden worden
war, sondern er versprach einfach, statt wie schon seit 1978 mit dem *DoE Carbon
Dioxide Program* Millionen, künftig Milliarden für »Klimaforschung«, also dafür
auszugeben, die Gewinnung dieser Grundlage *nachzuholen*: »Wo Politik und öffentliche Meinung«, so seine vielsagenden Worte, »die Wissenschaft überholt
haben, beschleunigen wir unsere Unterstützung, um diese Lücke zu überbrük-
ken« – eine logisch sehr interessante Aussage (in ähnlicher Weise hatte einmal vor
etwa hundert Jahren ein amerikanischer Millionär, der von der Idee besessen war,
Shakespeare sei nicht der Verfasser seiner Werke, sondern ein gewisser englischer
Hochadliger, ein gewisses Team von Philologen dafür angeheuert, den »Beweis«
für diese vorgelegte These nachzuliefern – und natürlich »fanden« sie nach mancherlei Anstrengung dies und das zu deren »Beweis«, der selbstverständlich nicht
besser als jeder Gottesbeweis ausfallen konnte, jedoch ihre Existenz sicherte).
Für November des Jahres war die zweite Weltklimakonferenz anberaumt, für die
das IPCC seinen ersten wissenschaftlichen Bericht vorlegen und die sodann die
Ausarbeitung der UN-Klimakonvention bis zu ihrer geplanten Unterzeichnung
auf dem »Erdgipfel« in Rio 1992 bestätigen sollte.

So geschah es auch. Der Bericht wurde vorgelegt, aber er enthielt nichts Neues
gegenüber SCOPE 29: Im Kapitel »Beobachtete Klimaschwankungen und -ände-
rungen« hieß es, daß ein Teil des Datenmaterials über historische Klimatrends
der Hypothese widerspreche, der zufolge CO_2 eine signifikante Rolle für Klimaänderungen spiele, und wurde sogar die Vermutung ausgesprochen, daß die im
20. Jahrhundert beobachtete Erwärmung um einen halben Grad Celsius ein natürlicher Gegentrend nach der kleinen Eiszeit sein könne. Im folgenden Kapitel
über die Entdeckung eines CO_2-Klimaeinflusses wurde ausgeführt, daß infolge
des Problems der natürlichen Klimaschwankungen (also ihrer Unterscheidung
von anthropogenen Klimaänderungen) eine solche Entdeckung erst mit einer
Wiederholung der im 20. Jahrhundert beobachteten Halbgraderwärmung ermöglicht werden würde, die schon Anfang des 21. Jahrhunderts, aber auch erst 2050
eintreten könne. In anderen Worten, die wissenschaftliche Bestätigung, daß CO_2
das Klima erwärmt, könne noch Jahrzehnte auf sich warten lassen, ähnlich wie
diejenige der Autorschaft eines gewissen Lords für Shakespeares Werke…

Auf der zweiten Weltklimakonferenz interessierte das nicht: »Wir sollten keine
Zeit und Energie damit verlieren, über den Bericht des IPCC zu streiten«, erklärte
Frau Thatcher der Konferenz theatralisch, sondern man solle statt dessen »un-
ser Ziel« ansteuern: ein weltweites Abkommen. Und so wurde es beschlossen,

binnen zwei Jahren sollte das Abkommen für Rio unterschriftsreif sein. Ende 1990, kurz nach der Weltklimakonferenz, nahm die UN-Generalversammlung allerdings UNEP und WMO, sozusagen den Eltern des IPCC, auf Druck der Entwicklungsländer, vor allem Brasiliens, die Ausarbeitung des Abkommens einfach aus der Hand und übertrug sie einem neu gegründeten Verhandlungskomitee nur aus Berufsdiplomaten, dem sog. INC (*Intergovernmental Negotiating Committee for the UN Framework Convention on Climate Change*), womit sich auch das IPCC zu seiner Verblüffung plötzlich selbst aus dem Zentrum der Vertragsvorbereitung herauskatapultiert und in die Rolle eines bloßen wissenschaftlichen Beratungsgremiums für das neue INC zurückgestuft sah, was es ja auch »eigentlich« hätte sein sollen. Beim ersten INC-Treffen im Februar 1991 in Washington (Bush hatte ja eingeladen) beobachtete der (neben Tolba) vormalige Initiator der Villach-II-Konferenz und inzwischen erste IPCC-Vorsitzende Bert Bolin, wie er später in seinen Memoiren schrieb, entgeistert, »wie sich mehr als 100 Leute von der UNO in New York mit der Umformung der Klimawandel-Frage zu einem zentralen UN-Anliegen beschäftigten«, und war »wirklich am Rätseln, was sie da eigentlich machten, denn ihre Beteiligung an der Arbeit war bis dahin minimal gewesen«. Die Geister, die Tolba und Bolin gerufen hatten, hatten sich als stärker erwiesen als sie selbst.

Halten wir an dieser Stelle inne, um einen Moment die damit Ende 1990 herbeigeführte Situation zu betrachten: Unter dem Patronat der USA, die in jenem Jahr zur einzigen global handlungsfähigen Macht der Welt emporgestiegen waren, war die Ausarbeitung eines weltweit gültigen Abkommens, das den Staaten eine Reduzierung ihrer CO_2-Emissionen und damit eine drastische Einschränkung ihrer Souveränität auf dem vitalen Gebiet Wirtschaft und Energie auferlegen sollte, beschlossen und eingeleitet worden; sogar das Datum für seine Unterzeichnung stand schon fest. Dieses Abkommen würde die Grundverpflichtung von Staaten hierzu statuieren, aber noch keine verbindlichen Emissionsgrenzen vorschreiben; das sollte Zusatzabkommen vorbehalten bleiben, wie sie dann später in Kyoto (1997) und Paris (2015) auch abgeschlossen wurden. Alles dies hatte sich auf höchster politischer Ebene mit einem ungeheuren Medienrummel abgespielt. Das IPCC war dadurch zu einer weltberühmten »wissenschaftlichen Autorität« aufgestiegen, dessen Votum über Lebensfragen der Nationen entschied, auch wenn es von der eigentlichen Vertragsausarbeitung ausgeschlossen und an *dieser* Stelle in eine bloße Beraterrolle zurückgewiesen worden war. Aber wie stand es eigentlich um die wissenschaftliche Grundlage für diese gigantische neue Klimadiplomatie? Seit fünf Jahren bereits bestand sie ausschließlich aus den kargen Worten des *Villach consensus statement* nebst dem dazugehörigen Konferenzbericht, der diesem angeblichen »Konsens« seine ohnehin spärliche Aussagekraft wieder nahm. Soeben war zwar der erste IPCC-Bericht hinzugekommen, aber er hatte wiederum die Frage eines CO_2-Klimaeinflusses offengelassen, ja sich nicht einmal auf ein Datum festlegen wollen, wann dieser Einfluß »endlich« nachweisbar werden würde. Kurzum, die Aushandlung der Klimakonvention war schlicht und ergreifend *ohne* wissenschaftliche Grundlage eingeleitet worden.

Und hinter ihr stand nicht nur kein Konsens der Wissenschaft, sondern die Behauptung einer nachweislich CO_2-bedingten Klimaänderung hatte die Wissenschaft sichtlich *gegen* sich: Nicht einmal das IPCC, dafür mit Medienruhm und Fördergeldern überhäuft, hatte sich in seinem ersten Bericht zu ihr durchringen können. Jim Hansen, der bei seiner Kongreßanhörung im Juni 1988 das Gegenteil über alle großen Fernsehkanäle und Zeitungen der USA hatte verbreiten dürfen, hatte dafür unter seinen Fachkollegen eine heftige Welle der Empörung geerntet; bei einem kurz darauf abgehaltenen fünftägigen Workshop in Washington zum Treibhauseffekt teilte nicht nur keiner der anwesenden Wissenschaftler seine Äußerungen, sondern es entwickelte sich eine regelrechte »Jagt Jim Hansen!«-Stimmung. Der Klimamodell-Spezialist Michael Schlesinger von der Oregon State University etwa erklärte: »Insgesamt haben seine Äußerungen bei den Leuten das Gefühl hervorgerufen, der Treibhauseffekt sei mit Gewißheit entdeckt worden. Unser jetziger Kenntnisstand stützt das nicht. Das Vertrauen in eine solche Entdeckung ist inzwischen fast bei null«, während Tim Barnett von der *Scripps Institution of Oceanography*, der kurz später das entscheidende Kapitel (über die Entdeckung eines CO_2-Einflusses) im ersten IPCC-Bericht mitverfassen sollte, kommentierte: »Die Schwankungen des Klimas von Jahrzehnt zu Jahrzehnt sind ungeheuerlich (…). Zu sagen, daß wir das Treibhaus-Signal gesehen haben, ist lächerlich. Das wird ein schwieriges Problem.«

Der Leiter des australischen Wetterdienstes John Zillman, als erster stellvertretender WMO-Vizepräsident ein absoluter Insider der ganzen Klimakonventions-Vorbereitung, faßte diese unter Fachleuten damals weitverbreitete Konsterniertheit auf einem im August 1991 in Australien abgehaltenen Seminar in die Worte, die Villach-II-Erklärung liege in Wirklichkeit »sehr niedrig auf der Konsensskala«, und viele Klimawissenschaftler betrachteten sie »ziemlich buchstäblich als ›kaum mehr als viel heiße Luft‹«. Unter Klimawissenschaftlern bestehe der Eindruck, daß mit der Arbeitsweise des neuen INC »die Treibhaus-Debatte nun von den wissenschaftlichen Überlegungen, die sie ausgelöst hatten, abgekoppelt worden ist; daß es zwar viele Tagesordnungen gibt, aber es zu diesen, außer am Rande, nicht gehört, herauszufinden, ob und wie sich das Klima als Ergebnis erhöhten Treibhausdrucks ändern könnte und ob solche Änderungen gut oder schlecht für die Welt sein würden«. Zillman verwies als Beispiel für die sich unter Wissenschaftlern ausbreitende Resignation auf den Pariser Physiker Pierre Morel, der das oben kurz erwähnte, schon 1979 beschlossene Weltklima-Forschungsprogramm der UNO (*World Climate Research Programme*, WCRP) leitete und wenige Monate vorher

seinem UN-Forscherstab erklärt hatte: »Die Behandlung von Klimawandel hat
jetzt einen Punkt erreicht, wo sie zur Sache außenpolitischer Verhandlungsprofis
geworden ist und damit die Grenzen des wissenschaftlichen Kenntnisstands (und
Ungewißheit) hinter sich gelassen hat.« Morel hatte seinem Arbeitsstab vorgeschlagen, »die weitere Beteiligung (…) an der Ausarbeitung von Erklärungen zu-
rückzunehmen, die aus wissenschaftlicher Sicht nur als surrealistisch betrachtet
werden können. Bei Zustimmung [von Morels Mitforschern] wird vorgeschlagen,
sich weiterer Beteiligung an solchen Unternehmen wie [dem Rio-Erdgipfel] 1992
zu enthalten.« Übrigens wurde diesem Vorschlag *nicht* zugestimmt, denn die
entstandene Situation erzeugte in der Klimawissenschaft nicht nur Frustration,
sondern natürlich auch eine Versuchung, die Lewin plastisch benennt: »Der generelle Eindruck in der Wissenschaftsgemeinschaft, daß der politische Prozeß der
Wissenschaft vorausgeeilt war, hatte auf die mit der Erderwärmungs-Frage be-
faßten Wissenschaftler infolge der gestiegenen Fördergelder oft auch eine andere
Wirkung. Für sie stellte sich die Situation eher so dar, wie es Präsident Bush bei
seinem Versprechen vermehrter Fördergelder angedeutet hatte: daß ›Politik und
öffentliche Meinung die Wissenschaft überholt‹« hatten, übte auf Wissenschaftler
Druck aus, ›die Lücke zu überbrücken‹. In jener Zeit blieb das Bestehen dieser
Lücke weitgehend unausgesprochen, bis schließlich ihre Überbrückung gefeiert
werden konnte.« Am Golde hängt, zum Golde drängt doch alles…

Genau diese »Überbrückung« wurde in den nächsten fünf Jahren (1991-95)
zum ständigen Streitpunkt zwischen den Berufsdiplomaten des INC und den
Wissenschaftlern des IPCC, die – wie wir gesehen haben – mit ihrem ersten
Bericht Ende 1990 nicht im Sinne ersterer »geliefert« hatten. Auf Nachfrage des
INC verfaßte das IPCC für den Rio-Gipfel zwar noch einen Nachtrag zu seinem
ersten Bericht, das sog. *Rio Supplement*. Aber auch darin wurde »Fortschritt als
schwierig« bezeichnet, und zwar zum einen wegen der ungelösten Probleme mit
Computermodellen und zum anderen wegen des Problems der Unterscheidung
zwischen den verschiedenen Antriebskräften (*forcings*) für Klimaänderungen. Der
Nachtrag beließ es bei den vorsichtigen Worten: Das »Klimasystem kann auf viele
Antriebskräfte reagieren, und es bleibt zu beweisen, daß das Treibhaus-Signal
von anderen Signalen, die entdeckt werden können, hinreichend unterscheid-
bar ist, außer als ein Gesamtanstieg der Temperatur in der Troposphäre, der so
hoch ist, daß andere Erklärungen unwahrscheinlich sind.« Treffend übersetzt
Lewin diese Aussage wie folgt: »In anderen Worten, wir wissen nicht, wie wir
Treibhaus-Erwärmung von anderen Erwärmungsursachen unterscheiden können, es sei denn, die Erwärmungsrate erreicht ein unnatürliches Extrem: es gibt
keine empirische Bestätigung, und sie liegt offenbar auch noch in der Ferne.«

Dem Spektakel des Rio-Gipfels tat dies sowenig Abbruch wie es der erste IPCC-
Bericht der zweiten Weltklimakonferenz getan hatte: Es zählte 40 000 Teilnehmer

aus der ganzen Welt, und der »Erdgipfel«-Vorsitzende Maurice Strong erklärte
in seiner Eröffnungsrede unverfroren: »Das IPCC hat gewarnt, daß es, wenn die
CO_2-Emissionen nicht unverzüglich um 60 % reduziert werden, in den nächsten
60 Jahren so rasche Änderungen geben könnte, daß sich die Natur dem nicht
mehr anpassen kann und der Mensch unfähig sein wird, sie zu kontrollieren.«
Die fertige Klimarahmenkonvention wurde von 154 Delegationen unterzeichnet,
die USA ratifizierten sie als einer der ersten Staaten (sie brachte ja auch noch keine
verbindlichen Emissionsbeschränkungen), und schneller als erwartet trat sie am
21. März 1994 in Kraft.

Derweil wandelte sich die Ungeduld des INC mit dem IPCC zu offenem
Ärger. Im Frühjahr 1994 erklärte der neue INC-Vorsitzende, der argentini-
sche Berufsdiplomat Raúl Estrada-Oyuela, in einer Rede vor der britischen
Royal Geographical Society: Der ganze Vertragsprozeß warte »auf den [wissen-
schaftlichen] Input des IPCC, aber ich frage mich, ob er zur rechten Zeit kommen wird. Vor ungefähr einem Jahr, als ich dem IPCC-Büro die Erfordernisse
der Konvention erklärte, hatte ich das Gefühl, daß das IPCC an einer Art von
›Dr.-Frankenstein-Syndrom‹ leidet. Schließlich ist die Idee einer Konvention vom
IPCC selbst genährt worden, aber jetzt, wo die Konvention zu laufen beginnt und
nach zusätzlicher Nahrung verlangt, lautet die Antwort des IPCC, daß es sein eigenes Arbeitsprogramm habe und nicht Produkte auf Bestellung von Kunden liefern könne.« Das waren deutliche Worte. Unter diesem Druck arbeitete das IPCC
derweil an seinem zweiten Bericht, der Ende 1995 vorgelegt werden sollte (und
auch wurde). Und es stand unter einem noch schärferen Druck: Das INC schuf
sich, wie es dies selbst in der Konvention verankert hatte, nach deren Inkrafttreten
bereits einen neuen und eigenen wissenschaftlichen Hilfsstab (den sog. SBSTA:
Subsidiary Body for Scientific and Technological Advice) und duldete die Fortexistenz
des IPCC nur als *ein* Beratungsgremium für den SBSTA unter anderen, und auch
das nur vorläufig bis zur Abgabe des zweiten IPCC-Berichts. Im Klartext: das INC
behielt sich vor, das IPCC einfach aufzulösen und vollständig durch den SBSTA
zu ersetzen. Der zweite IPCC-Bericht würde noch abgewartet werden, dann würde man sehen… Unter Stalin gab es in der Sowjetunion restlos analoge bürokra-
tische Prozesse, aber über den rümpft man ja auch die Nase… – doch der eigene
Furz scheint nicht zu stinken.

Alle Augen der Insider blickten nun auf die Entstehung des entscheidenden Kapitels 8 in diesem zweiten IPCC-Bericht, das wiederum die leidige Frage
der Entdeckung eines CO_2-Klimaeinflusses behandeln sollte. Eines der vorbe-
reitenden Papiere für dieses Kapitel wurde wieder von dem amerikanischen
Wissenschaftler Tim Barnett mitverfaßt (der einige Jahre vorher, wie erwähnt,
Hansens Behauptung dieser Entdeckung vor dem US-Kongreß als »lächerlich«
bezeichnet hatte), aber die Koordinierung und damit Endredaktion des Kapitels

hatte der Leiter der IPCC-Arbeitsgruppe 1 (Kenntnisstand über Klimaerwärmung), der vormalige Direktor des britischen Wetterdienstes John Houghton, nach diversen Absagen für diese heikle Rolle nun einem eifrigen jungen Computermodell-Spezialisten vom amerikanischen *Lawrence Livermore Laboratory*, Ben Santer, anvertraut. Das Barnett-Papier fiel noch skeptischer aus als der erste IPCC-Bericht und zog als Fazit: »Unsere Ergebnisse sollten denjenigen eine Warnung sein, die unbeirrt die Entdeckung anthropogener Auswirkungen in beobachteten Klimadaten fortzuführen gedenken«; angesichts der ungeklärten Frage der natürlichen Klimaschwankungen sei es schlichtweg »schwierig, mit Überzeugung zu behaupten, daß ein anthropogenes Klimasignal entdeckt oder nicht entdeckt worden ist«. Santer übernahm diesen Tenor zunächst in die Endredaktion seines Kapitel-Entwurfs (den natürlich noch die ganze Arbeitsgruppe billigen mußte), so u.a. mit der Aussage, daß »bisher keine Studie sowohl eine signifikante Klimaänderung entdeckt als auch diese ganz oder teilweise anthropogenen Ursachen zugeschrieben« habe. Im gleichen Sinne betonte Santer im Resümee des von ihm entworfenen Kapitels 8 die unzureichenden Kenntnisse über natürliche Klimaschwankungen als freilich unverzichtbarer Maßstab für die zweifelsfreie Identifizierung einer anthropogenen Klimaänderung und schrieb zur Frage, wann diese Entdeckung stattfinden könne, die lakonischen Worte: »Im Licht der in diesem Kapitel erörterten sehr großen Ungewißheiten in puncto Signal und Hintergrundrauschen überrascht es nicht, daß die beste Antwort auf diese Frage lautet ›Wir wissen es nicht‹.«

Aber als im Juli 1995 in Asheville (North Carolina, USA) die rund 70 Autoren der Arbeitsgruppe 1 für den Entwurf des zweiten IPCC-Berichts zusammentrafen, um die einzelnen Kapitel abschließend zu billigen, hatte Santer plötzlich und zur allgemeinen Verblüffung vom dunkelsten Moll auf strahlendes Dur umgeschaltet: Am Anfang des Kapitels 8 hatte er nun auf einmal im Widerspruch zum skeptischen Grundtenor des ganzen bisherigen Kapiteltextes und vor allem des Kapitel-Resümees den Satz eingefügt, »das beste bisherige Belegmaterial« weise darauf hin, daß »in den aufgezeichneten Klimabeobachtungen das Muster einer Reaktion des Klimas auf menschliche Aktivitäten erkennbar« sei, und diesen neuen Ton hatte Arbeitsgruppen-Leiter Houghton ebenso überraschend sogar in die entscheidende »Zusammenfassung für Politiker« des Berichtsentwurfs aufgenommen. Die Grundlage hierfür war laut Santer, daß niemand anderes als er selbst mittels seiner eigenen »Fingerabdruck«-Klimaforschung (*fingerprinting investigations*) soeben einen Durchbruch erzielt habe. Diese Forschungsergebnisse waren so neu, daß sie weder veröffentlicht noch sonst verfügbar waren, und trotzdem erlaubte Houghton seinem neuen Nachwuchsredakteur, sie in Asheville – wo es nur noch darum gehen sollte, dem seit Jahren ausgearbeiteten Kapiteltext anhand der letzten Kommentare der Länderdelegationen, die spätestens drei

Wochen *vor* dem Asheville-Treffen einzureichen gewesen waren, seinen allerletzten Feinschliff zu geben – erstmals überhaupt der erstaunten Fachwelt
vorzustellen. Santers eindrucksvollstes Schaubild zeigte einen Aufriß der Troposphäre mit Luftdruck-, d.h. Höhenangabe in der Ordinate und geographischer
Breitengradangabe in der Abszisse (mit dem Äquator in deren Mittelpunkt,
links und rechts davon die steigenden nördlichen und südlichen Breitengrade),
in dem die Temperaturänderungen zwischen 1963 und 1987 durch verschiedene
Farbflächen von rot (größte Erwärmung mit +1,2 °C) über hellrot, orange, gelb,
hellblau und mittelblau bis dunkelblau (größte Abkühlung mit -1,8 °C) angegeben
waren. Dieses Schaubild zeigte eine einzige rote Fläche, deren Umriß grob einem
menschlichen Fingerabdruck entsprach und die sich über der *südlichen* Erdhälfte
befand. Und genau in Gestalt dieses roten Flecks wollte Santer im allerletzten
Moment vor Redaktionsschluß den seit Jahrzehnten von ganzen Wissenschaftler-
Kohorten vergeblich gesuchten Nachweis für eine anthropogene Klimaerwärmung
doch noch entdeckt haben, sozusagen einen »menschlichen Fingerabdruck« im
Weltklima. Denn – so lautete seine Begründung – die Lokalisierung dieser einzigen
roten Fläche (also größten Temperaturerhöhung) über der Südhälfte im Schaubild
entsprach den Erwartungen der neuesten Computermodelle, die im Gegensatz
zu ihren Vorgängern erstmals auch einen angenommenen Kühleffekt der bei
Verbrennungsprozessen freigesetzten Schwefelverbindungen (Sulfataerosole)
einbezogen hatten, welcher sich gegenläufig zum gleichwohl für größer erach-
teten Treibhauseffekt verhalten sollte: Da die vom Menschen in Gang gesetzten
Verbrennungsprozesse naturgemäß in den Industriestaaten der Nordhemisphäre
viel umfangreicher waren als in den Entwicklungsländern der Südhemisphäre,
mußte sich nach diesen neuen Modellen die Zone der größten Erwärmung im
Süden der Erde befinden. Ausgerechnet jener junge Wissenschaftler also, der mit
der Endredaktion des entscheidenden Kapitels 8 beauftragt war, hatte also angeblich selbst in letzter Sekunde jene anthropogene Klimaerwärmung nachge-
wiesen, nach der die IPCC-Spitze inzwischen geradezu verzweifelt suchte – ein
Wunder, das den Vergleich mit den besten der katholischen Kirchengeschichte
nicht zu scheuen brauchte. Natürlich erntete Santer damit in Asheville heftigen
Widerspruch seitens verschiedener anwesender Experten; diese Kontroverse be-
herrschte schnell das ganze Treffen und wurde noch über die Sitzungen hinaus
bis tief in den Abend erregt fortgeführt. Eine Einigung wurde natürlich nicht
erzielt, und dies spiegelte sich auch in der »endgültigen« Entwurfsfassung, die
Endredakteur Santer dem Kapitel nach dem Treffen in Asheville gab: Er präsentierte seine neue Entdeckung am Kapitelanfang trotz aller heftigen Einwände
auf dem Treffen frech als Fazit des vorhandenen Datenmaterials »in seiner
Gesamtheit«, ohne allerdings den Widerspruch zum übrigen Text des Kapitels
und insbesondere dessen Resümee auflösen zu können. Vor allem aber hatte

Houghton diese neue »Entdeckung« auch als Fazit in der »Zusammenfassung für Politiker« des Gesamtberichts stehengelassen, während er darin alle skeptischen Aussagen zu bloß zarten Hinweisen auf gewisse verbleibende Unsicherheiten abgeschwächt hatte, die aber nichts daran änderten, daß es sich um die positive Entdeckung eines menschlichen Klimaeinflusses handele. Zwei Monate später, im September, wurde diese Zusammenfassung des Gesamtberichts auf der Titelseite der »New York Times« »geleakt«, um in der Öffentlichkeit bereits die Erwartung eines »Durchbruchs« zu schüren.

Über diese Endfassung dieses Kapitels 8 und der diesbezüglichen Passagen der »Zusammenfassung für Politiker«, die natürlich den entscheidenden Teil des ganzen Berichts bildeten, wurde auf einem Treffen der gesamten Arbeitsgruppe 1 zwei weitere Monate später, im November 1995, in Madrid entschieden. Nachdem Santer hier seine jüngsten Forschungsergebnisse erneut hatte präsentieren dürfen, entspann sich eine erbitterte Debatte über die von ihm nach Asheville vorgenommene Änderung des Kapitels 8 und vor allem der ihr sinngemäß entsprechenden neuen Passagen in der »Zusammenfassung für Politiker«. Namentlich die anwesenden Höflinge des saudischen Königs und des (gerade von Bush durch Millionenmorde wieder auf sein Thrönchen gepflanzten) Emirs von Kuwait verlangten aus naheliegenden Gründen, in der Sache allerdings zu Recht, daß es in diesem späten Stadium bei der *vor* Santers Last-Minute-Änderungen erstellten Fassung des Kapitels 8 bleiben müsse, und daß vor allem die »Zusammenfassung für Politiker« in vollständigem Einklang mit dem (skeptischen) Grundtenor und Resümee des Kapitels stehen müsse. Nach Stunden über Stunden dauernder Debatte einigte man sich schließlich abends um halb elf, als das vorgesehene Sitzungsende lange verstrichen war und viele Delegierte bereits abgereist waren, auf die Endfassung mit einer zwar schwachen, aber dennoch positiven Behauptung der Neuentdeckung einer anthropogenen Klimaänderung: »Die Abwägung des Belegmaterials weist auf einen erkennbaren menschlichen Einfluß auf das Weltklima hin« (»*The balance of evidence suggests a discernible human influence on global climate*«). Nachdem er dies durchgeboxt hatte, gelang es Houghton, das Madrider Treffen kurz nach Mitternacht des letzten Sitzungstages zu schließen.

Der zweite Bericht mußte zwar vor seiner Veröffentlichung noch vom gesamten IPCC auf einer für Dezember in Rom geplanten Sitzung angenommen werden, aber Journalisten, die in dieser letzten Nacht des Madrider Treffens im Sitzungsgebäude herumgeschnüffelt hatten, brachten erwartungsgemäß für alle, die deren Funktion kennen, die Meldung vom »Durchbruch« schon am nächsten Morgen als Schlagzeile, und so begann, wie Lewin treffend schreibt, »die verhängnisvolle Reise dieses wichtigsten Satzes in sämtlichen IPCC-Berichten«. Die Weltpresse und -glotze posaunte ihn am nächsten Tag überall aus, und bei allen weiteren Konferenzen zum Thema sollte er Wort für Wort *ad nauseum*

von Staatsoberhäuptern und UN-Spitzenfunktionären wiedergekäut werden.
Schon bei der offiziellen Billigung des zweiten Berichts durch das gesamte IPCC
in Rom im Dezember erklärte der neue WMO-Generalsekretär Obasi in seiner
Eröffnungsrede den neuentdeckten »menschlichen Einfluß« zum wichtigsten
Ergebnis des Berichts, und die neue UNEP-Leiterin Dowdeswell als nächste
Rednerin griff dies triumphierend auf: »Anders gesagt, Sie [das IPCC] haben der
Welt die Augen geöffnet. Sie haben uns gekniffen, und wir haben begriffen, daß
wir nicht geträumt haben. Der Klimawandel ist bei uns angelangt. Die Frage ist
nun, was werden wir mit dieser Erkenntnis tun.« Und so weiter und so fort... – es
war wie bei neuen Dogmen herrschender Kirchen.

Im nächsten Jahr, auf der zweiten Konferenz der der Klimakonvention bei-
getretenen Staaten (*Conference of Parties*, CoP) in Genf, durfte US-Senator Tim
Wirth – eben jener, der acht Jahre vorher Hansens Schmierenkomödie auf dem
Capitol Hill inszeniert hatte – als Clintons Chefdelegierter den weltweit alles entscheidenden Kurswechsel der USA hin zur Akzeptierung verbindlicher
Emissionsbeschränkungen verkünden. Erst verwahrte er sich scharf gegen alle
inzwischen, vor allem in der Wissenschaftswelt, laut gewordenen Stimmen,
die die Integrität der neuen IPCC-Feststellungen in Zweifel zogen. Dann stellte er sich im Namen der USA vorbehaltlos hinter das IPCC und seinen neuen
Bericht, kündigte eine Milliarde Dollar jährliches Förderbudget fortan für weitere
Klima»forschung« an, käute obligatorisch den fatalen Satz der letzten Madrider
Sitzungsnacht wieder und proklamierte herrisch: »Menschen verändern das natürliche Klima der Erde. (...) In unseren Augen hat das IPCC klar aufgezeigt, daß
gehandelt werden muß, um dieser Herausforderung zu begegnen.« Damit war
das Dogma der anthropogenen Klimaerwärmung sozusagen *ex cathedra* bestätigt
und besiegelt, und es ist ja auch bis heute nie wieder weggegangen.

In der Wissenschaftswelt wurde der ganze Vorgang freilich etwas anders aufgenommen. Wenige Wochen vor Wirths allen Kritikern unverhohlen drohender
Grundsatzrede, am 12. Juni 1996, war im »Wall Street Journal« ein Leitartikel mit
dem Titel »Eine schwerwiegende Täuschung in Sachen ›Erderwärmung‹« erschienen. Darin schrieb der Verfasser Frederick Seitz (ihm galten wegen seiner
Vorbildfunktion Wirths Drohungen auch in erster Linie), dem man als einem der
renommiertesten Physiker der USA diese prominente Äußerungsmöglichkeit nicht
hatte abschlagen können, über den zweiten IPCC-Bericht: »Dieser IPCC-Bericht
steht, wie alle anderen, vor allem deshalb in so hohem Ansehen, weil er die *peer
review* durchlaufen hat. Das heißt, er wurde von einem internationalen Gremium
von Experten gelesen, geändert und gebilligt. Diese Wissenschaftler haben ihre
Reputation in die Waagschale geworfen. Aber dieser Bericht ist nicht das, als was
er erscheint – es ist nicht die Fassung, die von den beteiligten Wissenschaftlern,
welche auf der Titelseite aufgeführt sind, gebilligt worden ist. In meinen über

60 Jahren als Mitglied der amerikanischen Wissenschaftsgemeinschaft einschließlich meiner Amtszeit als Präsident sowohl der Nationalen Wissenschaftsakademie
als auch der Amerikanischen Physikalischen Gesellschaft habe ich niemals eine
verstörendere Manipulation des *Peer-Review*-Verfahrens erlebt als die Vorgänge,
die zu diesem IPCC-Bericht geführt haben.« Natürlich meinte Seitz damit
Kapitel 8: Beim Vergleich der soeben veröffentlichten Fassung dieses Kapitels mit
dessen endgültiger, in Madrid gebilligter Fassung hatte er festgestellt, daß etliche
zentrale Aussagen in letzterer, die die Behauptung menschlichen Klimaeinflusses
skeptisch beurteilt hatten, aus der veröffentlichten Fassung einfach verschwunden waren, und er gab dafür im »Wall Street Journal« auch verschiedene
Beispiele, darunter folgende verschwundene Passagen: Der Satz »Keine der
vorgenannten Studien hat einen klaren Beweis dafür erbracht, daß wir die beobachteten [Klima-] Änderungen der spezifischen Ursache eines Anstiegs von
Treibhausgasen zuschreiben können« fehlte genauso wie etwa der Satz »Keine
Studie hat bisher [die bislang beobachteten Klimaänderungen] ganz oder teilweise in positiver Weise anthropogenen Ursachen zuordnen können«, oder der Satz:
»Alle Behauptungen der positiven Entdeckung eines signifikanten Klimawandels
werden wahrscheinlich umstritten bleiben, bis die Ungewißheiten über die natürlichen Gesamtschwankungen des Klimasystems reduziert werden.« In klaren Worten zog Seitz daraus in seinem Leitartikel den Schluß, daß mit diesen
Änderungen, was immer beabsichtigt, jedenfalls bewirkt wurde, »Politiker und
die Öffentlichkeit zu täuschen und glauben zu machen, aus dem wissenschaftlichen Belegmaterial ergebe sich, daß menschliche Aktivitäten eine Erderwärmung
verursachen«.

Tatsächlich stellte sich jetzt heraus, daß Santer und Houghton *nach* Madrid
zusammen das Kapitel 8 »gesäubert« hatten, und zwar von den allermeisten
Passagen, in denen die gegenwärtige Nachweisbarkeit des CO_2-Klimaeinflusses
verneint oder unzweideutig in Frage gestellt worden war; das skeptisch ge-
haltene Resümee am Ende des Kapitels beispielsweise strichen sie schlichtweg
vollständig. Obendrein kam jetzt heraus, daß Houghton hierzu direkt vom
US-Außenministerium angewiesen worden war, welches wünschte, daß das
Kapitel 8 in Einklang mit der »Zusammenfassung für Politiker« stehen solle, und
nicht etwa umgekehrt, wie das Wort »Zusammenfassung« verlangt. Diese ge-
säuberte Kapitelfassung hatten sie aber wohlweislich niemandem mehr im IPCC
vor der endgültigen Verabschiedung des Berichts im Dezember in Rom gezeigt,
denn verteilt worden war überall nur die alte Fassung, wie sie vor Madrid bestanden hatte. Diese Manipulation führte in der Wissenschaftswelt zur schärf-
sten Kontroverse, der das IPCC bis dahin ausgesetzt war, aber die allgemeine
Öffentlichkeit bekam natürlich davon wenig mit – Zwerge gegen Riesen. Denn
selbst die wissenschaftliche Fachpresse verteidigte gleichgeschaltet überwiegend

Santer als angebliches Opfer von Anwürfen durch Lobbyisten der Ölindustrie…
Und als Santers »*Fingerprint*«-Studie, nachdem längst alle Würfel gefallen waren,
1996 schließlich in einer Fachzeitschrift veröffentlicht wurde, wurde sie auch in
der Sache wissenschaftlich angegriffen. So erwies sich etwa, daß er veraltetes
Datenmaterial der Klimaaufzeichnungen nur bis zum Jahr 1987 verwendet hatte,
obwohl neueres, aber zur Behauptung nicht passendes längst verfügbar war. Legte
man dieses zugrunde, was natürlich auch er selbst hätte tun müssen, verschwand
der rote »Fingerabdruck«-Fleck einfach aus seinem die Menschheit anklagenden
Schaubild – und mit ihm die angebliche empirische Bestätigung der jüngsten
verbesserten, weil die angebliche Kühlwirkung von Sulfataerosolen einbeziehen-
den Computermodelle. Aber auch dies änderte nichts mehr. Die Behauptung eines menschengemachten Klimaeinflusses war in der Welt, das gewaltgestützte
Dogma siegte über die fakten- und logikgestützte Wissenschaft. Und das haben
wir alle auszubaden, wenn wir keine Multimilliardäre sind.

Max Roth

Schlußbemerkung aus dem »Corona-Arrest«

Die technische Fertigstellung und Drucklegung dieses Buches findet unter den erschwerten, uns aufgezwungenen Maßnahmen zur vorgeblichen Bekämpfung des Corona-Virus im von der Unisono-Presse buchstäblich und zynisch so genannten »Corona-Arrest« statt. Haben wir gerade noch die Klimahysterie als bisher letzten Schritt auf dem Weg in die weltweite Gefängniswirtschaft vorgeführt, in ein technisiertes Mittelalter, das wie sein namengebendes Vorbild durch leibeigenschaftsartigen Status heute allerdings wimmelnder Menschenmassen, deren Bindung an die Scholle und die Beseitigung aller persönlichen Freiheitsrechte gekennzeichnet sein wird, so wird mit dem Himmelsgeschenk des neuen Virus mit Riesenschritten der gruselige Probelauf für all dies durchgepeitscht: Ausgangssperren, Gaststättenschließungen, Totalüberwachung unterbinden die Kommunikation des Volkes, auch Reiseverbote, Rationierungen und Einschränkung des Bargeldverkehrs weisen den Weg in die anvisierte Zukunft, bereiten den Bankrott der letzten Reste des Mittelstandes vor, das Anziehen der Steuerschraube unter der Überschrift irgendwelcher »Corona-Rettungspakete«, massive Geldentwertung, kurz: den weiteren Raubzug am immer weiter verelendenden Volk, genau das also, was von der inszenierten Bewegung der vorgeblichen »Klimaretter« gefordert wurde. Nach diesem Kahlschlag werden die alten oder neue Hänsels und Gretas dann den derart bereiteten Boden weiter beackern, ihr blinder Fleck, die zentrale Frage der Überbevölkerung und der Geburtenkontrolle wird bleiben. Für alle Opfer dieses Programms aber gilt: Man kann seine persönliche Integrität unter Gewalt und Zwang nur wahren, wenn man seine geistigen Waffen schärft, wenn man die Abläufe versteht; genauso überlebte ein Bruno Bettelheim das KZ.

Das Greta Unser

CO_2 unser, das Du bist unter'm Himmel!
Du ernährst alle Vielzeller,
aber Dein Vater ist Satan.

Umwelt ade, Klima in unsere Köpfe!
Sein Wandel geschehe,
wie in der Presse, also auch im Gerede.

Unseren täglichen Schlag auf den Kopf gib uns heute,
und vergib uns unseren Stoffwechsel,
wie auch wir verhüten die Geburtenkontrolle.

Und verführe uns nicht zum Nachrechnen,
sondern erlöse uns von der Meinungsfreiheit.

Denn Dein ist das Fahrverbot
und der Veganismus,
das Wimmeln und das Darben
in Nachhaltigkeit
und Ewigkeit, Amen.

***

Gegrüßet sei'st Du, Greta,
die Du bist voller Steuergelder.
Die Presse ist mit Dir,
Soros und Rockefeller schützen Dich.

Die Du bist gebenedeit unter den Aspergern,
lehre uns Wimmeln und Verzichten
allezeit und in der Stunde unseres Todes.

Der Friede der Glotze und Presse,
welcher höher steht denn alle Vernunft,
sei mit uns allen,
denn sonst setzt es etwas! Amen.

Nachweis der Bildzitate und faksimilierten Dokumente

12 : Bildrecht: Biplab Hazra

14 : Angaben nach: Wynes/Nicholas, Environmental Research Letters

18 : KETZERBRIEFE 217, S. 63

32 : Focus 50/2019, Pardon 9.9.1968, www.ifreedomtesting.com

35 : STERN, 6.10.1968, S. 96, Freitag, 5.4.1975, STERN, 3.12.1967, S. 54, STERN, 6.10.1968, S. 93, SPIEGEL, 24.3.1975, S. 41

39 : The Telegraph, 25.10.2007

»Je nachdem, wie schnell Sie lesen, wächst die Bevölkerung des Planeten mit jedem Wort, das unter Ihrem Augapfel vorbeizieht. Täglich kommen mehr als 211 000 Menschen hinzu und jedes Jahr eine Bevölkerung von der Größe Deutschlands.

Sie können es sehen, wenn Sie über Mexiko-Stadt fliegen, ein riesiges Schachbrettmuster smogverhangener, flacher Wohnhäuser, die sich von einem Horizont zum anderen erstrecken. Und wenn Sie auf das, was wir auf dem Planeten tun, hinunterblicken, haben Sie eine schreckliche Vision von Behausungen, die sich wie Bazillen in einer Petrischale vermehren und replizieren.

Es ist an der Zeit, dass wir eine erwachsene Diskussion über die optimale Menge an Menschen in diesem Land und auf diesem Planeten führen. Wollen wir, daß der Südosten Großbritanniens, das bereits am dichtesten besiedelte der großen Länder Europas, einer riesigen Vorstadt ähnelt?

Dies ist eine einfache Frage der Bevölkerung und der möglichen Größe der Menschheit.«

40 : www.aktion-mensch.de/dafuer-stehen-wir/vonanfangan.html

49 : The Economist, 22.6.2019

58 : National Geographic, Titelseite, Oktober 2019, Freiburger Wochenbericht, 23.10.2019, Tages-Anzeiger, 9.7.2019, Freiburger Zeitung, 28.10.2019, Tages-Anzeiger, 15.5.2019, Tages-Anzeiger, 22.5.2019, Tages-Anzeiger, 18.4.2019, Tages-Anzeiger, 7.1.2020, Tages-Anzeiger, 14.1.2020. Tages-Anzeiger, 16.3.2019, Tages-Anzeiger, 17.1.2020, Zürcher Oberländer, 27.11.2019, STERN, 18.12.2019, taz, 30.12.2019, www.mdr.de/wissen/mensch-alltag/urlaub-als-umweltsuende100.html, www.mdr.de/wissen/insekten-essen-nahrungsmittel100.html, SPIEGEL, 5.3.2019, Süddeutsche Zeitung, 12.10.2017, Deutschlandfunk Kultur, 1.12.2017

73 : Horst-Joachim Lüdecke, CO_2 und Klimaschutz, Bouvier Verlag, ^{3}2010, S. 60. In überarbeiteter Form liegt das Buch unter dem Titel »Energie und Klima« vor, expert Verlag, ^{3}2018, dort auf S. 159

Alle in diesem Buch zitierten Internetseiten wurden kurz vor Drucklegung des Buches geprüft und waren, mit Ausnahme von Links auf den S. 129 und 135, abrufbar (April 2020).

Kerstin Steinbach

Es gab einmal eine bessere Zeit…
(1965–1975)

Die verhaßten Bilder und ihre verdrängte Botschaft

AHRIMAN-Verlag

Gebundene Ausgabe, 128 S., 23 Abb.,
€ 14,95 , ISBN 978-3-89484-816-3
2. Auflage

Warum wüten der Papst und die Feministinnen gegen die Werbung der 70er Jahre? Waren sie paranoisch oder treffsicher? – In Wahrheit bildeten die gehaßten Bilder das Herz einer besseren Zeit, die im allgemeinen Gedächtnis zerstört und verdrängt werden soll. Steinbach gräbt sie gegen den Willen der Medien und aller sonstigen Gleichschalter wieder aus…

Achtung! Bei Unregelmäßigkeiten des Versands bitten wir um Benachrichtigung. Wir sind werktags (Mo–Do, 9–12 Uhr) immer erreichbar unter der Nummer 0761/502303.

Schnauze voll von #MeToo?

Dieses Buch hat uns *sehr* lange gefehlt!

Kerstin Steinbach

Rückblick auf den Feminismus
Von Anfang an eine Lüge gegen Gleichheit, Logik und sexuelles Vergnügen

Sex ist Arbeit!

Lohn für Hausarbeit!

Schluß mit dieser Penetration!

Schneller schwanger werden. ✓

AHRIMAN

Gebundene Ausgabe, 342 S., 128 Abb.,
€ 29,80, ISBN 978-3-89484-821-7

Inhalt:

Wie Phönix aus der Asche • Gleich oder ungleich? – einige biologische Aspekte • Die geteilte Menschheit – einige historische Überlegungen • Feministische Dogmen • Endsieg – der Feminismus als Staatsdoktrin • An den Früchten sollt ihr sie erkennen • Hommage an Wilhelm Reich – gegen Schwarzer, gegen Stalin, für Gleichheit und sexuelle Freiheit

AHRIMAN hat noch viel mehr!
Hier klicken:  **www.ahriman.com**

Achtung! Bei Unregelmäßigkeiten des Versands bitten wir um Benachrichtigung. Wir sind werktags (Mo–Do, 9–12 Uhr) immer erreichbar unter der Nummer 0761/502303.

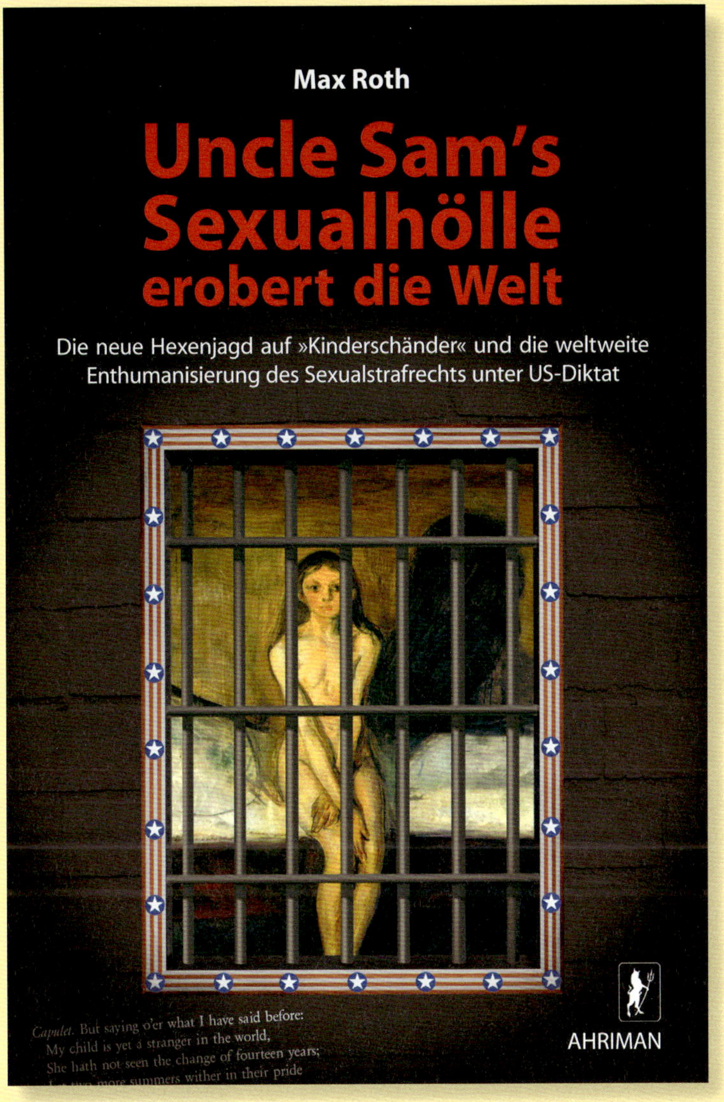

Max Roth

Uncle Sam's Sexualhölle
erobert die Welt

Die neue Hexenjagd auf »Kinderschänder« und die weltweite
Enthumanisierung des Sexualstrafrechts unter US-Diktat

Capulet. But saying o'er what I have said before:
My child is yet a stranger in the world,
She hath not seen the change of fourteen years;
~~Let two more summers wither in their pride~~

AHRIMAN

488 S., 35 Abb.,
€ 29,80, ISBN 978-3-89484-824-8

Max Roth ist den Lesern der KETZERBRIEFE nicht unbekannt – und muß dennoch
unbekannt bleiben, denn er bekleidet eine erstaunlich hohe Stelle in unserem
Justizapparat. Das erklärt seine Fachkenntnisse, die ihm erlauben, kundig auch der
internationalen »Rechts«-Entwicklung über den scheußlichen Gegenstand dieses
Buches zu schreiben.
Für alle, die nicht wegsehen wollen, wie die Neuzeit einer neuen, diesmal globalen
historischen Stinkefinsternis weicht! Mit vielen Belegen und Beispielen.

AHRIMAN hat noch viel mehr!
Hier klicken:

www.ahriman.com

Achtung! Bei Unregelmäßigkeiten des Versands bitten wir um Benachrichtigung. Wir sind werktags (Mo–Do, 9–12 Uhr) immer erreichbar unter der Nummer 0761/502303.